博弈中的平衡：

政策试验与中国高等教育改革

韩双淼◇著

NEGOTIATION AND CONSENSUS BUILDING:

POLICY EXPERIMENTATION AND CHINA'S HIGHER EDUCATION REFORMS

ZHEJIANG UNIVERSITY PRESS
浙江大学出版社

图书在版编目(CIP)数据

博弈中的平衡:政策试验与中国高等教育改革 / 韩双森著. —杭州:浙江大学出版社,2020.12
ISBN 978-7-308-21071-3

Ⅰ.①博… Ⅱ.①韩… Ⅲ.①高等教育—教育政策—研究—中国②高等教育—教育改革—研究—中国 Ⅳ.①G649.20②G649.21

中国版本图书馆 CIP 数据核字(2021)第 028329 号

博弈中的平衡:政策试验与中国高等教育改革
韩双森 著

责任编辑 吴伟伟 weiweiwu@zju.edu.cn
责任校对 许艺涛 张振华
封面设计 雷建军
出版发行 浙江大学出版社
(杭州市天目山路 148 号 邮政编码 310007)
(网址:http://www.zjupress.com)
排　　版 浙江时代出版服务有限公司
印　　刷 杭州高腾印务有限公司
开　　本 710mm×1000mm 1/16
印　　张 14
字　　数 229 千
版 印 次 2020 年 12 月第 1 版 2020 年 12 月第 1 次印刷
书　　号 ISBN 978-7-308-21071-3
定　　价 68.00 元

浙江大学出版社市场运营中心联系方式 (0571)88925591;http://zjdxcbs.tmall.com

“教育领导与政策研究丛书”总序

社会变革与科学技术的迅猛发展使得教育面临的形势日趋复杂多变，各种关系纵横交错。一方面，仅靠少数人主观经验决策的传统方式已远不能适应现代教育发展的需要，必须借助科学的程式和规范，使教育发展具有更明确的目标导向与实施的计划性。哈罗德·拉斯韦尔、戴维·伊斯顿等人凭借其对于社会生活的精准认知与理论思考创建并发展了政策科学。作为其中的分支学科，教育政策研究自20世纪80年代中期以来，已成为教育研究领域的重要方向。另一方面，瞬息万变、错综复杂的教育形势，也意味着一线的教育工作者、教育实践者需要更加积极、能动、独立地应对与解决教育问题，从被动的管理者走向主动的领导者。教育领导学的新研究领域由此产生。

从发展路径与研究对象看，教育政策学与教育领导学的差异较为明显。一方面，“政策和策略是一切实际行动的出发点和归宿”。教育政策作为国家发展教育的政治措施，其关注的往往是战略性、全局性、长远性的重大问题，涉及对教育的内涵、本质、价值基础等的科学认知与精准把握。教育政策研究的实质是超越静态的政策本身，找出政策文本的演进逻辑，审视其背后的价值基础，并对其进行因素分析。从教育政策研究发展的趋势看，其关注的焦点主要集中在三个层面：一是对教育政策的决策过程进行描述与分析，即一项教育政策是如何被制定出来的；二是对教育政策的分析与结果评估，即一项教育政策的影响与社会评价如何；三是对决策过程中的科学化与民主化问题的考量，即如何制定出理想的教育政策。目前，国内外教育研究日趋呈现出规范性研究与实证性研究，个案研究与综合性研究，宏观、中观与微观研究相互结合的趋势，推动着这一领域的不断演进与实践应用。

另一方面，教育领导学关注的是教育领域具体的人的领导力的形成与发挥。所谓“领导力”，其本质是影响力，即“教育领域中的个体或组织使他人(个体或组织)产生期望行为的创造力、凝聚力、牵引力、推动力和发展力”。教育领导力是教育组织谋求生存和发展的关键力量。区别于教育管理学更多的关注并强调秩序与规则的作用,教育领导学强调在教育实践活动中领导者主动地运用非职位的影响力去改变教育领导客体的认知与态度,进而改变其行为或促使其采取相应的行动。由此出发,最大限度挖掘与发挥校长、教师、管理者等“领导者”的领导效能是教育领导学研究与实践始终关注的主要问题;同时,作为未来教育的“领导者”,学生的领导效能的培养与发展也是近年教育领导学关注的重点之一,因为这不仅是衡量教育教学质量与效率的主要指标,更是国家长久发展的竞争力的核心。

需要指出的是,虽然教育政策学与教育领导学是教育科学中的两个截然不同、独立发展的分支,但两者都是从现代管理科学中衍生而出,在内在学科逻辑上存在一定的关联,在发展过程中也呈现一定的交叉与整合趋势。教育政策学注重整体与宏观层面的教育发展,这是形成和推进教育领导力的前提与起点;教育领导学强调具体的人的领导效能的开发与拓展,这是确保教育政策制定的科学性和实施效能的核心与关键。纵观世界教育改革的历史,就是教育政策不断调整与完善,教育领导力不断受到关注、强化与拓展的历史。作为教育学科家族中的“显学”,几乎所有的教育学科分支都涉及并参与到了教育政策学与教育领导学的研究与实践。在一定程度上可以说,最重要的教育机构都关注教育政策研究与教育领导实践,因为这关系着教育发展的方向与持续的动力。就这个意义而言,教育政策与教育领导的研究对于丰富教育学科的学科内涵,推动教育学与其他学科的结合发展,具有重要的学术意义与实践价值。

我国社会经济正面临转型,教育资源配置多元化、教育体系发展复杂化,各级各类教育所面临的需求与问题错综复杂,其正常运转与改革发展离不开科学合理的教育政策研究,更离不开有效的教育领导。2019 年 2 月,由中共中央及国务院印发的《中国教育现代化 2035》,明确强调推进教育治理体系和治理能力现代化;提升政府管理服务水平,提升政府综合运用法律、标准、信息服务等现代治理手段的能力和水平;提高学校自主管理能力,完善学校治理结构。上述目标的核心,即是提升教育政策的制订与实施能力,强化教育“领导者”的领导力水平。面向 2035 实现教育现代化,从教育大国走向教育强国的发展战略,实质上也要求我国教育学术界进一步强化与拓展我国教育政策学及教育领导学的理论研究与实践探索，以适应国家教育与社会发展的需求。

浙江大学教育领导与政策研究所自2010年成立以来，始终关注教育政策学与教育领导学领域的理论研究与实践探索，主要聚焦于教育改革背景下各类型高等教育及基础教育的政策制定与绩效分析；相关国际教育政策的比较；教师、教育管理者及学生的领导力理论探讨及本土化实践探索等领域。这些研究力图在现有相关研究的基础上进一步有所深化与拓展。本丛书即是上述研究成果的具体体现。我们关注其对于教育政策与领导学科发展的学术价值的同时，更期盼通过同行的不吝指正与交流，推动中国教育发展的现代转型。

顾建民

浙江大学教育学院院长 教授 博士生导师

前　言

政策试验(policy experimentation)发端于20世纪上半叶,并在随后几十年中焕发了勃勃生机,成为中国改革创新与治理创新过程中广泛应用的政策工具。我国的改革开放即是通过“先行先试”的改革试验方法不断推进与完善的。在教育特别是高等教育领域,通过试点和试验区的方式推进创新性改革的案例层出不穷。试验的发起既是“实事求是、因地制宜”的伟大智慧的具象体现,其过程更充斥着国家与大学之间的反复互动与利益博弈。中国高等教育的改革与发展很难以单一的自上而下的权力规制去解释,正是借助政策试验所达成的协商共识,国家与大学共同推动了中国高等教育的现代化。

本书撰写的目的即是对这些现象进行系统的描述,并适当采用观察或实证的方法来解释其背后的复杂关系与运行机制。聚焦于中国高等教育改革过程中的政策试验试点现象,本书提出了政策试验引发政策变迁这一具有中国特色的概念框架,指出现存制度框架下精英驱动的政策试验是推动中国高等教育改革的重要机制。依托文献研究和深度访谈,通过对四个历时性个案的概括和还原,本书提炼出政策试验过程中国家与大学的互动情景和基本模式,并且概括出国家教育政策通过试点方式进行渐进调整的一般进程。本书考察了相关行为主体在政策试验试点过程中的理性选择和行动策略,以及由此所限定或开拓的改革方向和创新空间。就此而言,本书既是政策试验在高等教育领域的综合研究,更为理解国家—大学利益博弈及高等教育改革提供了新的分析视角。

本书颇具野心的目标之一是在实证研究的积累基础上进行理论创新,从而对中国特色的经验现象加以概括抽象并试图解释其背后逻辑。在21世纪的中国社会科学领域,对西方理论与范式奉为圭臬的现象仍旧令人注目。西方学术话语霸权和研究范式中所呈现的种族中心主义驱使着他国学者在研究中不可避免地耽于对现有理论的巩固和维护[①]。就此意义而言,中国的实践和经验在多数时候成为验证与修正西方理论的"案例库"。中国教育学的发展亦尚未摆脱西方理论与话语的掣肘。然而,扎根于西方历史与现实的理论范式往往难以全面解释植根于中国的极其复杂又极具独特性的社会发展。故此,本书希望通过对试验试点现象的系统考察,将政策试验这一扎根中国历史发展与制度文化,经实践反复检验而日益具有制度化性质的改革和治理工具进行理论化,以在世界教育学乃至社会科学的学术话语中贡献中国的创新观点与理论。显而易见,这一道路既漫长又艰难,亦绝非笔者一己之力可以完成。但创新中国社会科学,提升国际学术话语权,以扎根中国实际的理论去指导中国实践的更好发展,正是包括笔者在内的社会科学学者的职责所在。

在此,我要感谢清华大学的张小劲教授,他的深刻洞见激发了我对政策试验问题的关注,并得以将政治科学的思维方式贯穿于研究过程之中。我要特别感谢我在牛津大学攻读博士研究生期间的导师 David Mills 教授和 Hubert Ertl 教授,在他们的悉心指导与耐心鼓励下,我才能以政策试验这一颇为大胆与冒险的命题完成博士论文。本书是在我博士论文基础上的再发展。还有必要说明的是,本书的部分章节内容曾经在 *Higher Education*, *Studies in Higher Education* 和 *British Journal of Educational Studies* 期刊上发表,感谢此过程中编辑老师与匿名审稿人所提出的宝贵意见。

我要特别感谢我工作的浙江大学给予了我宽松的学术环境,特别是顾建民教授和汪辉教授对书稿完成过程中的大力支持,才能使得本书经反复修改列入浙江大学教育学院"教育领导与政策研究丛书"面世。感谢我的博士研究生谢静在书稿校对中的贡献。

另外,我要感谢我的母校清华大学,对于本书所涉及的部分观点,我与钟周老师曾展开深层次的交流,这使我受益匪浅。我本科就读的外国语言文学系与硕士就读的教育研究院均在实证研究阶段为我提供了重要支持。在此无法一一列举各位老师,只能借此机会一并向他们表示衷心的谢意。我要特别感谢参与本书实证部分的各位老师和专家学者,他们有的正值壮

① 林南. 中国研究如何为社会学理论做贡献[M]//周晓虹. 中国社会与中国研究. 北京:社会科学文献出版社,2004:8-92.

年,有的已过古稀,但对于我这样的青年学者都展现了无比的耐心与人文关怀。

感谢浙江大学出版社为本书提供了出版机会,感谢责任编辑吴伟伟女士在编辑过程中的认真和敬业精神。

最后,我要特别感谢我的先生和我的父母,我得以呈现的一切品质与成绩,都离不开他们的奉献。

韩双森

2020 年 1 月

目 录

第一章 “摸着石头过河”的中国高等教育改革

国运兴衰，系于教育。自改革开放以来，中国高等教育取得了举世瞩目的成就，教育的发展史也是教育的改革历程。这些教育改革的生动叙事背后是不同利益相关者的行动逻辑与利益博弈的产物。中国高等教育的渐进调整正是经由不断的改革试验与协商共识而得以推进的。那么，我们应当如何认识、理解并解释过去 40 年间中国高等教育的改革与发展？具体而言，在高等教育领域，我们如何理解种种议题丰富而复杂多变的改革议程？驱动改革背后政策变迁的逻辑何在？改革过程中利益相关者的理性选择和行动策略如何？在现存的国内外研究中，常常用“奇迹”去描述中国经济社会的高速发展与持续不断的改革成就，认识并解释这些“奇迹”背后的机制与动力正是社会科学研究者的重要责任，也是本书试图回答的问题。

通过深入案例考察与比较研究，本书提出：政策试验（policy experimentation）引发政策变迁，现存制度框架下精英驱动的政策试验是推动中国高等教育改革的重要机制，国家教育政策的渐进调整正是通过试点的方法而获得推广和完善。以政策试验为切入点，进而可以考察国家和大学相关行为主体在试验试点过程中的理性选择和行动策略，通过对行动者利益博弈与协商共识过程的重塑，我们能够以新视角去认识、理解与解释中国高等教育的政策变迁与改革发展。

政策试验试点方法发端于 20 世纪上半叶，并在随后几十年中焕发了勃勃生机，成为中国改革创新与治理创新过程中广泛应用的政策工具。我国的改革开放即是通过“先行先试”的改革试验方法不断推进与完善的。近十年来，中外学者已开始对中国特色的政策试验方法投以关注的目光。他们的研究多聚焦于经济改革和社会改革，指出试点在激发地方创新活力和检验中央政策效度中具有不可替代的作用。在此背景下，政策试验方法与试验性治理成了政治学、经济学、社会学和管理学等学科认识与理解中国改革发展的重要视角。在教育领域,中国高等教育的改革和发展历程中亦充满了“实事求是,因地制宜”的思想和“摸着石头过河”的智慧。然而,高等教育学界对于政策试验方法的系统性讨论与实证性研究仍呈现空白。进入全球化时期,中国的发展面临着更加激烈的竞争,而国家竞争力的提升离不开教育发展。教育改革,特别是高等教育改革将持续成为中国提升综合国力,促进国民经济发展目标中不可或缺的关键手段,亦是建设具有中国特色现代化教育体系的重要方式。因而,对中国高等教育改革和发展的系统分析和理论创新对于深化高等教育改革,完善教育政策制定与评估模式,从而提高教育现代化治理能力,具有理论和实践的双重意义。

依托理论思考,本书提出了“议程设定方式”和“行为策略空间”两个核心概念,这两个概念是影响政策试验发生发展过程的重要因素。其中,“议程设定方式”指向试验性改革的发起主体和进入政策过程的途径,“行为策略空间”用以描述试点中大学与国家在共识达成过程中进行协商博弈与自主探索的权力范围。依托这两个核心概念,本书得以将种类繁杂的政策试验分为四个主要类型,即指令型试验、授权型试验、探索型试验和追认型试验。“指令型试验”指根据国家顶层设计,基于战略规划或者政策目标,由政府有意识、有计划地发起的探索性改革;在指定的一个或多个试点中,政府多依靠行政力量指引试点高校的改革进程。“授权型试验”中试点高校是政策试验的主要行为主体,通过在行为策略空间中的自主探索,或是摸索解决政策问题的方法和程序,或是勾勒实现某项政策目标的策略和手段。“探索型试验”指由地方高校出于现实迫切需求或是未来愿景期许而自主发起的探索性改革;大学利益相关者是寻求解决问题的创新性方案与程序的行为主体,一般缺乏国家层面的明确支持或清晰的政策议程设定路线,因而试验的行为策略空间的形成与维系高度依赖国家—大学的互动与博弈。“追认型试验”通常指在国家非正式支持或默许下由高校自主发起的探索性改革,且在成功后通过政府认可等方式自下而上地进入议程设定。该政策试验的概念框架构成了本书的研究框架,共同描述了中国高等教育发展中层出不穷而种类丰富的试验性改革。

在不同类型的政策试验中,利益相关者出于对现实情境的不同认知、理性选择和行动策略在试点的情境下展开互动。然而,即使是自下而上的地方自主探索,亦需要在既存政治框架与制度环境内才能得以顺利展开,才有可能进入议程设定程序而引发政策变迁。换言之,政策试验的发生发展离不开高校与相关部门的协商博弈,这两者的行为偏好既受到中国教育体制的持续制约,亦处在现行制度环境的反复塑造之中。中国教育改革的生动叙事正是以中国现实为背景,政策精英利益博弈下达成的平衡所书写而成的。

这些精英行动者协商共识的达成因此扩展或限定了改革方向与创新空间。本书进而指出,在不同类型的探索性改革中政策试验起到了策略生成、行为规训或象征示范的不同作用——或是通过自主试验,探索出行之有效的创新方案和程序;或是通过颁布规章制度,为改革扩散提供可比的行为准则;或是作为典型示范,以较为平缓的方式推进政府的顶层设计。在笔者考察的大量实践案例中,这三种功能在不同时期、不同阶段和不同类型的政策试验中或是单独出现,或是交织出现,成为推动政策变迁和改革发展的重要力量,政策试验亦逐渐成为具有制度化性质的改革途径。

基于历时性多案例比较研究设计,本书首先选取了四个不同类型的试验性改革,进而在每个案例中选取两所试点高校作为子案例。通过对改革开放初期的高校管理体制改革、20 世纪 80 年代中后期的高校毕业生分配与就业制度改革、世纪之交的现代远程教育建设和后 2010 年代的大学章程建设这四个历时性个案的还原、概括和比较,本书提炼出政策试验试点过程中国家与大学的互动情景和基本模式。经由兼顾宏观和微观视域的理论思考,本书考察了相关行为主体在政策试验试点过程中的理性选择和行动策略,以及由此所限定或开拓的改革方向和创新空间。

本书指出,大学有意愿并在一定程度上有能力发起自主创新改革,通过与国家的反复互动来构建行为策略空间,提出并实现自身利益诉求。对于政府来说,在高异质性的政策环境下兼具效率与稳定地推进中国高等教育的种种改革,必须依赖于基层的实践探索。在此逻辑下以试点方式默许地方改革以突破制度限制、实现政策创新,正是中国过去几十年间政策变迁和改革推进的重要智慧。

通过对于政策试验在中国高等教育领域的系统性实证研究,本书得以丰富教育政策研究中议程设定与改革实现的议题,并提出政策试验引发政策变迁这一具有中国特色的理论框架,为进一步研究中国高等教育改革提出新思路与新路径,亦为完善我国教育政策的制定、执行和评价提供理论助益。借助政策试验，本书以全新视角讨论国家—大学关系和中国高等教育治理模式，丰富教育政治学和教育社会学的内涵。本书指出，与其将中国高等教育改革看作"摸着石头过河"思维指导下的探索，不如视之为中国政府和高校有意识地运用政策试验方法去应对中国地域复杂、情况多样而制度环境尚不成熟等情况所带来的重重挑战的创新过程。中国的改革并不是一个线性的、统一协作的过程，其特征恰在于对未知与试验的开放性与包容性和中央政府对地方创新成果的选择性吸收与学习。就此而言，政策试验可以被看作推动中国政策变迁和改革创新的重要力量，并且构成了中国在高度模糊与急剧变化的政策环境中的学习与适应机制。无论在教育领域，还是在经济、政治和社会领域，各国政府都可以从中国特色的政策试验和试验性治理模式中得到借鉴。

第二章　政策过程与政策试验

一、政策过程的相关研究

（一）理论与框架

在最广义的定义下，政治可以看作运用权力以影响他人的过程①。政治学视域下，利益群体通过政治行为施加影响；政策则是常规政治中权力关系消长与中央政府官员行为共同作用下对重大改革决策达成共识的结果②。就此而言，政策不仅是承载政府机构愿景与策略的陈述文本，更包含了决策达成的过程与影响决策的一系列行为，如议程设定、策略选择、政策执行和评估③。Guba 认为政策包含目的性政策（policy-in-intention）、行动性政策（policy-in-action）和经验性政策（policy-in-experience）三个要素④。

政策过程研究是政策科学的核心议题。其中，政策的制定和变迁又是政策过程研究的关键问题。在过去几十年间，政策科学学者已在此方面累积了丰富而多样的经验和理论。作为一个跨学科、综合性的研究领域，学者往往会因研究范式的差异对政策的性质与行动做出不同的描述与解释，从而形成了不同路径与观点的政策分析理论，以理解、解释甚至预测政策过程

---

① Thomas, R. M. The symbiotic linking of politics and education[M]// Politics and education: Cases from eleven nations. Oxford: Pergamon Press, 1983:1-30.

② Bleiklie, I., Hostaker, R., Vabo, A. Policy and practice in higher education: Reforming Norwegian universities[M]. London: Jessica Kingsley Publishers, 2000: 105.

③ Sabatier, P. (ed.). Theories of the policy process (2nd ed.)[M]. Boulder, CO: Westview Press, 2007.

④ Guba 分别从目的策略、行为举措和结果等多方面对政策的内涵进行了详细的阐述。目的性政策即关于政策的内容陈述；行动性政策即政策实施过程中所产生的行为或活动；经验性政策即当事人(client)确实所经历的活动。Guba, E. G. The effect of definitions of policy on the nature and outcomes of policy analysis[J]. Educational Leadership, 1984, 42(2):63-70.

为何与如何运行的问题。参考 Sabatier 的研究,这些丰富而多样的理论模型可分为两个类型,第一个类型为“理性模式”(rational approach),第二个类型为“政治模式”(political approach)。

理性模式的学者认为基于研究的知识可以对公共政策产生直接的影响。基于此发展出来的阶段模型(stage heuristic and linear model),又称为“传统教科书模型”(textbook approach),将政策过程划分为一系列边界清晰、线性发展的阶段[①]。研究者能够据此将复杂而模糊的政策过程剥离成为有秩序的阶段,从而将研究的重点放置在每一阶段中的影响要素上。然而,对于政策过程的高度简化与理性分析使得阶段模型饱受批评[②]。

政治模式的学者将政策制定看作一种政治过程,认为政策制定的影响因素并非单纯的逻辑与理性,而在于平衡各方利益关系以达成共识。因此,相关学者强调政策过程的“权变性”[③],指出知识的目的和功用必须被放置在现实情境下去动态理解,这些情境受到政治体制、经济发展和社会环境等因素的共同影响。因此,政治学途径强调的是政策形成过程中不同情境下利益集团间的博弈问题。本书对于政策过程的讨论正是建立在这一根本认知之上。

在该模式下学者提出了多种政策分析的理论与模型,Anderson 对这些模型进行了总结讨论,包括政治系统论、团体理论、杰出人物(精英)理论、功能过程理论、制度化理论等[④]。本书重点介绍两种模型,即多源流分析框架和政策支持联盟框架,这两种模型对本书的实证分析和理论思考提供了知识基础。

多源流分析框架

多源流分析框架(Multiple-Streams Framework),又称“议程设定模型”,认为政策系统中存在三种源流,即问题流(包括政策问题的识别及其支持者)、政策流(包括一系列备选政策选项及相应政策共同体的形成)和政治

---

① 阶段模型的代表人物之一是 Lasswell,他在 1951 年发表的代表作《政策科学:范围与方法的新发展》(斯坦福会议论文集)中,将政策制定划分为“信息、建议、法令、援引、实施、评价、终止”七个过程。

② Nakamura, R. The textbook process and implementation research[J]. Policy Studies Review, 1987,1: 142-154.

③ Kauko, J. Dynamics in higher education politics: A theoretical model[J]. Higher Education, 2013, 65(2): 193-206.

④ Anderson, J. Public policymaking (8th ed.)[M]. Boston, MA: Cengage Learning, 2014.

流(包括国民情绪的摇摆不定、公共舆论的变化莫测、行政当局的更换、党派或意识形态在权力机关中分布状况的改变以及利益集团的影响等因素)[①]。这三种源流是彼此独立的,当且仅当三者汇合时,"政策之窗"(policy window)的开启才能促使该政策问题进入议程设定程序。这一理论识别了政策环境的模糊本质,强调政策发起者必须致力于汇流这三种源流以引发变革。

多源流分析框架为理解政策试验提供了三点有益见解。首先,与理性路径下的理论不同,该框架强调决策过程的非线性,点明了政策变迁的复杂性。其次,地方倡议与试验可以被看作政策倡导者试图汇流这三种源流的一种努力。Kingdon 将政策倡导者定义为那些愿意为未来回报倾注其资源——时间、精力、名声,甚至有时是金钱——的人;这些回报可能是政策的获批、改革的参与感或是个人职业发展。薛澜和陈玲认为政策倡导者是指"在官僚体系中竭力推动部门协调、信息传播和政策出台的积极活动者"[②]。能否将某一问题纳入政策议程往往取决于改革时机与政策倡导者的专业知识、领导地位和"政治关系与协商技巧"[③]。最后,该框架识别了政策试验得以推动政策变迁的条件与环境。在试点中,精英行动者识别的政策问题经由地方试验产出可行的政策创新选项,当且仅当适宜的制度环境下才有可能引发政策变迁和组织变革。这也是为何在众多政策试验中仅有一部分能够被成功纳入政策视野的原因。

但是,多源流分析框架假设这三个源流是互不干扰且各自运行的,这一点未必总是成立。事实上,现实世界中每一源流各因素往往相互影响且处在不断互动中。同时,政治源流中的部分要素,如全民选举,只存在于部分民主政权国家。最后,该理论过分强调政策行动者的作用而忽略制度安排的重要性。中国特色的政策试验在一定程度上可以被看作一种制度安排的形式,为地方试验进入政府决策提供了独特的行动路径。一定意义上,这一行动路径优于偶然发生的"政策之窗"。

---

① Kingdon, J. W. Agendas, alternatives and public policies[M]. Boston: Little Brown, 1984.

② 薛澜,陈玲. 中国公共政策过程的研究:西方学者的视角及其启示[J]. 中国行政管理,2005(7):99-103.

③ Kingdon, J. W. Agendas, alternatives and public policies[M]. Boston: Little Brown, 1984, 189-190.

政策支持联盟框架

由Sabatier和Jenkins-Smith提出并发展而来的政策支持联盟框架(Advocacy Coalition Framework)强调拥有共同信仰的行动者组成的支持联盟的持续互动①。行动者的策略选择和互动同时受到外部相对稳定的变量(如社会文化和基本社会结构)和动态的外部事件与政策形势(如经济改革和公共舆论导向)的影响。行动者依托共同的政策核心信仰构成联盟；不同联盟之间通过不断博弈、协调以达成和解，由相关部门根据和解方案做出决策。因此，政策支持联盟框架认为一项政策的出台或修订是在不断博弈中渐进累积的结果，政策供给是一个反复的过程。

该框架假设相关部门的决策过程需要参考并利用专家知识，并持续受到宏观制度环境制约，这对政策试验的分析提供了有益启示。它预示着一项试点能够成功执行并进入议程设置的最佳方式之一即是由政策发起者去主动寻找具有不同资源、不同层次的行动者并组成支持联盟。联盟成员往往具有共同的核心信仰和政策目标，该共享信仰的重要性在一定程度上可超越个体和团体利益本身。

更广义来说，该框架和议题网络(issue network)、政策社群(policy community)等框架均属于政策网络(policy network)的一种。近年来，部分政策学者运用政策网络和网络治理(network governance)的概念去理解并解释教育政策②，他们的研究指向权力在教育政策和组织变革中的核心作用，为本书聚焦权力与利益相关者博弈互动提供了宝贵的知识基础。

最后，本书简要介绍新制度主义为本研究提供的洞见。

新制度主义

新制度主义是一个非常广泛的概念，涉及政治学领域③、社会学领域④、

---

① Sabatier, P., Jenkins-Smith, H. (eds.). Policy change and policy-oriented learning: Exploring an advocacy coalition framework[J]. Policy Sciences, 1988, 21: 123-272.

② Han, S., Ye, F. China's education policy-making: A policy network perspective[J]. Journal of Education Policy, 2017, 32(4): 389-413.

③ March, J. G., Olsen, J. P. Rediscovering institutions: The organizational basis of politics [M]. New York, NY: Free Press, 1989.

④ Meyer, H., Rowan, B. (eds.). The new institutionalism in education[M]. Albany, NY: State University of New York Press, 2006.

经济学领域[①]等多学科的知识演进与累积。经过数十年发展，新制度主义内部产生了多种流派，包括“历史制度主义”(historical institutionalism)、“理性选择制度主义”(rational choice institutionalism)和“社会学制度主义”(sociological institutionalism)等。

在过去，学者多将教育系统内的组织变革视作教育结构的持续同质化过程，教育机构作为社会组织被动地接受已经制度化的政治结构、法律框架和程序规则的影响[②]。近几十年来，教育机构特别是高等教育机构在经济发展和社会结构中的能动性作用日益凸显。新制度主义的提出和发展为我们理解教育制度变迁、教育机构行为与制度文化的关系提供了新视角。

新制度主义强调制度在政治生活中的决定性作用，将制度视作理性人相互理解偏好和选择行为基础上形成的一种稳定、均衡的行为方式和规则[③]。这一系列行为方式和规则由社会成员共同理解、认可，因而具有了政治上或社会上的权威性。一旦形成，制度可以在组织运行中规定行为角色、约束行为和影响成员期望。就此而言，制度是“合法性”和“权力”的集合。

新制度主义对于政策变迁的解释视角可为本研究提供启示。一方面，它强调宏观制度环境与制度结构对教育系统的影响；另一方面，它重视个人偏好与能力对制度产生的作用。在新制度主义众多流派中，笔者受历史制度主义影响最深。历史制度主义批判地吸收了结构—功能主义和比较政治学的部分观点，从制度的视角来考察和分析历史。历史制度主义将制度看作植根于政治结构和经济社会生活中正式或非正式的程序、规范、规则、风俗和文化[④]。因而，历史制度主义试图将重大事件和行为者行动选择放置在特定的政治、社会、经济和文化背景中，这为理解和解释具体历史事件提供了新视角；对历史的强调亦有助于我们理解和追踪某一领域的持续政策变迁。同时，历史制度主义强调结构和偏好的重要性。既有的制度结构塑

---

① North, D. C. Institutions, institutional change, and economic performance[M]. Cambridge: Cambridge University Press, 1990.

② Meyer, H., Rowan, B. (eds.). The new institutionalism in education[M]. Albany, NY: State University of New York Press, 2006.

③ Ostrom, E. Governing the commons: The evolution of institutions for collective action[M]. Cambridge: Cambridge University Press, 1990.

④ Hall, P. A., Taylor, R. C. R. Political science and the three new institutionalisms[J]. Political Studies, 1986,44(5): 936-957.

造并约束个人的理念与行为,进而影响组织变革。例如,Skocpol 在经典著作《国家与社会革命》中即对国家机构与政治结构在社会变革中的重要性做了经典论述[①]。正因如此,人们过去的选择往往会决定他们现在和未来的可能选择,这种影响被称作"路径依赖"(path dependency)。一旦形成,制度变迁或进入良性循环,或锁定在某种错误状态。路径依赖可以解释为何个体行为往往服从于已存在的制度结构或政策安排,即使组织已处在低效状态中。

在过去,历史制度主义因对政策变迁的解释力薄弱而饱受诟病。近年来,相关学者在此方面提出了新的论见。当外部环境发生重大变革,和/或组织成员共同认可的规则呈现出逻辑矛盾时,路径依赖或广义上的制度均衡状态有可能被打破。Meyer 和 Rowan 提出了两种政策变迁的途径与原动力,一是"利益冲突和政治权力斗争",二是"社会学习和试验"[②]。不仅如此,历史制度主义开始逐渐重视个体选择和个体行为,认为他们既是"规则的遵守者",又是基于"自我利益考量下的理性行动者"[③]。因此,政策变迁和组织变革可被看作权力拥有者在共同偏好和行为选择下的结果。这与本书的观点不谋而合。本书提出,政策试验是允许甚至鼓励政策变迁的重要方法,试验的发生发展受既存制度安排、行动者的理性选择和行为路径与宏观社会经济环境的共同作用。

(二)中国政策过程的研究

20 世纪 50 年代前后,中国政策过程开始进入西方学者的研究视野。西方学者的研究视角从精英研究、派系研究逐渐转向行政组织的研究[④]。本小节首先对西方学者对中国公共政策的研究进行评述,进而简要介绍我国学者对政策过程,特别是教育政策的相关研究。

受国家政治体制和组织形式影响,20 世纪 60 年代,西方学者的研究主

---

① Skocpol, T. State and social revolutions: A comparative analysis of France, Russia and China [M]. Cambridge: Cambridge University Press, 1979.

② Meyer, H., Rowan, B. (eds.). The new institutionalism in education[M]. Albany, NY: State University of New York Press, 2006.

③ Steinmo, S. What is historical institutionalism? [M]// Approaches and methodologies in the social sciences. Cambridge: Cambridge University Press, 2008:150-178.

④ 薛澜,陈玲. 中国公共政策过程的研究:西方学者的视角及其启示[J]. 中国行政管理,2005(7):99-103.

要强调权威领袖和政治精英对公共政策的影响。学者普遍认为中国政治精英的共同利益和选择偏好影响了政策决策，并通过大规模的政治动员进行政策扩散[①]。这一权威或精英个人决策的方式易造成政策失误。70年代后，西方学者的研究重点转移到了派系研究和非正式团体，认为中国的政策过程是派系之间权力斗争与平衡的产物[②]。80年代后新制度主义的兴起使得学者更加关注正式制度对政策过程的影响，如正式规则等。伴随着权力下移和治理模式的革新，不同形式和层级的行政组织逐渐获取能够影响政策过程的能力，与相关部门展开博弈[③]。虽然对精英团体和派系的研究仍旧存在，但"精英"的范围已经从权威领导人和政治精英扩展到系统内的各类精英，如社会精英、学术精英等[④]。

西方学者的研究展示了他们对于中国公共政策及其运行机制的深刻理解。他们提出的许多概念和观点，如中央权威的重要性、政策倡导者和地方—中央的反复互动过程都极具洞见。然而，他们的理论与研究对于中国特色的制度结构和现实发展的解释力存在局限性。例如，西方学者过分强调中央权威和政治精英，而忽视了决策过程中充斥的大量多层级、多属性的利益相关者（其形成原因无疑是多样的，如中国管理体制下纵向和横向的"条块分割"复杂现象，但不在本书的讨论范围内）。这些利益相关者的偏好差异和行为博弈同样会对决策产生重要影响。不仅如此，已有研究往往忽略一些"习以为常"的机制和非结构化制度，政策试验即是一例。通过默许乃至鼓励地方的自主创新试验，中央政府为地方政府和组织进入议程设定和决策过程提供了非常规的途径。

中国学者对于本国政策过程的研究虽起步较晚，但已取得了一系列丰富的成果。学者从政府过程的角度入手，探讨了各利益群体与各级政府之

---

① Barnett, A. D. Cadres, bureaucracy, and political power in Communist China[M]. New York and London: Columbia University Press, 1967.

② Nathan, A. J. A factionalism model for CPC politics[J]. The China Quarterly, 1973, 53: 34-66.

③ Lieberthal, K., Oksenberg, M. Policy making in China: Leaders, structures, and processes[M]. Princeton, NJ: Princeton University Press, 1988.

④ Goldstein, A. Trends in the study of political elites and institutions in the PRC[J]. The China Quarterly, 1994, 139: 714-730.

间的互动过程[①]。王绍光通过对中国公共政策议程设定的类型学分析，识别了不同议程设定模式下的多样参与者，包括政策决策者、政策网络成员和公众等[②]。陈玲指出中国存在着“制度—精英”的双层决策模式，公共政策是在制度提出的规则和程序框架内精英达成共识的结果[③]。刘庆乐认为政策制定者的有限理性和公共政策的权变性为政策执行者和目标群体的政策解读留下了空间和合法性说辞[④]。这些研究都强调了政策过程的复杂性、政策行动者的多样性和中央—地方的互动性。

教育政策是公共政策的分支，对教育政策过程的研究为我们理解该领域政策变迁与组织变革提供了一些有益见解。例如，林小英对我国民办高等教育在过去20年间的改革进行了回溯研究，识别出政策规范与具体实践之间时常出现的常态偏离状态。林提出，政策部门对民办高校结构、程序和资源形成制约的同时，民办教育机构也可以通过多种方法获取政策资源，通过与地方政府的“共谋”和中央政府进行良性互动。林对于中国制度环境与结构约束下的策略空间的描述极具洞见，然而该研究未对中央和地方在改革过程中的互动过程进行详细的阐述，因此无法对该空间的形成和维系提供强有力的实证支撑[⑤]。这也是本书致力于弥补的地方。

作为中国特色的政策机制，政策试验充斥着大量中央与地方的利益协商与博弈，这一互动过程亦反证了国家与大学之间资源依赖与制约的动态关系。本书将在下一节中对国内外学者政策试验的相关研究展开评述。

---

① 胡伟. 政府过程[M]. 杭州：浙江人民出版社，1998. 朱光磊. 当代中国政府过程[M]. 3版. 天津：天津人民出版社，2008：214.

② 王绍光. 中国公共政策议程设置的模式[J]. 中国社会科学，2006(5)：86-99+207.

③ 陈玲. 制度、精英与共识：寻求中国政策过程的解释框架[M]. 北京：清华大学出版社，2011：207.

④ 刘庆乐. 2011年中国公共政策学研究新进展[J]. 广东行政学院学报，2012(4)：22-27.

⑤ 林认为，策略空间是“作为行动者的政策对象为了满足自身的政策需求，在与政策部门互动并要求其提供政策供给的过程中，通过采取策略行为而发现和利用的、由政策系统结构性制约所决定的协商机会”。林小英. 中国教育政策过程中的策略空间：一个对政策变迁的解释框架[J]. 北京大学教育评论，2006(4)：130-148.

二、政策试验的相关研究

（一）政策试验的定义

回顾国内外文献，具有政策试验内涵的词语包括改革试验、政策试点、示范项目、试点项目、样板工程等[①]。为避免混淆，本书统一使用"政策试验"(policy experimentation)一词作为对于这一工具的抽象描述，使用"试点"一词描述具体发起改革试验或国家指定执行试验任务的组织[②]。本书对政策试验有如下定义：政策试验描述了试验单位通过自主探索或国家指定的方式，以生成并执行创新思想和行为为目的，并可能通过由点到面的方式进入议程设定的政策过程。

在本书中，试点指在教育这一政策领域下通过创新性试验方式进行改革的高校。和试行法例、试验区相比，试点是中国使用最为频繁、生命力最为旺盛的政策工具之一。试点广泛存在于中国各个政策领域和各级政策制定过程中，并在20世纪80年代末期在中央政府层面达到了"完全的制度化"[③]。"由点到面"的模式是围绕试点所产生的工作方法。这一模式描述了在个别单位和组织先行先试，并通过典型示范，以点促面地推动新思想、新做法和新程序在全国更大范围内的推广和政策扩散的过程。由点到面的过程往往伴随对原有试点所生成的政策选项和程序的反复修正[④]。

---

① 这些定义的内涵略有不同，如试点项目(pilot project)指为了探寻已有政策的可能效果而小规模地进行试验的方法；示范项目(policy demonstration)往往被用来展示某一既定政策的成效及其合法性。创新一词亦有时被看作是政策试验的同义词，指组织系统内部所产生的新的设备、政策、项目、过程和产品的应用。

② 国内外学者将中国的政策试验分为三种基本类型：一是试行法例，指在一定时期内为某项政策而出台的暂时性法规和条例。二是试验区，指在一定时期内选定的地域性单位，使其在一定程度上具有自主创新和自由探索的权力，如特区。三是试点，指在一定时期内选定的具体组织，使其在一定程度上具有自主创新和自由探索的权力。详见：Heilmann，S. Policy experimentation in China's economic reform[J]. Studies in Comparative International Development，2008，43：1-26；周望."政策试验"解析：基本类型、理论框架与研究展望[J]. 中国特色社会主义研究，2011(2)：84-89.

③ Heilmann，S. Policy experimentation in China's economic reform[J]. Studies in Comparative International Development，2008，43：1-26.

④ Schoon，S. Chinese strategies of experimental governance：The underlying forces influencing urban restructuring in the Pearl River Delta[J]. Cities，2014，41：194-199.

（二）国际经验

以试验的方式进行改革并非中国独创的方法。在全国性政策制定与执行前，以社会试验的方式检测改革可行性和有效性的做法在世界许多国家均有实践。例如，自 20 世纪 60 年代以来，美国就常用试验的方式去评估新政策可能产生的后果[①]。90 年代以来，英国的改革进程中涌现出大量的社会试验[②]。

国际上最常使用的两种社会试验方式分别是随机对照试验（randomised controlled trials）和类实验研究（quasi-experimental study）。有学者认为，随机对照试验能够最大限度地避免偏差，从而帮助政府进行更好的政策评估。包括前后对照研究和匹配对比研究的类实验研究同样符合试验的定义，即运用直接干预而非观察与学理探讨的方式去提供证据并影响政策[③]。然而，在社会科学领域设计并执行严格随机对照试验和类实验研究的可能性很低，考虑到研究道德伦理等方面，在教育领域尤其如此。不仅如此，基于数字的研究结果常被相关利益集团扭曲，使其背书的政策蒙上了不可忽视的政治色彩[④]。

在西方国家，社会试验的结果既取决于试验本身的信度、时机、曝光度、可推广性和与现行问题的契合性[⑤]，亦受到政策环境的制约和影响。意识形态、利益和信息等要素共同决定了政策参与者的立场与行为策略[⑥]。决定一项社会试验能否进入议程设定的因素除试验本身外，其政治适切性、行

① Greenberg, D., Shroder, M. The digest of social experiments (3rd ed.)[M]. Washington, DC: Urban Institute Press, 2004.

② Jowell, R. Trying it out: The role of "pilots" in policy-making (Report of a review of government pilots)[R]. London: Government Chief Social Researcher's Office, 2003.

③ Mosteller, F. Selected papers of Frederick Mosteller[M]. New York, NY: Springer, 2006.

④ Klees, S. J., Edwards Jr., D. B. Knowledge production and technologies of governance in education[M]// T. Fenwick, E. Mangez, J. Ozga. (eds.). Governing knowledge: Comparison, knowledge-based technologies and expertise in the regulation of education (World Yearbook of Education 2014). London: Routledge, 2014: 31-43.

⑤ Greenberg, D., Mandell, M. Research utilization in policymaking: A tale of two series (of social experiments)[J]. Journal of Policy Analysis and Management, 1991, 10(4): 633-656.

⑥ Weiss, C. H. Ideology, interests, and information: The basis of policy positions[M]// D. Callahan, B. Jennings (eds.). Ethics, social science, and policy analysis. New York, NY: Plenum Press, 1983: 213-245.

政体系、政党运作等因素同样不可忽视[①]。

苏联也曾运用社会试验的方式进行改革，其应用场景多集中在工厂一级的经济改革中。20 世纪 30—40 年代，试点一词曾在苏联的政府话语体系中零星出现，但其含义多局限于“实验”和“测试”，斯大林甚至强烈反对过地方的自由裁量和盲目试验[②]，这与中国官方与民间对试点的广泛使用和高度认可明显不同。

国际上的相关经验与研究能够为我们理解中国情境下的政策试验提供有益见解。然而，西方的社会试验与本书所探讨的政策试验存在诸多不同。例如，中国试验中边界的高度模糊性为地方创新留下了充分的自由裁量空间和合理化可能。中央政府和地方各级政府对于政策试验多采取默许或鼓励的态度，不断吸取由地方试验所生成的创新性政策选项并为地方试验进入议程设定创造“捷径”。在西方，社会试验多作为“基于证据的政策制定”(evidence-based policymaking)的环节之一。换言之，社会试验往往是基于已设定的政策目标与政策工具，用于测试成效并改进程序，从而提高政策的效率和合法性的手段。此类社会试验多需要“严谨的方法设计，包括事无巨细的试验规则、抽样程序和严格的评估过程”，大大降低了地方自主探索空间及其自下而上影响政策的可能性[③]。就此意义而言，中国政策试验的理念与方法缘起于中国领导人对于本国实践的创新性思考与实事求是思想的灵活运用，后经实践中的反复应用而逐渐形成制度化的模式，构成了中国政策制定与改革的重要特征之一。

(三)中国实践

自新中国成立以来，中国社会改革取得了长足的进展。某种意义而言，中国的改革是“奇迹般的成就”[④]。Florini 等人将这些改革成功的关键归因

---

① Gregory, T. Innovation in innovation policy management: The experimental technology incentives program and the policy experiment[J]. Science and Public Policy, 2014, 41(4): 419-424.

② 韩博天.通过试验制定政策:中国独具特色的经验[J]. 当代中国史研究, 2010(3):103-112.

③ Sabato, S., Vanhercke, B., Verschraegen, G. Connecting entrepreneurship with policy experimentation? The EU framework for social innovation[J]. The European Journal of Social Science Research, 2017,30(2):147-167.

④ Stiglitz, J. E., Yusuf, S. (eds.). Rethinking the East Asian miracle[M]. Oxford: Oxford University Press, 2001.

于地方层出不穷的试验创新①,中国政策制定过程的重要特征即在于政府对于地方试验有意识地吸收和学习②。

"摸着石头过河"是由陈云和邓小平等领导人在改革开放初期提出的重要原则,经实践应用而不断成熟,逐渐成为中国改革过程中遵循的基本原则和方法之一。陈云强调作为改革方法论的试验,指出在缺乏前人经验时应大胆试验和积极探索③。邓小平更是多次强调试点方法对政策创新的重要性。在实践中对试点方法反复应用的基础上,《人民日报》将典型试验的方法论述为科学的工作方法,为试点的重要性奠定了官方论调④。这一思想与毛泽东时代强调的实事求是、因地制宜思想一脉相承,是考虑到中国高度异质化的地域环境与政策环境所提出的工作方法⑤。

通过文献研究,本书梳理了目前学界对政策试验在中国缘起并获得广泛应用的三种主要解释路径。

1. 中央—地方关系

第一种解释起源于中央政府和地方政府间层级分明却又持续作用的关系。有学者指出,中国是一个政治上集权而经济上分权的国家,这使地方政府在经济领域有足够空间去谋求创新,中央政府则默许该行为以求得经济的快速发展⑥。就此而言,中国的经济改革可以看作是以地方政府和利益集团为主要驱动力的自下而上的作用过程⑦。该观点准确识别了权力在各级政府间的差异及其对地方试验的重要性,但在一定程度上弱化了中央政

---

① Florini, A., Lai, H., Tan, Y. China experiments: From local innovations to national reforms [M]. Washington, D. C.: Brooking Institution Press, 2012.

② Schoon, S. Chinese strategies of experimental governance: The underlying forces influencing urban restructuring in the Pearl River Delta[J]. Cities, 2014, 41: 194-199.

③ 杨明伟. 陈云晚年对经济建设中几个重大关系问题的思考[N/OL]. 光明日报, 2015-07-04. https://epaper.gmw.cn/gmrb/html/2015-07/04/nw.D110000gmrb_20150704_1-11.htm.

④ 典型试验是一个科学的工作方法[N]. 人民日报, 1963-09-20.

⑤ 关于政策试验的起源及其历史发展,Heilmann 已经展开详细论述,故在此不展开讨论。详见:Heilmann, S. From local experiments to national policy: The origins of China's distinctive policy process [J]. The China Journal, 2008, 59: 1-30.

⑥ 关于中国治理模式与经济改革的研究,可参考:Yang, D. Beyond Beijing: Liberalization and the regions in China[M]. London: Routledge, 1997; Roland, G. Transition and economics: Politics, markets, and firms[M]. Cambridge, MA: MIT Press, 2000; Cai, H., Treisman, D. Did government decentralization cause China's economic miracle? [J]. World Politics, 2006, 58: 505-535.

⑦ White, L. T. III. Unstately power: Local causes of China's economic reform[M]. New York, NY: M. E. Sharpe, 1998.

府的重要性。事实上，中央政府不仅能主动发起改革试验，更具有对试验结果的最终选择权和对其政策选择的合法性解释权。

有学者进而将中国特色的政策试验归结于中央和地方权力的反复互动。Heilmann 认为"分级制试验"(experimentation under hierarchy)是理解中国政策过程的关键。在分级制试验中，地方创新是核心，但其进入政策过程离不开国家层面的支持①，甚至可以说国家层面的支持或默许本身即是地方权力兴起的前提②。分权的试验为地方政府的自由探索和创新提供了空间，但该空间是严格处在中央政府的最终控制之中的③。中国的改革并不是一个线性的、统一协作的过程，其特征恰在于对未知与暂行策略方案的开放性与包容性及中央政府对地方创新成果的选择性吸收和学习。就此而言，政策试验可以被看作是推动中国政策变迁和改革创新的重要力量，并且构成了中国在高度模糊与急剧变化的政策环境中的学习与适应机制。王绍光对农村医疗改革的政策制定过程的研究即生动地揭示了地方创新性改革的重要性，强调中国政府有意识地运用开放式的地方试验以进行政策供给和学习④。

然而，刘培伟对试验及地方政府在政策过程中的作用提出不同意见，强调中央政府在试验中的绝对权威和既存权力体系结构对参与者行为的根本性影响。他指出，即使是自下而上的试验，地方的自主性仍依赖于中央控制，中央对试验结果具有最终决定权和诠释权，具有"说明内在于(后于)行动"的逻辑；对于自上而下的试验，政府则会随时干预，行动者的选择受制于国家的权力结构⑤。Schoon 通过对珠三角地区的城市改革研究，指出地方参与者也许享受了"类自主"的自由空间去试验、讨论和讨价还价，但是他们

---

① Heilmann, S. Policy experimentation in China's economic reform[J]. Studies in Comparative International Development, 2008, 43: 1-26.

② Parris, K. Local initiative and national reform: The Wenzhou model of development[J]. The China Quarterly, 1993, 123: 242-263.

③ Heilmann, S., Shih, L., Hofem, A. National planning and local technology zones: Experimental governance in China's Torch Programme[J]. The China Quarterly, 2013, 216: 896-919.

④ 王绍光. 学习机制与适应能力：中国农村合作医疗体制变迁的启示[J]. 中国社会科学，2008(6): 111-133.

⑤ 刘培伟. 基于中央选择性控制的试验——中国改革"实践"机制的一种新解释[J]. 开放时代，2010(4): 59-81.

的行为总是受制于国家和行政体系[①]。学者进而提出了“基于当地条件分级制度下的政策试验”(experimentation under hierarchy in local conditions)的概念,指出中国重大的改革之所以总是发生在少数几个省份是因为这些地区中央—地方精英间的频繁互动和这些省份独特的区域条件,尤其是经济条件[②]。

这些研究异彩纷呈。既有研究精准地识别了中央政府在政策试验过程中的权威作用,即选择、解释和合法化政策试验的权力。但对中央权威及其约束意愿的过分强调可能忽视政策试验为地方政府赋予的行为策略空间以及地方精英和中央互动协商的能力。中国的治理特征在于“不断摇摆的多层级之间的互动,而不是单纯的分权与集权的二元相争”[③]。行政权力的不断下放、区域间竞争性制度安排、中央—地方互动和中国复杂多变的政策环境均为试点提供了一定程度的自由空间——这一空间被Schoon称作“默许的非政府空间”[④]。

2.派系竞争

第二种解释起源于中央权威内部的派系斗争。换言之,学者认为拥有着不同理念和地方关系的派系间权力的此消彼长为地方的创新试验和中央赞助提供了驱动力[⑤]。就此而言,地方试验并不是单纯的“地方”行为,其间常常重叠并充斥着国家干预和中央派系的利益冲突。坚持这一观点的学者认为政策试验是调停权力斗争的产物。一方面,改革支持者需要暂缓进程以赢取更多支持或最大限度地避免意识形态的争议。另一方面,某项改革所需要的具体制度条件尚不成熟,需要通过先行先试、由点到面的方式逐步

---

① Schoon, S. Chinese strategies of experimental governance: The underlying forces influencing urban restructuring in the Pearl River Delta[J]. Cities, 2014,41: 194-199.

② Tsai, W., Dean, N. Experimentation under hierarchy in local conditions: Cases of political reform in Guangdong and Sichuan, China[J]. The China Quarterly,2014,218:339-358.

③ Heilmann, S. Policy experimentation in China's economic reform[J]. Studies in Comparative International Development, 2008,43: 1-26.

④ Schoon, S. Chinese strategies of experimental governance: The underlying forces influencing urban restructuring in the Pearl River Delta[J]. Cities, 2014,41:194-199.

⑤ Cai, H., Treisman, D. Did government decentralization cause China's economic miracle? [J] World Politics, 2006,58:505-535.

推进[①]。

该解释视角识别了中央政府在具体政策试点过程中的干预及利益分歧可能导致的冲突，但在解释中国高等教育领域的试点改革中存在诸多不足。一方面，作为“准公共产品”的中国高等教育具有强公共性，因而和经济、政治、社会领域的改革有所不同。在高等教育改革过程中派系利益冲突较小，主要分歧常在于方法和策略选择。另一方面，该视角强调地方权力对中央派系权力和利益的高度依附关系，却忽视了高等教育机构和地方政府间的区别。作为以知识生产和人才培养为根本目标的非营利性组织，大学的属性决定其行为选择和偏好更多基于价值的应然而非利益的驱动。

3.“理论缺失?”的改革思维

第三种解释论点主要从历史和文化的视角出发。有学者指出中国改革的成功原因恰在于“理论”的缺失[②]，从而促成了中国官方和民间的试验思维和“先行先试，边试边改”模式的推广。该论点强调孔子和儒家文化对中国历史发展和文化形成方面的深远影响，认为中国改革的典型策略即遵循历史沿革中生成的实用至上思维[③]。正如Hayhoe所述，中国的教育改革可以通过深受儒家人文观点影响的“人文现代性”(humanizing modernity)概念去理解[④]。Ogden亦指出，中国可以被看作是一个“混合着儒家精英主义、人文历史精神、马克思主义下的科学理性主义、效率、勤劳和崇尚集体主义的综合体”[⑤]。

上述基于文化的论调为我们理解中国特色的政策试验提供了新视角，为中央政府时常模糊的政策陈述和地方政府对现有规则的自由裁量提供了一定程度上的合理性解释。但该观点不利于学者归纳总结中国复杂而种类繁多的政策试验背后的一般逻辑，容易在实践中陷入投机主义的短视思

---

① Roland, G. Transition and economics: Politics, markets, and firms[M]. Cambridge, MA: MIT Press, 2000.

② Garnaut, R. Twenty years of economic reform and structural change in the Chinese economy [M]//R. Garnaut, Y. Huang (eds.). Growth without miracles. Oxford: Oxford University Press, 2001:1-18.

③ Zhu, Z. Reform without a theory: Why does it work in China? [J]. Organization Studies, 2007, 28 (10): 1503-1522.

④ Hayhoe, R. Redeeming modernity[J]. Comparative Education Review, 2000, 44(4): 423-439.

⑤ Ogden, S. Higher education in the People's Republic of China: New directions in the 1980s[J]. Higher Education, 1982,11(1): 85-109.

维——只要短期结果是有利并且政治正确的,则改革是成功的。更值得注意的是,对中国改革"理论缺失"的判断多是基于西方社会科学发展中形成的"理论"概念。如果我们认可理论的广泛含义,即指导我们理解世界的方式,则中国的改革毫无疑问是在理论指导下推进的。邓小平在 1992 年提出的"中国特色社会主义"即是中国发展和改革过程中的重要指导思想。该高度战略性的词语反复出现在政府报告、领导人讲话、媒体报道和学者讨论之中,从而形成了官方与民间普遍认可的理论话语与政策话语,成为实践的重要指导。中国政治社会发展中的独特性恰好解释了为何源自西方的传统理论无法完全解释中国发展过程中的问题与现象,而必须依靠基于本土经验的理论创新。

近年来,越来越多的学者开始将目光投向政策试验领域,并试图解释试验试点方法在政策过程中的作用。德国政治经济学家 Heilmann 提出了一个基于政策试验的政策循环,指出中国的政策改革通过自下而上的试点获得政策创新,伴随着典型示范和持续的政策调整,通过由点到面的方式进行扩散,直至在全国范围内引发改革[①]。Heilmann 提出的框架可以与已有的成熟政策过程理论加以结合。例如,当政策问题涌现,地方政府与中央支持者合作发起地方试验(问题源流);通过试验,探索出解决问题的可能方案或检验其执行机制(政策源流);在适宜的制度环境下,地方试验可能被提升为典型示范,并通过由点到面的方式扩散(政治源流)。就此而言,Heilmann 的政策试验框架本质上是对理想情况下自下而上的试验进入议程设定并引发全国性改革的描述。但上述描述主要存在两点局限。

一方面,Heilmann 的研究聚焦于自下而上的试验。在他看来,由于中央和地方的频繁互动,区分一个试验是自下而上或是自上而下是无意义的,因而研究中忽略了中央政府有规划有意识发起的试点。诚然,中央—地方间的反复互动是政策试验最关键的特征,但不同类型政策试验中中央与地方间互动方式不同,因而中央干预程度和地方自主空间均呈现差异。因此,要全面理解中国丰富而复杂的政策试验,必须对其进行类型的区分。

另一方面,Heilmann 的研究框架着眼于对整个政策过程的分析,描述

① Heilmann, S. Policy experimentation in China's economic reform[J]. Studies in Comparative International Development, 2008, 43: 1-26.

了政策试验在议程设定和政策执行中的作用，缺乏对于政策试验中试点情况的具体分析和深入探索。该框架假设在具体试点过程中国家处在不干涉状态，但这一假设在现实中常常无法成立。政府在不同种类试点中扮演了怎样的角色，是操控者、干预者抑或旁观者？大学如何与政府展开互动并获得自由探索的策略空间？这一系列问题在现有的研究中尚无讨论，却构成了我们理解政策试验及其作用机制的关键。不仅如此，借由政策试验视角对国家—大学互动过程的审视，可以帮助我们理解国家和大学达成协商共识，推动中国高等教育现代化改革与发展的一般过程。

目前，国内外学者将政策试验的研究范围扩展到政府间的适应性学习(adaptative learning)和试验性治理(experimental governance)。Heilmann和Perry将其称为“游击战式的政策制定”模式(guerrilla-style policymaking)，其精髓在于能够“产生并汲取一系列创造性策略来应对突如其来的变化和高度不确定性”，并且能够“绕过现存的规则和约束，实现机动性的最大化”①。在他们看来，这一具有高度适应性和灵活性的试验性治理可以解释中国的改革成就。

然而，现有学者的研究基本都集中在政治经济领域，教育领域的研究呈现空白。高等教育机构有其独特之处：大学的松散耦合系统(loosely coupled system)②、无政府结构(anarchic structure)③和官僚—学术二元体系(bureaucracy-professionalism dualism)④等特点使得大学的意愿时常与行政体系的意愿有所分歧，因之产生的利益诉求成为前者发起政策试验的原动力。不仅如此，现有研究多为独立的个案研究，缺乏历史视角下对特定领域的政策试验的追踪研究，无益于我们在比较视域下理解和解释政策试验的角色变迁与作用机制。

本章所探讨的多源流分析框架、政策支持联盟框架、新制度主义以及中

---

① Heilmann, S., Perry, E. Mao's invisible hand: The political foundations of adaptive governance in China[M]. Cambridge, MA: Harvard University Asia Center, 2011.

② Weick, K. E. Educational organizations as loosely coupled systems[J]. Administrative Science Quarterly, 1976, 21(1): 1-19.

③ Cohen, D., March, G. Leadership and ambiguity: The American college president[M]. Boston, MA: Harvard Business School Press, 1986.

④ Gumport, P. Academic restructuring: Organizational change and institutional imperatives[J]. Higher Education, 2000, 39: 67-91.

外学者对于政策试验的研究均为本书提供了宝贵的理论与知识基础。然而,政策过程的高度复杂性和不确定性与中国丰富独特的本土情境,使我们很难通过套用西方理论框架来得出对中国教育政策变迁与组织变革的深刻描述,或是对政策试验中复杂多样的利益相关者的理性选择和行为路径进行解释与预测,遑论在充分经验事实基础上对中国教育政策过程模式进行高度抽象与理论建构。基于此,本书系统地讨论了政策试验在高等教育领域的应用,考察了相关行为主体在政策试验试点过程中的理性选择和行动策略,提炼出该过程中国家与大学的互动情景和基本模式,以及由此所限定或开拓的改革方向和创新空间,为理解中国高等教育政策变迁和改革发展提供崭新视角。

三、利益相关者理论

利益相关者(stakeholder)理论源起于 20 世纪 60 年代,此后逐步发展为成熟的管理学理论。利益相关者理论认可不同个体或者团体在组织发展中的投入和参与,他们运用各自的资源与地位开展活动;管理者需要平衡这些参与者之间的利益诉求以达到组织的利益最大化。利益相关者理论通过识别政策的核心行动者,分析其观点、行为偏好和资源约束,考察其行动策略①。本书借用利益相关者理论对中国高等教育改革试验中所涉及的相关行动者展开分析。

因本书聚焦于高等教育领域,故对政策试验中所探讨的中央—地方互动(central-local interaction)主体有如下限定:高等教育政策试验中涉及三类利益相关者,其中国家利益相关者包括中央权威机构和地方行政机构,特别是教育部和地方教育部门,他们共同构成了“中央”主体;大学利益相关者,包括大学的主要决策者和相关人员(教师、学生、行政人员等),他们共同构成了“地方”主体;社会利益相关者,包括如企业、社会精英等群体,他们在中央—地方(国家—大学)互动过程中发挥着不同程度的作用。

在中国,国务院是最高国家行政机关,中华人民共和国教育部是国务院

---

① Weible, C. M. An advocacy coalition framework approach to stakeholder analysis: Understanding the political context of California Marine Protected Area policy[J]. Journal of Public Administration Research and Theory, 2007,17(1): 95-117.

的组成部门之一。成立于1949年的教育部负责全面管理新中国的教育事业和文字工作;在1985—1998年间,教育部曾变更为国家教育委员会。教育部和其他国务院部委直接管理一批公立高等学校,统称为中央部门直属高等学校。作为高等教育改革的探索先锋和示范院校,中央部门直属高校在政策倾斜、资源投入、声誉等方面和地方高校具有明显区别。例如,1998年开展的"985工程"是中国政府为优先打造一批世界一流大学所做出的重大战略决策。隶属于"985工程"的39所高校中有31所是由中共中央直接管理的高校,又称中管高校,其党委书记和校长均由中共中央和中央组织部直接任命,职级为副部级,故又称副部级大学。在2015年启动的"世界一流大学和一流学科建设"重大战略改革中,42所一流大学建设高校中绝大部分为中管高校,它们被公认为中国高等教育体系中的精英高校,也是中国高等教育的改革先锋。

本书所涉及的地方政府指省、自治区、直辖市各级人民政府及其所属的教育部门(如教育厅、教育委员会等)。相较于教育部,地方政府对中央部门直属高校的作用相对有限。然而,各地区的经济发展水平和教育部门决策者的领导力仍旧会对高校的改革和发展产生影响。

在中国现行高等教育体制下,精英高校的决策层和领导层包括校长、副校长、党委书记、党委副书记等人,均被赋予了国家行政体系中相应的行政级别。该制度安排无疑影响了中国高校内部知识分子的政策参与和行为偏好。不仅如此,笔者曾以政策网络理论为视角考察了不同利益群体在中国政策制定过程中的参与情况,指出高校决策者和学者所组成的专家群体在政策制定过程中会通过掌握专业知识和建立网络纽带诉诸影响。因此,相关部门和精英高校的领导与专家学者构成了本书案例中的核心利益相关者,本书将考察他们在不同历史发展时期与制度环境下的资源约束、行为偏好与博弈共识过程。

第三章　理解高等教育改革的新视角：政策试验引发政策变迁

一、中国高等教育的改革与发展

（一）理解改革

改革开放以来，中国各界对于高等教育领域改革呼声高涨。邓小平提出，“教育要面向现代化，面向世界，面向未来”，并且指出，“要提高教育质量，更好地为社会主义建设服务；教育事业必须同国民经济发展的要求相适应”。在此背景和目标下，高等教育进入快速改革和发展时期，取得了令人瞩目的成就（见图 3-1）。这一发展背后的逻辑驱动正是教育现代化为中国社会和经济领域诸项改革提供的动力。政策制定者把高等教育发展看作推进经济改革、提供高素质人才、促进社会流动和保障社会稳定的重要工具。

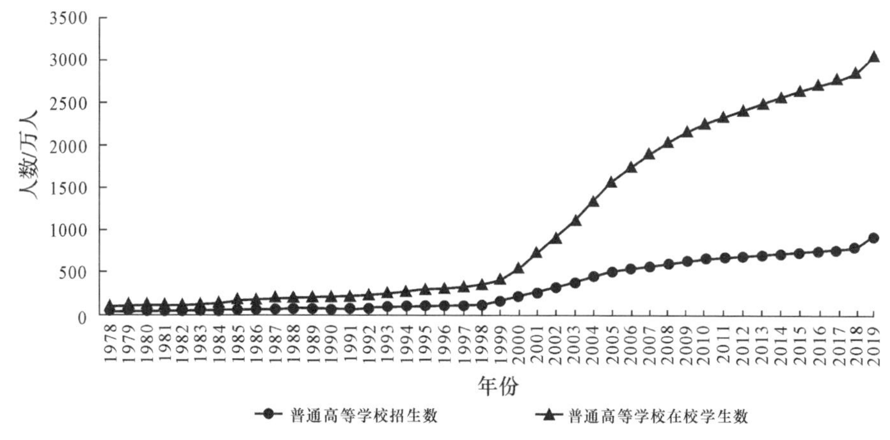

图 3-1　中国高等教育（除成人教育）的发展（1978—2019 年）

数据来源：国家数据统计局网站

改革开放初期，经济改革的重心之一在于经济体制和公共财政体制的改革，进而推动国家权力的下放和对地方政府的赋权。对经济和社会领域的“松绑”同时促进了高等教育领域的思想解放，学术自由和高校自主的概念崭露头角，推动高校在管理和财政方面开展了一系列的探索性改革。1985 年中共中央发布的《关于教育体制改革的决定》明确规定要“实行简政放权，扩大学校的自主办学权”[①]。

1992 年，邓小平的南方谈话提出要发展社会主义市场经济，这对中国的劳动力供给和科学发展提出了新的需求，进而引发了高等教育领域在市场化和现代化方向的新一轮改革。同年，中国开启了全国范围内的学科调整与合并，并在 1993 年颁布的《中国教育改革和发展纲要》中明确论述了改革目标和内容，即“为了迎接世界新技术革命的挑战，要集中中央和地方等各方面的力量办好 100 所左右重点大学和一批重点学科、专业”[②]。

20 世纪 90 年代，大刀阔斧的国有企业改革、蓬勃发展的市场经济和日益强化的竞争意识推动着高等教育在国民经济发展中发挥重要作用。一方面，高等教育资源供给和需求的不平衡推动了高等教育大众化步伐加快，促进了大学的大规模扩招；另一方面，“985 工程”昭示着国家意志中建设一流大学的愿景。中国高等教育中大众化—精英化路线初见端倪。精英路线的高校——如前文所提到的“双一流”高校——往往享有更多的资源投入、政策扶持和更加优质的生源供给，并扮演改革先锋的角色，成为中国高等教育改革的前沿阵地。从精英高校的先行先试到普通高校的全面推广日益成为中国高等教育改革发展的一般路径。

这些对中国过去几十年社会情境演进的简单叙述自然无法涵盖改革开放后大刀阔斧、波澜壮阔的改革篇章，但它为我们勾勒出过去四十年间中国高等教育改革和发展的宏观背景。改革既是有意识地、有规划地实现某一

---

① 中共中央. 关于教育体制改革的决定[EB/OL]. 1985-05-27. http://www.moe.gov.cn/jyb_sjzl/moe_177/tnull_2482.html.

② 中共中央，国务院. 中国教育改革和发展纲要[EB/OL]. 1993-02-13. http://www.moe.gov.cn/jyb_sjzl/moe_177/tnull_2484.html.

目的的举措，更是内嵌于综合社会和政治变化中的有机部分[①]。高等教育改革通常以某种政策目标实现为目的，其设定与形成源自政治、社会和经济所交织的复杂制度环境。因此，我们理解大学的改革过程，就离不开对其所在的制度环境、国家乃至国际发展轨迹的考察。

宏观来看，高等教育改革可以从结构—功能主义、理性主义、新多元主义等视角去理解。例如，学者对英国高等教育改革的研究发现必须将改革置于新多元主义的政治纷争、变换的意识形态、日益兴起的官僚主义和国家相对自主性的情境下去讨论[②]。这样的宏观视角有助于我们理解高等教育变革的制度背景，但在解释中央—地方互动方面显得力不从心。从中观视角出发，开放系统、资源依赖理论等组织理论准确地识别了大学必须适应并回应的外部环境，且对组织内外部的结构关系和资源依赖关系进行了详尽说明。但是组织理论倾向于探讨外部环境对组织行为的决定性作用，而时常忽略组织自主发起的变革，如地方试验和创新性探索。从微观视角来看待改革，Fullan 提出了教育变革的四阶段，即发起、执行、持续和结果[③]。Ely 提出了创新所需要的条件：对于现状的不满，充足的知识和技能，可利用的资源，时间，回报或激励，参与，投入和领导力[④]。这些理论可以在一定程度上解释某个组织发起的试点活动，但对于组织所处的制度环境及中央—地方互动的考察颇显局限。因此，本研究充分考量宏观制度变迁和微观利益相关者的行动策略，选取兼具中观层次的组织视域来讨论政策试验试点活动在中国高等教育领域的发生与发展。本书将新中国成立后的中国高等教育改革划分为五个发展阶段，并且总结了其主要改革主题和相应时期的试验试点活动（见表 3-1）。

---

① Bleiklie，I.，Hostaker，R.，Vabo，A. Policy and practice in higher education：Reforming Norwegian universities[M]. London：Jessica Kingsley Publishers，2000：298.

② Tapper，T. The governance of British higher education：The struggle for policy control[M]. Dordrecht：Springer，2007：8.

③ Fullan，M. The Meaning of educational change[M]. New York，NY：Teachers College Press，1982.

④ Ely，P. Conditions that facilitate the implementation of educational technology innovations[J]. Journal of Research on Computing in Education，1990，23(2)：298-305.

表 3-1　中国高等教育改革的阶段划分与政策试验活动

阶段	主题	主要改革	政策试验案例	影响
1949—1953 年	苏联模式对高等教育的全面影响	• 1949—1950 年：思想改造运动 • 1950—1953 年：院系调整与教学改革	• 教学改革试点：中国人民大学（文科）和哈尔滨工业大学（理科） • 小规模的高校结构调整与合并试验	极大地改变了高等教育学科和组织结构
1966—1976 年	“文化大革命”	• 1968 年：鼓励工农结合，提倡“做中学”的教育理念	无	中国高等教育发展停滞，知识分子地位下滑
1979—1989 年	简政放权，扩大高校自主权	• 1979—1985 年：多项高校自主探索 • 1985 年：中共中央发布《关于教育体制改革的决定》 • 1985—1989 年：全国性的综合改革	• 1979—1983 年：四所大学寻求自主权的探索性改革试验 • 1983—1988 年：国家指定多个试点进行全方位探索，如校长负责制、高校招生和分配制度改革	高等教育机构自主权增大，高等教育现代化改革程度加深
1992—1999 年	高等教育结构调整与扩张	• 1992—1997 年：共建、调整、合作、合并 • 1992—1998 年：开启“211 工程”和“985 工程” • 1993 年：中共中央、国务院发布《中国教育改革和发展纲要》 • 1998 年：《高等教育法》颁布，高等教育迅速扩张；教育部发布《面向 21 世纪教育振兴行动计划》	• 1993 年：研究生教育试点，改进硕士学位授权点和博士生导师的审核办法 • 由高校自主发起远程教育试点	中国高等教育进入大众化阶段，同时开启建设世界一流大学之路；一定程度上扭转了 50 年代院系调整下的大学格局，强调综合性大学发展
2010 年至今	高等教育综合改革	• 2010 年：发布《国家中长期教育改革和发展规划纲要（2010—2020 年）》 • 2015—2017 年：开启“世界一流大学和一流学科”建设	•《纲要》选取了一批试点和试验区开展综合性教育改革，如拔尖创新人才培养改革试点、考试招生制度改革试点、现代大学制度改革试点等	强调顶层设计下的改革协调与联动，中国高等教育进入综合改革时期

(二)高等教育中的试点活动

前文已经指出,国内外学者将中国的政策试验分为三种基本类型:一是试行法例,指在一定时期内为某项政策而出台的暂时性法规和条例;二是试验区,指在一定时期内选定的地域性单位,并赋予其一定程度上的自主创新和自由探索的权力;三是试点,即在一定时期内选定的具体组织,并赋予其在某一个政策领域自主创新和自由探索的权力。

笔者对1978年至2019年间的《政府工作报告》进行检索,其中政策试验相关条目共出现了304次。表3-2总结了政策试验在这一系列全局性政策文件中的应用。显而易见,改革开放以来政府的政策重心放在了经济改革,其余改革的发起逻辑多是为了回应并辅助经济改革与发展。和经济改革倚重"试验区"这一工作方法不同,教育改革中政策试验几乎均是以"试点"模式出现的(见表3-3)。

表3-2 政策试验相关词语在历年《政府工作报告》(1978—2019年)中的应用

	改革方法论	经济改革	社会改革	教育改革	政治改革	科技、文化与环保改革
频率/次	12	175	89	9	5	14
首次出现	1982年	1979年	1989年	1984年	1982年	2006年

来源:历年国务院《政府工作报告》。

表3-3 历年《政府工作报告》(1978—2019年)中与教育相关的政策试验汇总

年份	政策
1984	近年来在教育、科研战线已进行了一些有益的探索和试验。上海交通大学等院校改革管理制度,层层扩大自主权,实行定编定员,人员流动,挖掘学校科研潜力,承担经济建设研究课题,制订教师工作规范,明确干部岗位责任,试发岗位津贴和职务工资,提高了教学质量,出现了科研新局面。株洲电子研究所等一百多个科研单位,面向社会,对外实行有偿合同制,对内实行课题承包制,由国家事业费开支经费改为经济自立
1989	认真做好高等教育的综合改革试验,进一步调整科系结构,增强专业的适应性,完善供需见面、双向选择的毕业分配制度
1992	继续推广农村教育综合改革,搞好城市教育综合改革的试点
2000	同时进行社会公益类科研机构的改革试点
2004	中小学现代远程教育工程试点和资助家庭经济困难的学生
2008	2007年开始在教育部直属师范大学实施师范生免费教育试点

续表

年份	政策
2010	推进教育改革。要解放思想,大胆突破,勇于创新,鼓励试验,对办学体制、教学内容、教育方法、评价制度等进行系统改革
2012	加强中小学教师培训工作,扩大中小学教师职称制度改革试点,提高中小学教师队伍整体素质
2017	深化高考综合改革试点

来源:历年国务院《政府工作报告》。

笔者运用相似方法对教育部历年的工作要点总结进行了分析[①]。在每年年初,教育部会发布本年工作要点,作为阐述其政策目标,指导各部门和各高校行为的重要指南。图 3-2 展示了试行法例、试验区和试点活动在该系列文件中的使用频率和情境。考虑到政策文件在中国情境下的重要作用,这显示了政策试验作为改革方法论在中国教育政策制定与改革进程中的强大活力。有时,政策试验昭示着新的探索项目和新的改革趋势,在一定程度上甚至可以被看作具有中国特色的"基于证据制定政策"方法。而有的时候,政策试验的目的在于通过由点到面的方式推进政府既有的顶层设计,更具有方法上的意义而非实质上的创新。其中试点方法的使用频率显著高于其他的政策试验形式。试点是中国共产党创造性的词汇,是中国使用最为频繁、生命力最为旺盛的政策工具之一[②]。因而,本书聚焦高等教育领域的试验试点活动,考察国家与大学的互动博弈过程,及由此所限定或开拓的政策变迁与改革创新空间。

二、国家—大学的互动与博弈

在现代社会,几乎所有主权国家都存在对于高等教育不同程度的干涉。高等教育可以看作是映射不同社会利益群体之间的冲突的阵地[③],这在教育政治学、公共政策科学等领域均已有诸多论述。不可否认,政治和行政体

---

① 由于数据可获得性,故只分析了 1987—1997 年、1999—2019 年的教育部当年工作要点总结。

② Heilmann, S. From local experiments to national policy: The origins of China's distinctive policy process[J]. The China Journal, 2008,59:1-30.

③ Kazamias, A. M. Paideia and Politeia: Education, and the polity/state in comparative education [M]//R. Cowen, A. M. Kazamias (eds.). International handbook of comparative education. Dordrecht: Springer, 2009: 161-168.

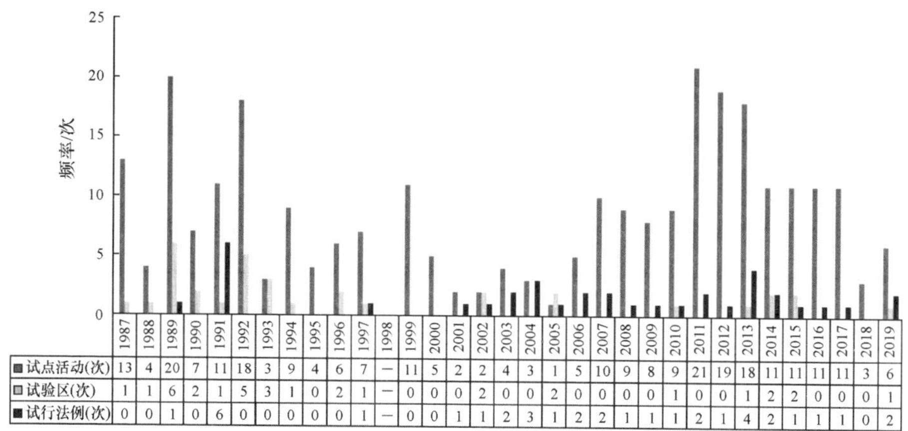

	1987	1988	1989	1990	1991	1992	1993	1994	1995	1996	1997	1998	1999	2000	2001	2002	2003	2004	2005	2006	2007	2008	2009	2010	2011	2012	2013	2014	2015	2016	2017	2018	2019
■试点活动(次)	13	4	20	7	11	18	3	9	4	6	7	—	11	5	2	2	4	3	1	5	10	9	8	9	21	19	18	11	11	11	11	3	6
■试验区(次)	1	1	6	2	1	5	3	1	0	2	1	—	0	0	0	2	0	0	2	0	0	0	0	1	0	0	1	2	2	0	0	0	1
■试行法例(次)	0	0	1	0	6	0	0	0	0	0	1	—	0	0	1	1	2	3	1	2	2	1	1	1	2	1	4	2	1	1	1	0	2

图 3-2 试点活动、试验区和试行法例在《教育部工作要点》中的频率(1987—2019 年)

数据来源:中华人民共和国教育部网站。

系是影响并塑造高等教育形态的重要力量。

国内外学者已经对国家与大学这对关系展开了丰富而颇有见地的讨论,该话题亦是高等教育治理研究的重点。纵观各国历史,国家和大学的关系可以大致分为三个发展性阶段:第一阶段可以看作大学的相对独立阶段(relative independence),大学相对自给自足地发展,免于政治干涉,享有高度的自主权;第二阶段更多地以国家控制(state control)为特征,大学高度依赖于政府拨款与行政调控;第三阶段开始呈现出"分权中的集权"(decentralised centralisation)现象,国家的角色逐渐从管理者过渡到调控者,第三方中介机构力量渐显①。在本书中,笔者将国家—大学关系定义为政体与高等教育机构的相互联系,该联系并不是单一的自上而下的权力依附,而是处于不断地相互影响和相互作用之中②。

一方面,国家需要大学提供高素质劳动力与科学技术创新,高等教育是实现知识经济,提高国家竞争力的重要手段。Salter 和 Tapper 将这一目的

① Mok, H. K. Policy of decentralisation and changing governance of higher education in post-Mao China[J]. Public Administration and Development, 2002,22(3): 261-273.

② De Boer, H., Enders, J., Schimank, U. Comparing higher education governance system in four European countries[M]// N. C. Soguel, P. Jaccard (eds.). Governance and performance of education systems. Dordrecht: Springer, 2008: 35-54.

精辟地描述为“教育的经济观念”(the economic ideology of education)①。同时，国家致力于扩大和维护高等教育参与和公平性，看重的是教育在促进社会流动和文化传承中的作用，这些目的则更具政治上的考量。另一方面，大学不断寻求外部资源以降低对政府的依赖，并通过专家参与、政策网络等方式对政府的公共政策施加影响。

随着高等教育在国民经济发展中的作用日益凸显，大学应当负担起更多的公共责任并接受公共监督的呼声高涨。政府和公众开始质疑大学作为学术机构在组织管理上的弊端、根植的低效和“象牙塔式”的自娱自乐；在一些国家，大学发展所导致的精英“再生产”和阶层固化现象亦引人深思②。从大学的角度来看，自诞生之初，大学便以学术自治与学术自由为根本价值取向，这亦是大学精神与文化的核心体现，因而大学需要不断寻求自主权以确保其学术独立性和精神传承③。

鉴于此，公共问责与大学自主之间不可避免地出现了冲突，这一冲突具化为改革发展过程中国家与大学持续的利益博弈。总的来说，进入21世纪后，政府对大学的治理逐渐从直接干预过渡到间接管理，从事前控制过渡到事后评估，并不断引入新的治理策略，如建立中介机构和绩效拨款机制④。值得注意的是，这些自主权往往是有限度的自主权。例如，Whitley和Gläser指出，国家有意识地赋予高等教育机构某些层面的自主权，希冀大学通过改革回应甚至引领社会经济发展的需求，并在日益全球化的高等教育

---

① Salter, B., Tapper, T. The state and higher education[M]. Ilford: Woburn Press, 1994: 20.

② 与此相关的讨论，可见：Thomas, R. M. (ed.). Politics and education: Cases from eleven nations[M]. Oxford: Pergamon Press, 1983; Dill, D., Sporn, B. (eds.). Emerging patterns of social demand and university reform: Through a glass darkly[M]. New York, NY: Elsevier, 1995; Ferlie, E., Musselin, C., Andresani, G. The steering of higher education systems: A public management perspective[J]. Higher Education, 2008, 56(3): 325-348.

③ 与此相关的讨论，可见：Berdahl, R. Academic freedom, autonomy, and accountability in British universities[J]. Studies in Higher Education, 1990, 15(2): 169-180; Kogan, M., Hanney, S. Reforming higher education[M]. London: Jessica Kingsley Publishers, 2000.

④ 与此相关的讨论，可见：Bleiklie, I., Hostaker, R., Vabo, A. Policy and practice in higher education: Reforming Norwegian universities[M]. London: Jessica Kingsley Publishers, 2000; Enders, J., De Boer, H., Weyer, E. Regulatory autonomy and performance: The reform of higher education revisited[J]. Higher Education, 2013, 65(1): 5-23.

市场中提升竞争力①。国家仍旧掌握影响高校发展的核心权力,并通过多种政策和策略引导大学战略发展与政府政策倾向的趋同一致。就此而言,大学自主权力的不断加强仍旧是在拨款机构的管理体系与主权国家的制度框架之内。

国家与大学的合作和冲突在一定程度上源于各主体对改革的认知和理解的异同。其中,中西方对于"自主"概念及其内涵的理解亦因历史沿革与现实情境的不同而有所差异。在西方文献中,大学自主性主要指大学能够在践行机构治理与学术自由的过程中免于外界干扰,特别是不受国家行政力量的干扰的权力②。在中国语境下,自主概念的践行更偏向于在国家支持下能够自由地实践其理念和决定其行为的能力③。Pan 指出中国大学追求的自主更偏向于"半自主"(semi-independence)④,即独立于国家的同时又依附于国家,学者追求的是与国家利益高度一致的学术诉求⑤。就此而言,中国高等教育的发展即是大学不断寻求自主权和良好内外部治理的过程,亦是大学谋求自身发展与国家利益高度一致的不懈努力⑥。

因此,中国大学在兼具高等教育机构组织特征的同时,深深内嵌于复杂的主权国家行政体系,使其组织结构呈现出与西方现代大学的不同特质,例如,党委领导下的校长负责制及该权力架构在大学治理中的行为表现。在中国公立高校,以校长为首的行政权力全面负责"教学、科学研究和其他行政管理工作",而以党委书记为首的党政权力的主要职责在于确保大学的运

---

① Whitley, R., Gläser, J. The impact of institutional reforms on the nature of universities as organisations[M]// Organizational transformation and scientific change: The impact of institutional restructuring on universities and intellectual innovation (Research in the sociology of organizations). Emerald Group Publishing Limited, 2014:19-49.

② Altbach, P. G., Berdahl, R. O., Gumport, P. J. (eds.). American higher education in the twenty-first century: Social, political, and economic challenges (2nd ed.) [M]. Baltimore: Johns Hopkins University Press, 2005.

③ Hayhoe, R., Liu, J. China's universities, cross-border education, and dialogue among civilizations[M]//D. Chapman, W. K. Cummings, G. A. Postiglione(eds.). Crossing borders in east Asian higher education. Dordrecht: Springer, 2010: 77-102.

④ Pan, S. Y. University autonomy, the state and social change in China[M]. Hong Kong: Hong Kong University Press, 2009.

⑤ Zha, Q., Hayhoe, R. The "Beijing Consensus" and the Chinese model of university autonomy [J]. Frontiers of Education in China, 2014, 9(1): 42-62.

⑥ Han, S. Policy experimentation and power negotiation in China's higher education reforms[J]. Higher Education, 2020, 79(8): 243-257.

行“执行中国共产党的路线、方针、政策,坚持社会主义办学方向”①。在日常实践中两者职责时常交织,并没有绝对的划分。中国大学独特的二元权力格局使得代表大学领导层这一利益相关者的集合呈现了更多异质性和复杂性。

三、概念框架与理论假设

通过前文论述,本书已对政策试验相关研究及其涉及的核心要素进行了详尽说明。诚然,政策试验不起源于高等教育,但它已经成为塑造中国高等教育改革的重要力量之一。该领域现有研究几乎全部集中在经济改革和社会改革,鲜有对高等教育的论述。加之现有研究多将政策试验放在整体政策周期之中,通过单一的案例探讨其功用,对于试点的发生发展与演变阶段缺乏深入的考察。笔者指出,中国改革过程中存在着复杂的利益相关者与权力关系,他们的行为偏好和互动博弈往往对改革产生不可估量的影响。那么,作为中国特色的改革和治理工具,政策试验在高等教育改革中起到了什么作用?试点是如何被发起、推进和终结的?利益相关者的行动若何?试点对于政策制定的影响是什么?以政策试验为视角,对这些异常重要的问题的研究实质上是对中国高等教育改革过程和机制的重新审视。如果我们把教育的发展看作一个变革的过程,其中充斥着大量改革的生动叙事和利益相关者的互动博弈,那么,我们到底应该如何认识、理解和解释过去四十年间中国高等教育的改革?驱动改革背后政策变迁的逻辑何在?

现有研究多依托西方范式或理论,常常难以完全理解并解释中国的改革和发展的独特性,而“中国的教育改革已经不能完全依靠借用其他国家的理论所解释”②。因此,本书并不依靠某一现有理论,而是提出研究中国政策变迁和改革过程的新视角,并试图通过经验研究,提出认识、理解和解释中国高等教育改革的新框架。借由组织变革这一中观层面的视角,本书通过分析微观层面利益相关者的行为策略,重塑对于中国高等教育改革的叙述,并对其反映的宏观层面的制度环境进行考察。

---

① 全国人民代表大会.中华人民共和国高等教育法[EB/OL].2015-12-27. http://www.npc.gov.cn/wxzl/gongbao/1995-03/18/content_1481296.htm.

② Cheng, K. M. China's recent education reform: The beginning of an overhaul[J]. Comparative Education, 1986, 22(3): 255-269.

本书提出,中国高等教育改革可以理解为现存制度框架下精英驱动的政策试验。试验发生发展过程中利益相关者采取了不同的理性选择和行动策略,在互动博弈中达成协商共识,由此开拓或限定了改革方向与创新空间。在不同类型的探索性改革中,政策试验起到了策略生成、行为规训或象征示范的不同作用。国家教育政策的渐进调整正是通过试点的方法获得推广和完善。

因此,本书的关键不仅在于分析政策试验在政策过程中的作用,更是以此为视角,探讨国家和大学在试验性改革中的权力互动和博弈。国家和大学利益相关者的理性选择和行动策略成为我们考察这一宏大命题的切入点。基于此,本书首先通过政策试验的发生与发展过程中利益相关者的不同策略对试点进行类型学意义上的划分。

(一)政策试验的不同类型

本书提出,依据发生发起方式维度,政策试验可以分为两类:"自上而下"的政策试验,指基于顶层设计,由政府主动发起并指定相关大学进行探索的试点;"自下而上"的政策试验,指一个或多个大学自主发起并试图进入政策议程的探索性改革。自下而上试点的发起或是基于政策问题,或是基于未来愿景,或是基于领导层个人激励回报的考虑。有时政府会对自下而上的政策试验做出明确的支持,有时却采取模糊的态度。无论哪种情况,来自国家层面正式或非正式的支持对于大学领导层的行为偏好以及地方探索性改革的合理化和规模扩大化均具有重要意义①。

值得指出的是,发生发起方式不仅指向率先提起试验的机构层级和性质,更影响着该试验性改革进入政策过程的可能性和方式。因此,笔者进而将该维度抽象概括为"议程设定方式"。当地方试点成功后,政府可通过由点到面的方式进行推广,伴随着典型示范和政策修正,该试验性改革可能进入政策过程并引发全国性的教育改革。就此意义而言,自下而上和自上而下的路径合而为一。然而,并非所有试点都是成功的,也并非所有成功的试点都能成为政策进而引发改革。不同发生发起方式与主体影响着试验性改革的政策影响力。与政府指定试点相比,机构自主的试验性改革除了要证

① Heilmann, S. Policy experimentation in China's economic reform[J]. Studies in Comparative International Development, 2008,43:1-26.

明试点生成措施和方法对于解决政策问题的可行性、有效性和可推广性,还需要有意识地建立强有力的政策支持联盟,等待适宜的政策环境与满足改革的政治适切性,因此在发展和扩散阶段往往面临更多复杂因素。

依据政策试验发展过程中政策空间的多寡,亦可将其分为两类。该维度关注的是试点发展过程中国家和大学利益相关者的参与和互动。在一些试点中,政府力量被有意或无意地限制在一定程度,大学得以成为探索性改革的主要参与者。而在另外一些试点中,行政力量则更为凸显,甚至在一定程度上决定了试点改革结果。不同的政策试验中政府或是积极地支持和参与,或是默许,或是反对,因之与大学行为主体的力量呈现出此消彼长的态势,由此构建并维系了界限各异的政策空间。

基于此,笔者引入"行为策略空间"的概念,用以描述政策试验中大学与国家在达成共识过程中能够进行互动和博弈并得以自主探索的维度。显而易见,当政府干预和行政力量后退时,大学可能获得更多的行为策略空间进行探索性改革;反之,大学自主意愿的形式和行为更为受限。

以议程设定方式和行为策略空间两个核心概念为维度,本书提出了划分中国高等教育领域政策试验的概念框架(见图 3-3)。该概念框架构成了本书后续的研究框架。

议程设定方式 \ 行为策略空间	相对受限	相对充足
顶层设计	指令型试验 (Directive experiment)	授权型试验 (Authorised experiment)
地方自主	探索型试验 (Exploratory experiment)	追认型试验 (Retrospectively authorised experiment)

图 3-3　中国高等教育政策试验类型的概念框架

"指令型试验"指根据国家顶层设计,基于战略规划或某一政策目标,由政府有意识、有计划发起的探索性改革;政府依靠行政力量指引指定的一个或多个大学试点。在试点发生发展过程中行政力量较强,大学利益相关者的行为策略空间较为有限。该类型的成功试点往往具有较为清晰的议程设定程序和路线,甚至在特定情况下试点过程与试点推广同时进行。就此而言,试点的主要目的不在于创新性地探索政策备选选项,而在于通过典型示范,由点到面、分阶段地推进政府改革。

"授权型试验"同样通过自上而下的方式发起,由政府根据宏观政策目标指定具体高校作为试点单位;但在具体试点执行过程中,国家与行政的力量被有意或者无意地限制在一定范围内。被授权的试点高校是政策试验的主要行为主体,通过实践或是探索出解决某项具体问题的方法和程序,或是勾勒出实现某项政策目标的策略和手段,并希冀通过由点到面的方式扩大影响甚至引发全国范围内的改革。此类型试点尤其多见于中国改革前期。中国情境的独特性与前置经验的缺失使得政府需要在未知制度环境中探索出解决实际问题的可行方案,试验试点的方法成为国家探索政策备选和改革策略的稳妥选项。因此,授权型试验中的行为策略空间相对充足,政策试点的结果可以理解为试点高校在与相关部门协商共识的基础上进行自主探索的产物。

"探索型试验"和以上两类均有相似之点,但各有区分。从发生发起方式来看,探索型试验指地方高校出于迫切的现实需求或基于未来愿景的期许自主发起的探索性改革。在此过程中,大学利益相关者是寻求解决问题的创新性方案和程序的行为主体。国家多采取默许(甚至偶尔反对)的态度,很少存在相关部门的明确支持,改革亦缺乏进入政策议程设定的清晰路线。因此,试点的行为策略空间需要在国家和大学的不断互动与博弈之中加以维系,这种互动与博弈具有高度不确定性,继而导致试点行为策略空间的界限模糊。理解探索型试验的核心即在于考察国家和大学利益相关者的理性选择和行为路线,其共识达成的一致性决定了试点改革的结果。

最后,"追认型试验"指在国家非正式支持和默许下由高校自主发起,并在成功后经政府认可得以自下而上地进入议程设定的探索性改革。追认型试验或是通过相关部门赋予明确的试点地位加以授权,或是通过典型示范,由点到面地进行经验推广和改革推进而加以认可。在试点过程中政府的干预相对较弱,从而为机构的自主发展留下充足的行为策略空间,其协商与互动过程更多地体现为寻求宏观政策目标和具体机构利益的平衡。

议程设定方式和行为策略空间两个维度是影响政策试验发生发展过程的重要因素。基于此而提出的政策试验类型框架,是本书对中国高等教育过去 40 年间层出不穷的试验性改革进行类型划分与特征描述的有益尝试。在不同类型的政策试验中利益相关者的理性选择和行动策略,以及行为博弈与共识达成,开拓或限定了改革方向与创新空间,中国高等教育的种种探索性改革正是通过这些政策试验衍生并得以推进的。

值得注意的是,笔者所提出的概念框架必须放置在动态的维度中加以考量。在复杂多变的改革过程中,利益相关者的行为偏好和权力的此消彼长处在不断变化之中;政策试验的类型亦有可能因为改革进程和政策目标实现程度的演变而界限模糊甚至发生转换。就此而言,本书提出的概念框架并非要对政策试验做一个决定性的划分,其目的在于为我们理解政策试验和识别影响其发生、发展与扩散的相关因素提供一种结构化的思维方式,从而帮助我们更好地去认识并解释中国高等教育领域丰富而独特的政策试验现象与因之衍生的改革。

(二)政策试验的不同作用

本书进而指出,依据议程设定方式和行为策略空间两个维度所构建的不同类型的政策试验,在政策周期和改革过程中起到了不同的作用。通过对大量试点案例的考察和提炼,本书将这些作用概括归纳为策略生成、行为规训和象征示范。

1. 策略生成

在给定情况下地方或机构能够通过自主试验的方式探索出行之有效的策略方案和程序,在有力支持联盟与适宜制度环境下这些创新方案和程序可能作为政策备选进入议程设定程序并引发更大规模的改革。

政策试验的内嵌属性为参与其中的利益相关者提供了暂时绕过现存障碍的可能性,即自主探索改革新方案,并测试方案与程序的效率和作用的可能性。这一点在考虑到改革的高度不确定性和风险性时尤为重要。当改革可能引发矛盾,甚至与现行规则产生冲突时,试验试点所内嵌的灵活性可为中央和地方推进改革提供新路径——政府通过发起授权型试验或默许追认型试验允许甚至鼓励高校自主探索符合当地情况和国家高等教育发展实际的有益举措。这也正是实事求是思想的经验表现。试点对范围和规模的控制(通常是一个或数个机构)使其成为一个具有稳定性和经济性的典型控制试验。中央和地方核心利益相关者在互动与协商中创设的行为策略空间也为试点高校的试验性改革降低了成本,提高了效率。就此而言,政策试验呈现了生动的生成性作用,为政策制定与改革推进供给具有生命力的创新策略与程序。

该生成性作用尤其多见于20世纪80至90年代。改革开放初期,中国社会百废待兴。中国的发展没有现成的经验以资借鉴和学习,只能依靠自主探索和试验,走出一条中国特色的道路。例如,在计划经济的高度控制和政府有关部门"对高等学校统得过死"[①]的情况下,高校进行了一系列关于招生、教学和毕业的改革。这些改革内容不仅关系到高校,更与当时中国整体经济体制和社会发展环环相扣。在这些领域直接发动大规模的全国性改革不仅是不理智的,更是不可行的。一方面,缺少现成范本与经验用以直接借鉴,如何改革与改革的可能后果存在高度的不确定性。另一方面,在缺乏可信且行之有效的策略方案和程序的前提下,推进大规模改革必然会遭受来自多方利益相关者的反对,甚至引发不可调和的矛盾与冲突。在此情况下,试验试点的方法可以在可控情况下进行探索,以试点结果为改革方案背书,并在此过程中达到利益相关者的权力平衡与协商共识,为后续政策制定和全国性改革铺平道路。

2.行为规训

本书所提出的行为规则概念指在政策试验的不同阶段,政府通过颁布规章制度和形塑国家—大学的改革互动模式,为改革推进提供一个可比的示范行为准则。

在试点发起、执行和推广阶段,政府会有意识地采取政策规章、会议座谈等方式规范试点单位的行为,并为后续改革中其他组织机构提供范本和行为框架。例如,自上而下试点中,政府通过研讨会和工作报告会促进试点单位间的经验交流,并将其总结成为规范下一阶段探索性改革的行为指南。即使是自下而上的试点中,政府也会通过正式或非正式的文件发布、领导人讲话和中央—地方互动对试点机构进行规范和约束。这种规范和约束在政

① 中共中央.关于教育体制改革的决定[EB/OL].1985-05-27. http://www.moe.gov.cn/jyb_sjzl/moe_177/tnull_2482.html.

策试点推广阶段尤为明显。伴随典型示范的建立,试点经验通过由点到面的方式得以推广,其范围和规模的扩大必然带来一些难以预测的问题。在这种情况下相伴产生的行为条例则随之成为其他高校遵循和参考的范本。这对于那些具有松散耦合系统[①]和内嵌式改革惰性等组织特性的高等教育机构来说尤具效力。

3. 象征示范

在一些情境下,政策试验发生发起的主要目的不在于探索政策问题解决的策略,亦不为寻求并建立执行改革的规范程序,而是通过建立典型示范案例以更加平缓地推进政府的顶层设计。就此而言,政策试验在政策过程中的创新性减弱,而象征性和示范性加强,笔者将这一作用概括为象征示范。

该作用多见于自上而下的试点,在指令型试验中尤为突出。一般来说,政府的改革设计由于现实原因需要分阶段、分步骤地逐步推广,这些现实原因包括制度条件不成熟、改革阻力较大等。此时试点成为实现这一目的的重要路径。在此情况下,试点机构的行为策略空间往往被限制在相对狭小而界限明确的范围,国家与大学的博弈意义减弱,更多的是在已经达成的共识前提下去逐步推进已有的政策选项。因此,该作用更具有方法论的意义。一方面,政府通过试点方式推进改革可减少不必要的阻力并为其顶层设计提供合法性和合理性依据。另一方面,可以促进颇具改革惰性的高等教育机构逐步接受并推进改革,并在推广过程中因地制宜地不断进行政策修正,提高政策选项的可行性和科学性。

该象征示范性作用在近20年间表现得较为明显。一方面,分散于高等教育系统的种种改革已初见成效,高等教育已经成为一个紧密连接的有机系统,使得单打独斗式的地方自主改革更加需要顶层设计和政府统筹。科学化和民主化的发展使人们更加推崇基于证据的政策制定和改革,这在中国情境下通常以试点的方式得以实现。另一方面,不断成熟的制度环境使得高校在试点过程中行为策略空间的边界日益清晰,一定程度上限制了其真正意义上进行自主探索和创新的能力。

---

① Weick, K. E. Educational organizations as loosely coupled systems[J]. Administrative Science Quarterly, 1976, 21(1): 1-19.

与政策试验的类型划分一样,对这三种作用的描述和理解也需要放置于动态的情境之中。在某些试点的发生执行过程中,生成性的作用占据核心;当试点生成的策略选项进入议程设定并逐步推广时,规训性和示范性的作用则呈现得更为明显。中国的政策试验起源于中国土地革命时期,发展于改革开放之后,其实践成果证实了试验试点方法在中国各领域政策制定和改革中的重要作用,进一步促进了中央和地方精英政策行动者对该方法的应用。经过反复实践,上述三种作用在不同时期、不同阶段和不同类型的政策试验中或是单独出现,或是交织出现,成为推动中国政策变迁和改革发展的重要力量,政策试验亦逐渐成为具有制度化性质的改革途径。

(三)现存制度框架下精英驱动的政策试验

基于以上讨论,本书提出了政策试验引发政策变迁的理论观点,指出现存制度框架下精英驱动的政策试验(elite-enabled policy experimentation within existing hierarchies)是推动中国高等教育改革的重要机制。已有大量研究指出,中央与地方的互动是推动中国发展的关键因素。政策试验则为国家—大学互动提供了制度化框架,其核心优势即在于默许甚至鼓励地方精英的自主探索和上下博弈共识。

其中,精英行动者是政策试验得以发生、发展和扩散的关键力量。通过运用核心资源、形成支持联盟等方式,高校行动者为试点的发起、执行和影响扩散提供了可能;国家政策行动者更是直接或间接地对多种类型的政策试验施加影响。值得指出的是,即使是自下而上的探索试验,也需要在既存政治框架与制度环境内才能展开,才有可能进入议程设置并引发政策变迁。换言之,高校利益相关者的现实认知与行为策略离不开与相关部门的博弈,这两者的行为偏好同时受到中国教育体制的制约,同时处在现行制度环境的反复塑造之中。中国教育改革的生动叙事正是以中国的现实为背景,由这些政策精英的反复努力和博弈平衡所书写的。因此,要认识、理解和解释过去40年间中国高等教育的改革及其政策变迁的逻辑,可以通过考察政策试点的核心机制与其中利益相关者的行为策略入手。正是在该理论假设下,本书提出如下的研究设计。

四、研究设计与研究方法

总的来说,本书的核心议题有二:一是考察政策试验在推动中国高等教育改革和政策变迁中的作用;二是以政策试验为视角剖析中国高等教育改革中国家—大学的协商互动与权力博弈,在此基础上所形成的改革共识共同塑造了中国高等教育现代化的图景。因此,本书借由组织变革这一中观视角,通过分析微观层面利益相关者的现实认知、资源约束、行为策略和共识达成,重塑对于中国高等教育改革的叙述,并对其反映的宏观层面的制度环境进行考察。基于本书的概念框架和理论假设,运用比较的研究方法,本书进行了内嵌式的多案例研究设计,选取了四个历时性政策试验作为案例,并在每个案例中选取两个试点高校作为子案例,对这些试验性改革展开实证调查和比较分析。

(一)研究设计

研究设计的科学性和完整性是研究信度和效度的保证。研究设计是指"通过完整的逻辑步骤将实证数据与研究问题和研究结论相联系"的思考过程[①]。就存在论和认识论而言,本书认为现实世界的真相是在人类对社会过程与行为状况解释的基础上加以构建的,故而考察人们的认知和行为离不开其所在社会情景[②]。本书汲取了解释主义的理论思想,重点考察个体在文化、历史等制度环境塑造下对于社会生活的理解和重建[③]。因此,研究者需要从研究对象的视角出发考察其情境认知、理性选择和行为策略[④]。

基于此,本书采取质性研究方法,通过案例研究设计,基于大量文本与知情人士访谈展开分析。案例研究的方法允许我们"深入、多角度地探索基于现实的复杂问题"[⑤],尤其在"现象与情景间界限模糊"的情况下可以为我们提供思考的方式[⑥]。大量研究表明案例研究是教育政策分析中最为广泛

---

① Yin, R. K. Case study research: Design and methods (4th ed.)[M]. Thousand Oaks, CA: Sage, 2009: 26.

② Kelliher, F. Interpretivism and the pursuit of research legitimization: An integrated approach to single case design[J]. Electronic Journal of Business Research Methods, 2005,3(2): 123-132.

③ Crotty, M. The foundations of social research: Meaning and perspective in the research process [M]. Thousand Oaks, CA: Sage,1998.

④ Gorman, G. E., Clayton, P. Qualitative research for the information professional: A practical handbook (2nd ed.)[M]. London: Facet Publishing,2005.

⑤ Crowe, S., Cresswell, K., Robertson, A., et al. The case study approach[J]. BMC Medical Research Methodology, 2011,11:100-109.

⑥ Yin, R. K. Case study research: Design and methods (4th ed.)[M]. Thousand Oaks, CA: Sage,2009: 18.

使用、行之有效的研究方法之一①。因此，选择多案例比较研究方法，能够帮助我们更好地考察和分析政策试验及其牵涉的高等教育改革这一宏大而复杂的命题。

本书选取内嵌式的多案例研究设计，在多案例基础上，每个案例中选取多个子案例。就研究设计而言，首先将每个案例作为独立的个体，进行案例内分析，从而得出对于该案例的深入而全面的结论；进而，通过跨案例分析，对结构相似而内容不同的案例群进行总结归纳，抽象提炼出对研究问题的理论解释。该研究设计能够保证在数据收集和分析过程中充分应用复制逻辑，实现案例之间的彼此印证，从而增加研究的外在效度。

根据 Yin 所提出的案例研究模式②，本书的研究设计如图 3-4 所示。案例研究的关键在于分析单位(unit of analysis)的确定。在单个案例的案例内分析阶段，分析单位为试点高校，关注的重点是利益相关者在试点发起、推进和扩散时期的认知、偏好和行为策略。在跨案例比较阶段，分析单位是试点，关注的重点在于试点所内嵌的博弈过程及其在改革中的作用。

(二)案例选择

始于 1978 年的改革开放是中国发展历程中的重要里程碑。从经济领域开始，改革开放战略深刻影响了中国方方面面的发展，高等教育亦不例外。因此，本书以 1978 年作为伊始，选取 1978 年至今的高等教育改革和政策变迁为研究时期。在案例选择的过程中，本书考虑了如下因素。

第一，考虑到不同时代高等教育发展的制度环境与使命任务，本书有意识地选取了在高等教育发展历程中不同时期的历时性个案，从而将不同案例放在可比较的维度上去认知并解释政策试验的机制、作用及变迁。不仅如此，政策试验的视角使我们可以重新审视国家—大学的利益博弈和中国社会经济变化在教育领域的生动反映。

第二，根据议程设定方式和行为策略空间两个维度，本书提出了认识和

---

① 类似论述，可见：Yin, R. K., Heald, K. A. Using the case survey method to analyze policy studies[J]. Science, 1975,20(3):371-381; Pal, L. A. Case study method and policy analysis[M]// I. Geva-May (ed.). Thinking like a policy analyst: Policy analysis as a clinical profession. New York, NY: Palgrave MacMillan, 2005: 227-257.

② Yin, R. K. Case study research: Design and methods (4th ed.)[M]. Thousand Oaks, CA: Sage, 2009.

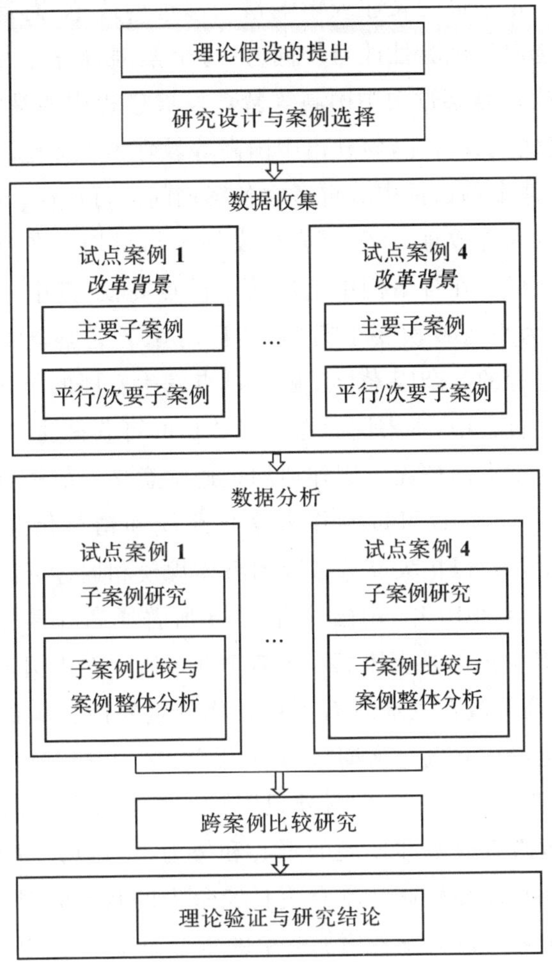

图 3-4　本书的研究设计

理解政策试验的概念框架,将其划分为指令型、授权型、探索型和追认型四个类型。试点发生发展过程中利益相关者采取了不同的理性选择和行动策略,其协商共识的达成因而开拓或限定了改革方向与创新空间。因此,本书选取了四个政策试验类型中具有代表性的探索性改革作为典型案例(见图3-5)。对差异性案例的研究和比较使我们可以对政策试验在高等教育领域的应用全貌、内嵌属性和作用机制进行系统的描述。值得指出的是,这里案例的代表性(representativeness)和定量研究中随机抽样所指向的代表性不同,其指向所选案例是否能通过对改革的完整还原和描述回应研究问题。

具体案例并非一定是最受关注或影响最为深远的改革，而是基于研究问题和理论假设下选取的试验性改革。同时，每个案例自身应当有意义并且有价值[①]，使我们得以考察过去中国高等教育发展进程中的具体改革；在此基础上，通过跨案例比较研究，勾勒出中国高等教育丰富而生动的改革图景。

第三，在具体案例选择中着重考虑各案例间的可比性。因而，所选案例均是基于试点的高等教育改革，其发生发展与结果均是在中央和地方的反复互动下构建而成。在各案例中选取两个试点高校，其中一个作为主要子案例，另一个作为平行或次要子案例，其目的在于更加全面地理解影响国家—大学互动过程的复杂因素与反映该试点发生发展的宏观情境。在具体试点高校的选取过程中，本书同时考量了数据的可获得性和研究的可行性。

本书选取的试点高校无一例外地均是通常意义上的精英高校。就某种意义而言，中国高等教育可以看作大众化路线和精英化路线的复杂综合体——通过大学扩招以扩大高等教育的整体规模和通过资源倾斜以促进精英大学发展。截至 2019 年，中国共有 2688 所普通高等学校，其中 1265 所为本科院校[②]，但中央部委直属高校仅有 100 余所。在中国现行政治与教育体制下，政府对高等教育发展具有不可替代的重要性。从新中国成立初期重点学校的设定，至 20 世纪末期“211 工程”“985 工程”项目，再到 2015 年启动的“世界一流大学和一流学科建设”战略，均彰显了中国政府建设精英高校以引领高等教育改革和发展的野心和努力。与地方高校相比，教育部和其他中央部委直属高校通常享有更具竞争力的政策倾斜和资源支持，构成了中国打造世界一流大学各项战略中的主要力量。它们同时也被赋予了引领高等教育改革的先锋使命，在政策试验中扮演了更加引人注目的角色。因此，本书尤其关注精英大学和政策试验的关系。对四个案例的分析和比较使得我们能够通过政策试验视角去理解并解释中国教育政策变迁的脉络、作用机制与内在逻辑，从而对本书所提出的理论假设做出更为严格和科学的验证。

基于研究伦理的考虑，本书中对知情者的描述均以匿名方式陈述。为

---

① Walford, G. Researching the powerful[EB/OL]. 2011-03-31. https://www.bera.ac.uk/wp-content/uploads/2014/03/Researching-the-Powerful.pdf? noredirect=1.

② 国家统计局[DB/OL]. http://www.stats.gov.cn/tjsj/.

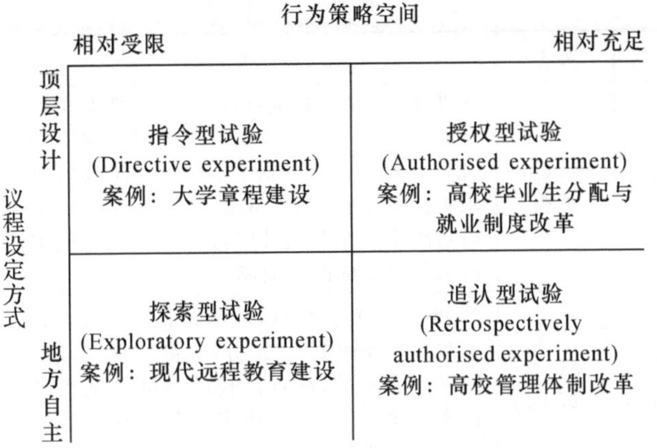

图 3-5 本书的内嵌式多案例研究设计

了研究叙述的便利,笔者对每个高校都进行了化名处理①。诚然,由于本书主题和案例选取的特殊性,有心之士或许可以通过案例描述与时代背景识别出具体高校,但这并不损害本研究的伦理道德。本研究对于所有参与者进行了匿名处理,以最大限度减少被访谈者个体因参与研究而被识别的可能性与潜在风险。同时,研究过程中笔者与参与研究的受访者坦诚地讨论过这一可能性。在此情况下,本书仍坚持以化名方式呈现案例高校的原因有二。一是出于对被访谈者的考量,希望在符合研究伦理道德的基础上最大限度地调动其积极性,使其能够抛却顾忌而相对全面地还原个人视角下的试点改革。二是出于对读者的考量,希望读者能够在阅读、理解和思考本书所呈现的政策试验时聚焦于试点本身与国家—大学互动行为模式,而非单纯归因于个体高校的特殊性,从而将本书所探讨的案例更为客观地放置在中国高等教育改革与发展的宏观进程之中。本书案例研究的目的本就不在于探讨某所高校的改革发展,而是以政策试验试点为视角,揭示这一独特政策工具作用下国家—大学的博弈平衡与国家教育政策的渐进调整。具体而言,本书所选取的各案例内容简述及其子案例选择方案如表 3-4所示。

① 笔者在此借用中药名称指代所选案例高校,化名的选取更具情趣上的意义而非实质上的意义。

表 3-4　本书所选案例简述

背景时期	类型	政策试验案例	试点高校
Ⅰ:改革开放初期的高校管理体制改革	追认型试验	20世纪80年代初期,政府对高等教育实行全面管控。一批高校试图通过改革解决当时高等教育面临的种种问题,并向政府寻求更多自主权;其所采取的部分试验性举措后续得以在全国推广,形成了80年代中国高等教育的改革浪潮	商陆大学(主要子案例);文元大学(次要子案例)
Ⅱ:20世纪80年代中后期的高校毕业生分配与就业制度改革	授权型试验	20世纪80年代中期,政府先后指定试点寻求解决高校毕业生"统分"制度与社会经济发展中的矛盾,试点高校的开创性举措经国家意志逐步推广,奠定了我国现行高校毕业生就业制度的基本模式	桐叶大学(主要子案例);菘蓝大学(平行子案例)
Ⅲ:世纪之交的现代远程教育建设	探索型试验	20世纪90年代末期,高校采用技术手段以革新远程教育方式,并通过反复的互动协商与政府达成改革共识。随后,政府通过自上而下指定试点的方式测试、修改并推广其举措,这一改革结果塑造了中国现代远程教育的基本格局	天冬大学(主要子案例);苏木大学(次要子案例)
Ⅳ:后2010年代的大学章程建设	指令型试验	2010年颁布的《国家中长期教育改革和发展规划纲要(2010—2020年)》昭示着中国政府顶层设计基础上深化教育领域改革的愿景。政府指定多所高校对现代大学制度进行改革,章程建设即为其中重要环节之一。作为大学现代化和善治的有机组成部分的章程建设在多所高校展开试点	天葵大学(主要子案例);石竹大学(次要子案例)

(三)研究方法

基于本书的研究问题、理论思想和研究设计,研究采取质性研究方法。如 Bardach 所述,几乎所有政策研究的数据都可以被分为两类,即"文件与人"[①]。因此,本书通过田野调查,以文献和访谈为主要数据来源展开研究。

访谈是案例研究中应用最为广泛的数据收集方法之一[②]。通过访谈,研究者可以对事件亲历者和知情人深入挖掘,以他们的视角更加全面地理

① Bardach, E. A practical guide for policy analysis: The eightfold path to more effective problem solving (3rd ed.)[M]. Washington, D.C.: CQ Press, 2009: 69.

② Yin, R. K. Case study research: Design and methods(4th ed.)[M]. Thousand Oaks, CA: Sage, 2009.

解事件[①],并能够在面对面的访谈中验证理论假设。本书选取了三种类型的知情人作为访谈对象,考察他们对于事件的认知与理解以还原并重构不同历史时期的政策试验与改革。

第一类是大学的政策行动者,他们在政策试验中承担了设计者、执行者等多重角色。这些大学的政策行动者往往同时是大学的领导层,担任诸如校长、党委书记、院系领导等能够深刻影响学校发展的职位。第二类是政府的政策行动者,如政府官员、教育部行政人员以及改革专项小组人员等。他们作为国家代表的利益相关者,是政策试验发起、执行和扩张过程中的重要参与者。第三类是见证中国高等教育改革和试验试点的专家学者,他们往往能够为我们认识并还原试点改革提供相对中立的第三方观点。同时,他们对试验性改革和国家教育政策变迁通常具有更为宏观的掌握,在进行跨案例比较分析中尤为重要。第三类访谈者部分来自本书所讨论的案例高校,部分来自其他高校,其选择的标准在于他们的专业知识而非机构附属关系。

这三类利益相关者的选取决定了本书的访谈数据主要依靠精英访谈,精英访谈是政策研究中重要的方法[②]。研究对象的选取首先通过目的性抽样方法,在大量文献分析基础上,识别所选案例中的关键政策行动者和知情人作为访谈对象,进而通过滚雪球抽样方法选取更多访谈对象。滚雪球式抽样是识别与接触那些较难获取信息和建立联系的访谈者的重要方法[③]。通过对 42 位事件知情人的深度半结构式访谈,本书得以充分获取通常在公开资料中无法获取的信息,从而对政策试验特别是其过程中复杂而细微的权力互动和利益博弈进行全面建构。

值得注意的是,基于其所处位置以及对事件的认知,利益相关者对事件的回溯和反馈可能有意识或无意识地存在偏差。在访谈过程中,被访谈者

---

① Kvale, S. InterViews: An introduction to qualitative research interviewing[M]. Thousand Oaks and London: Sage, 1996.

② Selwyn, N. Researching the once-powerful in education: The value of retrospective elite interviewing in education policy research[J]. Journal of Education Policy, 2013, 28(3):339-352.

③ Lewis-Beck, M. S., Bryman, A., Liao, F. The SAGE Encyclopedia of social science research methods[M]. Thousand Oaks, CA: Sage, 2004.

在察觉到被观察的情况时可能有意识地隐藏甚至改变自己的观点和行为[①],亦可能出于风险、公众形象一致性等因素扭曲自己的观点[②]。为了最大限度地克服这一问题,一方面,本研究选取多类利益相关者对于同一事件的认知和叙述,试图最大限度地还原和构建事件本身,并且选取了作为第三方的专家学者作为访谈对象;另一方面,研究依靠多种来源的数据,充分结合访谈数据和文本数据,从而相互支撑并印证论点,提高数据分析的效度和信度。

正如 Walford 所说,“一切研究都是对自我的研究”(all research is researching yourself)[③]。就此而言,质性研究几乎无法完全避免研究者对研究过程投射的影响。笔者在研究过程中时刻注重规避研究者自身认知和立场对研究的影响,克服“自省性”(reflexivity)问题。

如果说访谈为我们提供了理解事件背后故事的机会,文本数据则能够为研究问题提供更加广泛的、可以追踪和比较的稳定信息来源。文献研究是“系统地分析或评估文件(包括电子和纸质材料)”的方法[④]。本研究参考并分析了大量文献资料,主要包括两类。

首先是原始文献,包括政策文件、官方公告、白皮书、重要领导人讲话、机构年鉴等,以及公开或未公开的项目报告、会议记录等。大部分文件通过公开的渠道获取,部分文件通过档案馆或访谈者个人收藏获取。其中,政策文件是本书文献研究的重要来源。这主要出于两方面的考量:一方面,政策文件是对于当时官方事项最为准确的记录信息;另一方面,政策文件不仅仅是中国共产党和各级政府最常见的官方意见传达方式,还往往承载了特殊的政治意义。政策文件通常反映了相关部门领导统一的共识,在行政意义和象征意义上均具有高度合法性和权威性。中国情境下由党和政府发布的

---

① Jaiswal, A. Curriculum reform in business education and its implementation: A case study of an Ivy League business school[D]. (Unpublished doctoral thesis). Oxford, UK: University of Oxford, 2011.

② Powney, J., Watts, M. Interviewing in educational research[M]. London: Routledge & Kegan Paul, 1987.

③ Walford, G. Researching the powerful[EB/OL]. 2011-03-31. https://www.bera.ac.uk/wp-content/uploads/2014/03/Researching-the-Powerful.pdf?noredirect=1.

④ Bowen, G. A. Document analysis as a qualitative research method[J]. Qualitative Research Journal, 2009, 9(2): 27-40.

决定、指示、意见、通知等政策性文件都可视作拥有与法律相似的约束力(law-binding effect)[①]。Wu 将其形象地称为"文献政治"(documentary politics)，特指中国行政体系运作中"依文件治理"(rule by documents)的现象[②]。

同时，由于原始文献可能会受到相关人员个人记录或选择的偏好影响，因此本研究还依靠大量的二手数据(secondary documents)，包括著作、论文、会议集等学术文献和媒体报道等具有时效性的记录信息。这些文件均可通过公开渠道获得，亦可与原始文献互为印证。

基于数据来源的多样性，在数据分析的过程中研究者遵循严格的质性研究方法。首先将文献数据、访谈数据和田野调查笔记转录并统一存储在案例研究数据库中，为案例分析和跨案例比较做准备[③]。根据研究设计，研究者结合演绎编码(deductive coding)和归纳编码(inductive coding)进行数据分析，通过"粗读—精读—解读"的反复过程进行编码、寻求规律，进而进行主题分类，考察主题间的联系并寻求解释。编码是质性研究中的常用方法，指对"数据的解构、概念化和统一化"的分析过程[④]。借助 Yin 所提出的案例分析方法，即类型比对和建立解释[⑤]，本研究过程充满了反复不断的数据解读和持续进阶的主题聚焦。

本研究识别出的四个主题为"政策试验的发起"(initiation)、"政策试验的执行"(implementation)、"利益相关者的解读"(interpretation)和"利益相关者的行为互动"(interaction)。通过深描(thick description)，本书为读者呈现出不同社会与历史情境下的政策试点的发生发展过程以及其间利益相关者的互动博弈与利益协商。在个案研究基础上，对政策试验进行分析和

---

① Law, W. W. Legislation, education reform and social transformation: The People's Republic of China's experience[J]. International Journal of Educational Development, 2002, 22: 579-602.

② Wu, G. "Documentary politics": Hypotheses, process and case studies[M]// C. L. Hamrin, S. Zhao. (eds.). Decision-making in Deng's China: Perspectives from insiders. Armonk, NY: M. E. Sharpe, 1995: 24-38.

③ Rose, S., Spinks, N., Canhoto, A. I. Management research: Applying the principles[M]. London and New York: Routledge, 2015.

④ Strauss, A., Corbin, J. Basics of qualitative research: Techniques and procedures for developing grounded theory (2nd ed.)[M]. London: Sage, 1998: 3.

⑤ Yin, R. K. Case study research: Design and methods (4th ed.)[M]. Thousand Oaks, CA: Sage, 2009.

比较,以回应研究问题并验证理论假设[①]。

本研究始终坚持三角检验法(triangulation)以构建并保留串联证据链(chain of evidence),从而提高研究效度[②]:数据上,收集了不同类型的文献资料和多类对象的访谈信息;研究设计上,在各个案例中充分应用复制逻辑;分析层次上,从个体、机构和国家不同层次进阶聚焦。通过严密的跨案例比较研究设计、多重来源的数据收集、串联证据链的建立,以及对事件及其背景的深度描述,本研究尽力确保研究的内部效度。通过对理论假设的反复考量、案例数据库的建立和科学方法的遵循,本研究尽力确保研究的可靠性。Yin 指出,和定量研究寻求统计意义上的概推(statistical generalisation)不同,质性研究更加关注分析概推(analytic generalisation),即应用所选多案例所指向的理论和分析框架论见去理解并解释其他类似事件的能力[③]。就此意义而言,本研究的外部效度体现在通过对四个历时性个案的还原和概括,提炼出政策试验试点过程中国家与大学的互动情景和基本模式,并且概括得出国家教育政策的渐进调整是如何通过试点方式获得完善和推广的一般进程。

最后,考虑到本研究所涉及的主题和案例研究的特性,研究者始终将学术伦理道德放在中心位置,在研究过程中充分遵循学术规范。田野调查期间研究者清晰地向被访谈者陈述了研究目的、数据储存及一系列学术伦理道德问题,并公开地与被访谈者谈论参与研究的可能风险,签署研究知情同意书。在数据分析和最终成果展示时,研究所涉及的案例高校做化名处理,被访谈者做匿名处理;所涉及或引用的相关高校文献与档案资料在文中出处从略,特此说明。

---

① Miles, M. B., Huberman, A. M., Saldana, J. Qualitative data analysis: A method sourcebook (3rd ed.)[M]. Newcastle: Sage,2014.

② Denzin, N. K. The research act in sociology: A theoretical introduction to sociological methods [M]. London: Butterworths, 1970.

③ Yin, R. K. Case study research: Design and methods (4th ed.)[M]. Thousand Oaks, CA: Sage,2009.

第四章　追认型试验：高校管理体制改革

一、改革背景

1978年开始的改革开放重大战略决策是中国发展进程中的重要里程碑。改革开放带来的影响是全面而深远的——自经济改革始，社会体制、文化风气、教育制度等都历经重重改革而获得长足发展，中华民族得以以崭新姿态重新屹立于世界强国之林。改革开放战略决策的特定社会背景同样是高等教育改革发展的宏观背景。

改革开放是基于中国现实情境和未来愿景的一次巨大改革试验。邓小平对于实事求是思想的贯彻，追求实用的领导风格，以及对于先行先试、由点到面工作方法的推崇，无疑对中国改革方向起到了关键的影响。1978年5月，"实践是检验真理的唯一标准"大讨论在全国范围内掀起了实事求是的浪潮。在邓小平和陈云等国家领导人有意识的引导下，"摸着石头过河""不管黑猫白猫，抓到老鼠就是好猫"等朗朗上口的俗语经由媒体广泛传播，成为影响政策行动者思维和指导中国改革的重要工作方法。20世纪80年代风云变幻的高等教育改革背后的重要驱动力之一即是多样而丰富的政策试验试点探索。

1979年，中共中央转批教育部党组报告，重新颁布了《关于加强高等学校统一领导、分级管理的决定（试行草案）》。该试行草案曾于1963年颁布，继而中断。该决定重新界定了中央政府和地方政府在高等教育事务中的权责关系，强调了中共中央和国务院对高等学校的统一领导和相关权力。自此，中央政府开始逐步回收省市两级政府手中的权力，重新确认和强调其对于高等教育和各级高校的绝对权威。然而，政府统一集中的高等教育管理体制和高等教育领域改革发展之间的矛盾日益尖锐，政府资源有限和高校规模扩大的矛盾逐渐凸显。例如，在当时，集办学者、管理者和投资者三重身份于一身的政府对高等教育的招生、办学、财政、人员等方面享有绝对权威，高校几乎没有自主权。这不利于高校特色发展和自主改革，亦不符合高等教育发展的内在规律，与学术自治和学术自由的追求背道而驰。

在此背景下，高校寻求自主权的要求和呼声愈发强烈。1979 年，复旦大学校长苏步青、同济大学校长李国豪、华东师范大学校长刘佛年和上海交通大学党委书记邓旭初联名在《人民日报》上发表文章，呼吁要加强高校的自主权[①]，继而掀起了高等教育和公共领域对于高校自主权和国家—大学关系的热烈探讨，亦昭示着一轮以高校为主导、以扩大自主权为目标的改革拉开序幕。一大批高校开始了自发自主的探索性改革，以应对大学发展过程中的问题与挑战，并以此为契机重新界定国家与大学的权力边界。伴随着大学校长和教育家等精英学者对自主权的强调和公众舆论的支持，该概念开始进入相关部门和领导人的视野。

在 20 世纪 80 年代异常活跃的一批高校中，商陆大学(化名)从管理体制改革入手，推动教学和科研改革。该校改革中施行了一系列极具探索性的试验性举措，其中部分举措随后经政策文件加以追认，并在全国范围内得以传播，因而“比其他高校的改革获得了更多全国性的瞩目”[②]。本书以商陆大学的管理体制改革试点作为“追认型试验”的典型案例代表，考察其发生、发展和产生影响的改革过程，并深入分析利益相关者的认知偏好、策略选择与行为互动。显而易见，商陆大学的改革发起于中国特定社会制度情景，并时刻处在这些复杂交织的政治、经济和社会要素的制约中。故而从比较的角度，本书进一步选取了同时期文元大学(化名)作为次要子案例进行简要分析与比较。虽然寻求自主权和解决现实问题的改革目标相似，但文元大学选择了与商陆大学不同的试验性举措，其行动者的理性选择和行为路径亦有所区别。这些区别为我们审视影响政策试验的相关因素，进而理解其背后的作用机制与改革中充斥着的不可忽视却时常不足为外人道的利益博弈提供了可能视角。

---

① 肖关根.上海四位大学负责人呼吁：给高等学校一点自主权[N].人民日报，1979-12-06.

② Hayhoe，R. China's universities and the open door (2nd ed.)[M]. Armonk，NY：M. E. Sharpe，1989.

二、自下而上的机构探索

(一)试验的缘起与发展

商陆大学是我国重点大学,拥有悠久的发展历史。本章所探讨的改革是指1979年至1984年间该大学自主发起的一系列管理体制领域的试验性举措。1970年至1982年间,在成为教育部直属高校之前,该校由国务院A部委(以下简称A部)直接领导与管理。因此在本章的探讨中,其上级行政隶属单位包括A部和教育部。受其所属地缘影响,其所在B地政府及相关部门亦纳入国家利益相关者的范畴中加以讨论。

改革开放之前,中国实行严格的计划经济,中共中央和中央人民政府对高等教育的运行与发展拥有绝对的权威。由于地域差异,中国各地教育基础迥异,因而全国范围内统一严格管控和"一刀切"的管理体制极大地制约了各地的实际发展。加之当时盛行的绝对公平原则和反竞争倾向,导致高等教育的发展陷入僵化,效率低下。在此背景下,商陆大学率先实行了一系列自主改革举措,其核心即为管理体制改革。本节首先介绍该校在分配制度、人事制度和劳动制度等方面采取的具体举措,以此为基础考察高校利益相关者和国家政策行动者的认知与互动,以及由此所开拓或限定的行为策略空间。

1. 分配制度:引入奖金、补贴和差额工资

1979年,商陆大学提出要引入奖金制度,对表现良好的教职工发放差额奖金,以此打破传统"大锅饭"制度,改变当时"干多干少都一样"的分配制度导致的效率低下状况。"大锅饭"是基于绝对平均主义所提出的一种形象说法,是高度集中的计划经济体制的产物,指组织内员工无论个人绩效如何均给予等额工资分配的制度安排。在特定历史时期,该制度发挥过有限功用,但它的内嵌属性不利于激发人们的积极性和创造性,造成了高校的运行低效与内耗严重,在本质上与改革开放的原则与期许相悖。

显而易见,在此背景下引入奖金制度是政治上略显敏感的行为,在当时的许多人看来,以物质奖励作为激励制度是一种鼓励不公的修正主义。因此,在该设想通过校内讨论并获得基本完善后,商陆大学开始持续不断地向其上级机关请求批准。商陆首先将议程提交B地有关当局讨论,而据知情

人回忆录所述,由于“B地当时改革还没有走到这一步,同时商陆大学行政主管单位又属于A部,因此B地虽支持但不能批也不便批”。故而商陆决定首先寻求A部的支持,在此过程中提出奖金激励自筹和严格管理的试验,并于1979年9月争取到了A部的支持,A部表示“同意你校从本学期起试行奖金奖励制度……要鼓励先进,多劳多得,防止平均主义的倾向”。B地随后也批准了这一方案,并且选取了两所当地高校与商陆共同先行先试这一举措,将全年奖金人均上限设定为72元。至此,商陆大学以提高教职工的积极性与创造力,增强高校活力和创新性为目的,正式开始综合奖金试用改革。同年11月,商陆大学发布了《教职工综合奖金试行办法》,依据参与教学和科研的教职工的绩效表现,按照按劳分配的原则进行奖金激励,“奖金总额以每人每年72元计算,分为三等,按月发放,一等8元,二等6元,三等4元”。

为了进一步改善知识分子的生活待遇,商陆大学此后又试行了针对教师和干部岗位员工的职务补贴。这是对原有“大锅饭”制度的深入瓦解。为获得支持,商陆相关领导多次向A部和B地党委等领导机关详陈其试点改革措施。在说服过程中,他们反复强调了补贴的资金来源,即以学校创收作为激励补贴来源,而不需要国家额外拨款。在获得原则上的支持后,商陆大学开始试行岗位补贴制。

这些先期改革举措的良好进展进一步鼓舞了商陆大学领导层的改革决心。1982年5月,该校进一步深化工资结构和分配制度的改革,希望将长期处于分离且静态的工资(分配制度)、职级(人事制度)和工作量(劳动制度)联动起来。该颇具争议性的改革是对长期实行的“铁饭碗”制度的进一步打破,其过程经历了复杂漫长的反复协商。

在改革设想初步完善基础上,商陆领导层首先对涉及的相关单位进行了口头汇报,并先后成功争取了B地政府和劳动人事部原则上的支持。在此基础上,商陆于1983年初分别向B地政府、教育部和劳动人事部正式报送了《商陆大学工资制度自费改革试行方案》,明确提出这项改革是“作为学校已经实行的管理改革的一个重要组成部分,是作为学校人事制度、劳动制度、工资制度结合进行改革的试验”。通过与相关单位的反复报告和讨论,该以试验名义发起的改革方案获得了批准。同年3月,教育部领导在接见商陆大学代表的时候,明确将该校作为工资改革的试点,对其方案表示支持。随后，B 地政府也正式批准了该校的工资改革试点。

值得一提的是，据商陆大学校史记载，在此试点批准之前，相关领导已明确表示这一试验性改革措施暂时不会在其他学校推行，因为其他高校多缺乏前期改革基础。当时的档案资料显示，劳动人事部有关领导曾指出，商陆大学应总结前期经验，持续进行工资改革的探索，鼓励该校"从实际出发，而不要从现行制度出发，否则就束缚了自己的手脚"。就此而言，该校得以成功说服上级机关并获取试点支持的原因主要有二：一是其循序渐进而目标明确的前期改革为工资改革打下了良好基础，赢得了试点信用；二是其试点设计本身强调"自费"，即完全通过高校自筹来实施工资改革，不涉及地区和高校间不公的情况。该校领导层充分利用了 1982 年国家统一部署工资调整的大环境，通过开源节流等多种方式为学校激励制度改革供给资金。正如当时参与到此改革的一位该校领导指出，"每个人都认为工资改革很简单，不过就是多发钱罢了，但是到底钱怎么发、从哪里来，才是解决矛盾的重点"。进而，通过建立升级制度和实行职务职称工资等方法，学校进一步深化工资制度改革，直到 1990 年与已日趋完善的国家工资制度序列并轨。

诚然，以今天的工资标准来看，该校改革涉及的资金无疑是非常小的金额，然而其背后的政策调整却被认为是改革开放初期"十分大胆的改革举措"，作为改革亲历者的一位该校负责人评论道。无论是奖金激励、职务补贴还是工资制度改革，这一系列强调"按劳分配"的差序化分配改革举措在当时环境中均遭遇了不少困难和质疑，甚至"被扣上修正主义的帽子"，一位改革参与者回忆道。因此，该过程中政府有关部门及其负责人的支持无疑是关键的，而如何去主动争取到这些认可和支持则是试点得以发生发展的重要环节。

2. 人事制度与劳动制度：定编、定岗和教师流动

改革开放初期，长期盛行的"铁饭碗"思想导致在商陆大学及其他高校中人浮于事、效率低下的情况十分严重。据校史记载，1979 年时商陆大学的教职工与学生比例竟接近 1∶1，各部门急需精简机构、厘清权责。同时，各院系和教研室"近亲繁殖"的现象十分严重，导致高校学术效率低下，学术创新不足。

鉴于此，自 1980 年开始，商陆大学领导层开始采取多项措施以鼓励人才流动。不仅在校内各系所之间流动，更是打破常规，首创性地鼓励人才面

向社会流动。一方面,吸纳中青年优秀人才进入该校,打破近亲繁殖的现象。另一方面,鼓励该校教职工进入社会各单位和部门,以人尽其才地发挥作用。与此同时,该校大胆鼓励高校教师寻求校外资源,通过兼职、校企合作研究、研究成果输出等方式创收。这些举措虽然在当时饱受争议,却可看作对"知识"重要性的重新认知和提高知识分子地位的重要举措,在实质上更是颇具商业化和市场化特征的行为[①],与我们今日所倡导的高校创新创业行为不谋而合。

与人事制度改革紧密相关的另一项措施是高校的定岗定编。1981 年前后,商陆开始探索岗位管理的基础性工作,明确高校运转所需要的岗位和人员数量。通过自主研讨,商陆得以精减人员,改善师生比例,并且明确划分各岗位的职责,重新设计教学科研工作量的计算方法,进一步改善了高校内部人浮于事、效率低下的情况。

尽管上述举措是校内的自发自主行为,但设计与执行过程仍旧遭到了不少现实的阻力和反对的声音。例如,据一位该校的改革设计者和亲历者回忆,由于历史和制度的原因,教师已经习惯了单位所有制的"铁饭碗",认为向外流动是不合理并且丢面子的事情,校外亦对这些打破常规的做法颇有争议。因此这些举措本身的实行即是通过由点到面的试点方法来推进的,首先在院系试点,进而拓展到全校,在改革实践中不断进行程序和方法的调整,并在改革初见成效后通过试行规定(政策试验的另一种形式)的方式确定下来。以定编改革为例,商陆首先在 1982 年进行会议调研,探讨定编改革如何推进,以及将阻力和矛盾降到最低的方法。随后商陆选取两个院系率先试点,后又拓展到十个院系。结果证明,试点院系教师的积极性和主动性、工作量和教师潜力均有提高。同年 6 月,商陆发布了《教师工作规范(试行)》《定编工作实施办法(试行)》等文件,明确教职工的工作量并对增加的工作量给予一定补贴,从而较为平缓地完成了全校范围内的定编改革。

3. 管理体制:扩大自主权

商陆大学试验性改革中另外一项重要举措是扩大基层自主权以进行内部管理结构的优化。长期以来,学校各项权力均集中在大学一级,这在一定

---

① Lewin, K., Xu, H. Rethinking revolution: Reflections on China's 1985 educational reform [J]. Comparative Education, 1989, 25(1): 7-17.

程度上限制了各院系的运行,高校的统一规划往往也难以完全适用于各院系的实际发展情况。基于此,商陆于 1983 年着手进行内部管理体制改革。通过在系和教研室实行主任负责制,将更多的人事任免权、教学和科研事务处理权和财政权力赋予院系一级的领导,明确校系两级的权责划分。

同时,商陆大学领导层明确认识到,阻碍学校发展的一个重要因素即是基层自主权的缺乏。前期内部管理体制的改革同时构成了该校向教育部和其他上级行政领导机关争取更多自主权力的基本保证。为从国家争取更多自主权,该校提出了说服条件,包括保证该校教学质量名列重点大学前列,按照合同完成国家下达的科研任务,保证效率和经济效益提升等。在此基础上,商陆大学的代表前往北京向教育部争取人事权、财政权、办学权等 12 项自主权。经过反复沟通,教育部批准了 7 项,包括实行经费包干制、鼓励学校创收等。通过对内下放基层权力,对外争取高校自主权,商陆大学得以在 20 世纪 80 年代初社会经济条件高度受制的情况下改善其管理体制,进一步提高和增加学校的效率和活力。

(二)利益相关者的认知与互动

商陆大学这一系列以试验为名的创新性举措既受到了改革开放后国家“重视改革、鼓励改革”的风气引导,亦和当时领导层的愿景、首创精神与改革决心紧密相关。特别值得指出的是这个过程中国家层面支持的重要性。在这一场自下而上的改革中,他们或是通过对某项举措表达赞赏,或是正式或非正式地为机构背书,或是通过政府的零星干预从而引导改革的方向和进程。就此而言,商陆的试点过程正是其向国家反复协商、争取自主权并达成共识的过程。在此过程中,考察各类利益相关者对于事件的认知、选择和行动,有助于我们更好地重构该试验的发生发展过程,识别该试验性改革的内在驱动与逻辑。

1. 大学利益相关者

前文描述了商陆大学所采取的试验性改革举措,据此我们可以清晰地识别高校政策行动者在此过程中的远见卓识和战略思考,尤其体现在他们有选择地向各级行政当局进行改革呼吁、申请与说服活动中。例如,涉及经费和分配相关的所有改革,该校都首先通过多渠道向 B 地政府、国家相关部委和中央政府说明、请示并设法获得支持;当且仅当获得一定形式支持后才正式开展。对于其他改革举措,特别是主要涉及机构内部的改革,如人才流动和定岗定编,则采取了先行先试的办法,尽量避开了校外行政力量的干扰,主要依据自身利益诉求去探索解决问题的办法,并在取得成功之后借助关键领导人的支持而获得更广泛的认可与经验传播。

那么,我们应该如何去认识驱动这场改革试验的动机呢?要理解其中核心政策行动者,即大学领导层的愿景与行动,首先要考虑的是当时中国社会、经济和教育等宏观制度环境。“改革”一词在现代中国官方话语中的首次出现可以追溯到1979年中共中央工作会议报告之中。十一届三中全会之后,党中央提出了“调整、改革、整顿、提高”的新八字方针,改革成为20世纪80年代中国的主旋律。当时盛行的“允许改革犯错误,但是不允许不改革”等话语恰是对彼时中国情境的生动描绘。不可否认,类似的言论难免流于激进,但从中我们可略窥改革在当时国家发展中的重要性。改革开放战略决策颁布之时,中国百废待兴,社会运行面临着多重问题,现实的迫切性使得人们向往改革,渴望通过改革以改变现状。

若是脱离了这一时代背景,我们就无法深刻理解商陆大学及其领导层的行为动机。正如一位参与改革的知情人回忆道,“我们充分抓住并利用了当时的改革趋势,国家也支持我们,我们的所思所想和国家的战略导向恰好达成一致了”。商陆“在改革的最初期赶上了这一浪潮,也正是因为是最先自主进行改革的高校,从而获取了巨大的支持”,另一位该校曾任领导回忆道。

当时,商陆代表团前往国外进行访问,中外发展的巨大差距生动地呈现在商陆的领导层面前,进一步激发了他们改革的决心;对西方一些先进理念和做法的了解亦促进了他们的思想解放,进而思考并设计适合中国高校的改革方案与措施。这是商陆改革的外部动因。

从内部来说,和其他高校一样,该校在当时面临着多重困难和挑战。在绝对的行政管控、严格的计划经济、“大锅饭”和“铁饭碗”等思想风气的背景下,商陆面临着效率低下、人浮于事、积极性和创造性低落等问题,同时存在着领导体制、人事制度、干部制度、劳动制度、分配制度等多方面的问题,深刻地影响了高校组织机构的良好运行,遑论实现中国高等教育现代化,赶超英美等西方高校的愿景。

同时,知识分子为主体的教师是大学的主要组成部分。因此,如何改善当时教师的生活状况,重塑知识分子地位对于学校的发展至关重要。这就不难理解为何商陆首先选择分配制度着手改革,进而逐渐扩展到系统的管理体制改革。正是这些融合着时代背景、外部刺激和内部挑战的多重原因,驱动了当时商陆大学的自主探索和锐意改革。

2.相关部委及地方政府

1982年前商陆大学直接隶属于国家部委A部,该部委特别是时任领导者在该校一系列的改革举措中扮演了不可忽视的角色。在商陆发起的试点改革中,该部门多以鼓励和支持的形象出现。例如,当商陆试图引入奖金激励和差额工资制度改革之际,正是A部率先给予支持,使该校得以争取到B地政府等其他部门的支持和试点的权力。据校史记载,1982年初,商陆某位负责人前往该部汇报改革方案与进度,该部门有关领导做了明确批示:"改革的方向是对的,我们支持这一改革,请商陆请示B地党委审查批准。"时任部长不仅亲自兼任商陆校务委员会的副主任,更是持续帮助该校争取更高国家领导人的支持,为其探索性改革铺平道路。

教育部接手之后,同样给予了该校颇为自由的空间。某种意义上而言,教育部采取的支持立场顺应了当时中央政府规划展开的放权趋势。当时,教育部正试图探索新方式以增强高校自主权,例如,1983年允许多所高校试验性地建立大学校务委员会。因此,对于商陆提出的以解决现实问题为目标的种种探索举措,教育部多通过试验试点的方式给予了支持。

作为其所属地区的政府,B地政府有关部门在这场赋权改革浪潮中亦呈现出了积极参与的态势,对包括商陆在内的一批高校的自主探索多采取支持和鼓励的态度。该地政府和党委在高校探索中既保留了充足的距离,又能够在需要时刻给予积极回应。例如,在A部表示对商陆奖金改革的许可后,该地亦发文批准商陆先行先试这一政策。

尤其值得一提的是B地对商陆改革举措的后续认可与宣传。自1984年始,该地政府开始积极宣扬商陆大学的改革成果。例如,B地人民政府编制印刷《商陆大学管理改革情况介绍》等文件,鼓励该地其他高校效仿其行为进行改革探索,包括合同制雇佣、人才流动、定岗定编和奖金激励等举措。同年4月,该地政府批转该校编撰的改革成果汇报,指出商陆的改革成果已被多位中央领导同志肯定,其"基本经验具有普遍的意义,对各条战线都有启迪。各级党组织要学习商陆为开创新局面,坚持改革不断探索的精神,学习他们的好经验,要结合自己的实际,研究、推动本系统、本单位的改革工作,努力实现党的总任务、总目标”,这一政府层面的认可被详细地记录在了该校的校史文件之中。随后,该地政府允许44所高校试行针对高校领导人员的聘任制改革、学科调整、产学研结合以及高校自主向社会创收等行为。后又颁布《高等学校试行岗位津贴办法》,提出要有计划有步骤地推广商陆大学的津贴试点经验,在所辖地区高校内试行岗位津贴办法,打破“大锅饭”的低效局面。这些举措无疑体现了该地政府对商陆试点的认可,亦是该校改革举措进入议程设定,进行政策影响和扩散的地区缩影。

3. 重要领导人

在本案例中,中央政府及各部门的重要领导人构成了代表国家的核心政策行动者,是与高校利益相关者互动博弈的行为主体,改革的结果及后续政策影响正是这些精英政策行动者协商共识下的产物。事实上,国家重要领导人不仅在试点过程中扮演了重要角色,他们的立场和态度亦经由中国行政体系和社会政治文化等因素而时刻影响着其他行动主体的行为偏好和策略选择。

正如前文所述,商陆大学的试验性改革是在审慎的思考下有策略地开展的。改革伊始,高校行动者便有意识地将政府相关领导人员纳入高校领导与治理体系之中。其中的重要一环就是邀请当时A部部长担任校务委员会副主任。在对这位部长的回忆录中,商陆大学的某位负责人指出了其作为上级单位负责人的敏锐性,针对“虽然改革是人心所向,但工作中阻力重重,举步维艰。有时候为了一桩小事,也得层层报批”的情况,认为商陆需要“寻求更高层领导的支持,为学校的改革保驾护航”。在此考量下,他邀请了某位时任国家高层领导人加入商陆大学的校务委员会,兼任主任一职,经过国务院、中央军委的批准而得到国家确认。某种意义上而言,将这些重要领导人纳入商陆大学的内部治理体系是该校为谋求改革权力和长远发展的有益策略,他们也的确为商陆大学的后续改革探索提供了关键的支持。

有时,这些支持是显性的。在试点过程中,商陆大学受到或接受了来自多方部委和政府的接见或来访,这些以会议或访问形式所诉诸的支持为该校饱受争议的改革提供了一定的保护。例如,据知情人回忆录所述,在开展促进人才流动措施时,他们首先向A部部长做了详细汇报,并得到了明确支持——“只要有利于改革与发展,尽管放开手脚去干,我全力支持”。再例如,1984 年 9 月,上述国家高层领导人在与商陆大学代表的会谈中,赞赏了他们对于人才流动所做出的首创尝试和积极效应,并明确表示,“商陆大学的改革是中央支持的,要按自己的路走下去,不要受影响,不要听风言风语”;随后他鼓励该校积极地进行“大胆探索,大胆试验,大胆改革”;随后,时任国家最高领导人亲自接见该校部分领导,更是向外释放出了明确鼓励试验和支持改革的信号,其对于改革的支持进一步传递给商陆有关领导,“他对你们的管理改革工作非常关心,非常支持,对你们在改革中取得的成效表示满意,他对你们在当前的改革中认真贯彻中央、国务院的精神很高兴”。这一明确支持被详细地记录在了该校校史中,并且通过媒体报道得以广泛传播,为学校减轻了不少来自政府有关部门、高等教育领域和社会的压力。在中国情境下,来自国家层面的支持无疑促进了该高校试验性改革随后进入政府议程设定和实现更大规模的经验扩散,甚至有学者将其称为“高等教育管理体制的改革雏形”①。

在更多的时候,这样的支持是隐性的,但同样不可忽视。最为突出的例子便是 A 部部长作为时任商陆直接行政领导部门部长和某位国家领导人员同时加入该校校务委员会,这一举动本身便是一种无言的背书,一定程度上帮助该校在重重阻力下获得了推进改革的助力。正如当时领导该校改革的一位被访谈者回忆道,“在许多时候,可以说正是由于他们的支持,我们才可以绕过许多限制,先人一步地进行试点”。

权力机关领导人在改革过程中的参与和支持的重要性是不言而喻的,这并非中国特色。但不可否认的是,在中国的制度安排与政治文化中,国家领导人的态度和立场往往被赋予了更为重要的含义。一位见证了中国高教过去 40 年改革历程的专家评论道,“当时的中国仍处在改革开放的初期,整个社会在集中的计划经济体制下运行,长期的高度集中管理导致人们的思想缺乏创新性,更对改革如履薄冰”。在此背景下,上级有关领导对改革的支持或默许态度无疑是一项极其重要的无形资产,在那些由机构率先发起的改革试验中尤其重要。就此意义而言,这些关键领导人成为高校改革的护航人,通过直接的或者间接的方式帮助商陆大学获取政府行政支持和资

① Yin, D. Reforming Chinese education: Context, structure and attitudes in the 1980s[J]. Compare: A Journal of Comparative and International Education, 1993, 23(2): 115-130.

源支持,使他们得以在相对充足的策略空间中进行试验性探索,并适时给予政策追认。

商陆大学的领导层清晰地认识到了这一现实情况,同时对当时制度环境的约束做出了审慎判断。对内,该校具体举措多触碰到校内各相关者的利益,如在人才流动中将部分老师转移到外部单位,在工资与奖金发放中实行按劳分配等,因此极易遭到反弹。对外,实行分配制度、劳动制度等改革举措极具争议性,更在原则上触及了人们引以为常态的"铁饭碗"和"大锅饭"制度。在商陆领导层看来,改革虽然不可避免地要面临冲突和矛盾,但尽可能地避免冲突的最有效方式就是与上级保持良好而顺畅的沟通。"因为我们相信,我们的立场和国家的立场在本质上是一样的,都是为了中国高等教育更好的发展,只是具体事项的实现手段和方法也许会有不同",参与商陆改革的一位老领导评论道。对于那些无须涉及上级批准的行动,学校领导层则选择了首先在校内先行先试的方法,并在改革取得成绩后向政府及时报告并寻求认可。这一良性的沟通也促使政府将自己的干预控制在有限的范围,使得该校得以在一个较为宽广的行为策略空间中具体设计和执行改革诉求,并探索出解决中国高等教育实际发展难题的具体选项。

诚然,站在今天而言,各级政府及其行动者的默许和支持"主要出于对改革本身的支持,而未必是对于我们具体举措的支持",一位被访谈者评论道,"所以有的时候,政府的态度并不一定是基于我们策略对错的考量,更多的是要鼓励我们去尝试改革"。类似的观点同样体现在政府利益相关者的有关表述中。例如,据校史资料记载,1984 年初,时任国务院某副总理接见商陆大学代表时指出:"教育改革要继续坚持下去,不改革是没有出路的……我们的改革是探索性的,会成功,也可能失败,但不能因此而不改革";在 1985 年 10 月该领导接见该校代表时再次重申了试验的重要性,"改革是否成功,事实说话。探索总比坐等好嘛,要探索就得有人先试一试,哪怕试的过程中发现有错误也不要紧,总结经验改过来就是了,何况不一定是错的! 你们改革的实践就证明没有错"。

20 世纪 80 年代初期,中国社会弥漫着鼓励改革、支持改革的风气。该改革倾向既是由当时中国百废待兴的现实紧迫性客观带来的,亦是经由国家意志的反复确认和国家话语的不断传播而逐渐深入人心的。一位商陆改革的参与者回忆道:"我们都知道按照旧体制是行不通的,现在的体制需要改革,但是我们谁也不知道应该怎么改。所以当有高校希望自主去探索改革可能道路的时候,政府自然会鼓励他们,甚至去默许他们也许会因为改革而犯的一些错误。因为政府已经开始认识到,真正解决问题的方法往往来自基层,来自实践,只有在试验中改革和实践中学习,才能推动中国高等教育的发展。"正是在高校与国家利益相关者这一共同认知下,试点成为行之有效的改革推进手段,为机构自主探索创造有益的行为策略空间。"即使在一些具体问题上遇到了冲突,我们也可以不断地协商。改革总是在协商中前进的,我们要做的是说服他们,去证明我们改革的必要性和安全性,而不是反对他们。政府和大学本质上不是对立的,而是朝着一个目标努力的",另一位事件亲历者评价道。

以工资改革为例,商陆首先通过口头请示的方式和相关主管部门沟通意见,进而通过报告形式争取到了试点的机会。虽然在改革过程中国家干预相对较少,但该校领导层始终主动维系着一个与国家的良好沟通渠道,先后向教育部、劳动人事部汇报其管理改革的情况,特别是工资改革的进展与问题。对此,教育部、劳动人事部多次通过会议方式对该校改革方案提出意见,并表示支持与同意。

正如前文所述,通过国家—大学互动,国家的意志和大学试验试点的实践交织甚至融合。某种意义而言,即使这样一场广义上"自下而上"的试点,高校在改革中仍旧处在不断与上级主管部门交换意见、争取认可和协商共识的过程之中。诚如一位改革参与者所言:"我们的一些改革方案已经和上级机关沟通和协调过了,不然很多行动其实是无法执行的。获得上级批准很多时候是必须而为的。例如,如果A部和B地政府不批准(工资改革)的话,我们甚至没办法从人民银行取到钱。所以你必须考虑到当时的体制安排和社会环境。"与他共事的一位老领导回应了这一观点:"商陆的改革确实是一场由学校发起并执行的、自下而上的改革,但很多事情如果没有政府的支持是无法进行的,这是中国的常态。"他生动地描述道:"一些改革策略,特别是在当时涉及钱的改革,往往都需要首先获得政府的许可。但是在取得许可的过程中也是要用到很多智慧的。比如大家都想做工资改革,但有的人做得成,有的人做不成,这就是和政府打交道、谋共识的智慧了。"

虽然政府官方话语中多次提及商陆这场机构自主改革的成功,同时期的一位教育部官员同样在访谈中指出这并不是一场纯粹的自下而上的改革。在他看来,中国高等教育发展史上鲜有纯粹的自下而上改革。即使是由机构自主发起自主执行的试点探索,背后亦不可避免地存在着部分领导人或官员的授意。“这是一件很正常的事情,”他评论道,“这和中国的传统文化、政治现实与高等教育历史沿革都有关系,但这并不能抹杀高校自主改革的重要性。”

前文已对“自主”这一概念进行了讨论。在西方,机构自治与学术独立被看作是大学赖以生存的根本。中国学者与中国大学对于高校自主概念的理解与西方并不完全一致。自诞生之日起,中国高等教育机构即背负了促进国家经济发展、社会稳定与文化传承等重要职责。这些职责在中国高等教育发展和改革的历程中,同时也是中华民族不断奋进的历程中,与中国大学的精神水乳交融,密不可分。深受儒家传统文化影响的中国学者将社会与国家发展需要看作对其教学研究实践的使命呼唤。因而,中国大学追寻的自主往往不是“象牙塔”中纯粹的学术自由,而是学者学术志趣、大学发展愿景、国家利益和时代召唤的多方契合,这份契合具象化于院校层出不穷的试验性改革,并通过行为策略空间中的反复博弈与协商得以实现。这正是具有中国特色的大学自主所在。

(三)试验的结果与影响

前文已经对商陆的探索改革进行了详尽描述。该高校以分配制度(工资改革等)入手,进而拓展到人事制度(教师定编定岗等)与劳动制度(教师工作规范、干部岗位培训制等)改革,带动学校管理体制的全面改革。虽遭受到来自内外部的一些阻力,但其高校试点本身是卓有成效的。例如,虽然人才流动改革在最初被认为是丢掉“铁饭碗”、丢面子的事情而遭到了校内一些人员的强烈反对,但根据该校改革资料记载,通过相关领导在基层的反复动员和说服,商陆最终向外流动 501 位员工,内外流动人员达到 900 人。后续该人才流动改革得到了时任某位副总理的高度赞扬,他认可这项工作的不易,并且指出“商陆能办到的,为什么其他学校办不到”。

在访谈中,多位其他高校领导和教育专家都认为商陆大学的举措在一定程度上有效地打破了当时处在主导地位的绝对平均主义,但仍有不少院校采取了怀疑乃至批评的态度。例如,当时一位兄弟高校领导人在访谈中回忆道,“商陆大学是一个解放思想的高校,但对于它比较激进的改革措施,我们并不看好”。无独有偶,一位当时工作在一线的教育部官员也质疑了该校某些举措的重要性,“这确实是一场对中国有一定影响的高校改革,但改革本身太关注金钱”。

更多高校采取了观望的态度。在访谈中,某位商陆改革亲历者解释道,“虽然政府表扬了我们的改革,但并没有强制要求所有的高校去模仿我们的行为”。因此,是否学习、如何学习更多的是高校的自主选择,这与当时鼓励基层组织因地制宜,实事求是的改革倾向相一致:“在当时,虽然每个高校都认可改革的重要性,但是他们对于如何改、怎么改,都有自己的认知。”当时有不少高校自发前往商陆观摩;商陆大学也接到来自全国各地高校的邀请前赴各个高校介绍学校改革情况。1984 年该校汇总改革经验并出版相关书籍,该纸质成果成为其探索性举措宣传和产生影响的重要方式。

尽管有高层领导人一定形式的“保驾护航”,改革初期政府内部仍旧存在着一些反对的声音。一些相对保守的官员不支持商陆的改革。据被访谈者回忆道,有人通过匿名信的方式对商陆的改革进行举报,质疑他们获得特权的渠道;还有人对商陆的具体策略提出质疑,认为教学是大学的根本目的,所以高校应把教学改革放在首位,而不是工资改革。“类似这种质疑,我们都会有一些妥善的回应。举个例子,教学靠的是教师,是人才,所以我们要想着怎么去激励我们的教师,提高他们当时不尽如人意的待遇问题”,当时参与改革的一位高校知情人回忆道。商陆的领导层认为高校改革的突破口正是管理改革,因为只有解决了人和体制的问题,教学改革才会有成效。对于类似反对的言论,相关国家领导人的支持和发言也起到了一定的回应作用。例如,据有关会议资料,某位国家领导人曾明确对商陆大学代表表示,“……改革就是中央的决定,任何人都不能以各种理由阻碍和反对改革。当前的改革,是一种革命……有些人就是态度不端正,到处写材料,逆革命的潮流”。

无论如何,当时该校的自主探索和创新改革在较长一段时间都吸引了全国关注的目光,这些目光不仅来自高等教育领域,更包括政府、媒体和公众。

1984 年在教育部和劳动人事部共同发起的“高等教育管理改革研讨会”中,商陆大学代表发言并介绍其改革经验,多所高校代表及政府代表前往该校参观。同时,该校正式在全国高等学校思想政治工作会议上汇报了其管理制度改革的举措和成果，这一会议是由教育部、中共中央宣传部和共青团中央在北京联合举办的。通过会议的形式，商陆的改革成果得以正式进入政府议程，并随后被写入国务院向全国人大六届二次会议提交的《政府工作报告》中："商陆等院校改革管理制度，层层扩大自主权，实行定编定员，人员流动，挖掘学校科研潜力，承担经济建设研究课题，制定教师工作范围，明确干部岗位责任，试发岗位津贴和职务工资，提高了教学质量，出现了科研的新局面"，指出商陆的试点为中国教育改革做出了有益的探索和试验，"有关部门要注意发现、总结、推广这方面的经验，并在实践中不断完善"①。这被看作当时"对于高校发起的自主改革的最高级别的国家认可"，并且"在高等教育发展中的前例并不多见"，该校有关领导者在访谈中评论道。

商陆大学的改革经验亦常见于媒体报道中。《人民日报》曾发表了一系列报道描述并宣传商陆的多项改革举措②。一方面宣传商陆大学试验性改革经验，另一方面的深意则在于鼓励其他高校放手试验，积极参与到改革的浪潮中。正如其评论员文章指出："最近，本报连续发表了介绍商陆大学管理改革的六篇通讯。尽管这个学校进行的改革，远不是尽善尽美的，但改革后出现的可喜局面，使人们清楚地看到，只有改革才能打开新局面。"

多个具有较大社会影响力的报刊亦多次转载国家领导人对于商陆改革的认可。例如，1984 年初某位时任副总理曾经提出，商陆的人才流动改革是非常不容易的，并指出"商陆能办到的，为什么其他学校办不到。希望有关部门研究这个问题"，这一会见于同年 2 月被《人民日报》报道。《文汇报》也先后报道了该校人才流动改革，指出其在人事制度改革试验中的有益经验。同年《光明日报》发表《商陆大学是怎样进行管理改革的》，《解放日报》发表《商陆大学出现一片新气象》，同样对该校试验性改革进行评述。这些体现并代表国家意志和倾向的官方媒体报道，可以看作是对于商陆自下而上试点的另一种认可形式。

1985 年，中共中央颁布了对中国高等教育未来规划具有深远意义的

---

① 全国人大六届二次会议. 政府工作报告[EB/OL]. 1984-05-15. http://www.npc.gov.cn/wxzl/gongbao/2000-12/26/content_5001503.htm.

② 如 1984 年《人民日报》曾刊登系列通讯文章，包括《这也是生产力的解放》《讲服务，讲效率》《加强责任制，扩大自主权》等。

《关于教育体制改革的决定》(以下简称《决定》)。《决定》指出,中国教育事业的落后和教育体制的主要问题即是"在教育事业管理权限的划分上,政府有关部门对学校主要是对高等学校统得过死,使学校缺乏应有的活力;而政府应该加以管理的事情,又没有很好地管起来"。这是对当时中国教育权力高度集中而导致教育改革难以推进的生动描述。《决定》指出:"要从根本上改变这种状况,必须从教育体制入手,有系统地进行改革。改革管理体制,在加强宏观管理的同时,坚决实行简政放权,扩大学校的办学自主权;调整教育结构,相应地改革劳动人事制度。"①为了扩大高等学校的管理权限,并将其纳入有章可循的框架之中,国务院于1986年颁布了《高等教育管理职责暂行规定》("暂行规定"本身即为政策试验的表现形式之一)。

这一系列政策文件是中国后续教育改革的重要依据,对中国政府和高校的管理实践产生了重要影响②。它们凝结的正是改革开放以来多所高校自主探索实践得出的智慧结晶,是对于"那些已经被讨论并且在试点中加以实践检验的想法和策略的集成与肯定",是"对未来中国教育改革的指导,而其影响初见端倪"③。如高等教育领域一位专家在访谈中指出的,"《决定》及相关文件中呼吁的很多内容都是商陆当时的改革举措或体现着这些改革举措中蕴含的精神"。就此意义而言,商陆改革举措的后续传播是对这一场以高校自主探索为主试点的追认性特质的最好体现。

值得特别指出的是,在许多时候,试点成果的确立并不是通过在全国范围内迅速地传播与模仿所体现的,而更体现在通过积极探索使得改革事项进入政策议程,为中国高等教育政策变迁积蓄足够力量和经验的能力。以本案例所讨论的管理体制改革为例,对于商陆大学改革经验的认可,促使着国家教委(即教育部)在1988年后指定北京大学、清华大学、上海交通大学和西安交通大学进行授权型的工资总额包干改革试点,包括定编定员、精减人员、实行岗位责任制、改善教师待遇、调动教职工积极性等内容④。这是

---

① 中共中央.关于教育体制改革的决定[EB/OL]. 1985-05-27. http://www.moe.gov.cn/jyb_sjzl/moe_177/tnull_2482.html.

② Cheng, K. M. China's recent education reform: the beginning of an overhaul[J]. Comparative Education, 1986, 22(3): 255-269.

③ Lewin, K., Xu, H. Rethinking revolution: Reflections on China's 1985 educational reform [J]. Comparative Education, 1989, 25(1): 7-17.

④ 国家高级教育行政学院. 中国高等教育体制改革世纪报告[M]. 北京:人民教育出版社,2001:10.

原有自下而上试点进入议程设定后转化为更大规模的授权型试点的表现。20世纪90年代初期国家教委发布了《关于国家教委直属高校内部管理体制改革的若干意见》等文件推进全国范围内高校管理体制改革,其中提出的校内人事制度改革和分配制度改革的多项举措,都可以看作是在商陆率先探索基础上的进一步深化和发展。

在笔者看来,改革开放初期至20世纪80年代中期,中国高等教育改革主题多集中在知识分子地位的重塑和人才的重视。教育部前部长何东昌在总结重大教育决策时曾提出:"高等教育的基本经验,从不同的角度可以有不同的表述。我觉得,处理好与教师的关系是一个根本性的问题。"[①]商陆的改革举措正是在这一领域的探索。80年代中后期,特别是《决定》颁布以来,改革主旋律则更多地围绕国家(特别是中央政府及其部委)与大学关系的动态调整,高等教育的系列改革均是在政府适当放权与大学自主探索的协商互动下发生发展的。试点成为推进这种互动博弈,进而达成权力平衡与改革共识的重要方法。

三、政策试验的影响因素

(一)一个比较案例

本章同时考察了发生在同一时期的一所高校的自主改革作为次要子案例。在争取更多高校自主权,改善高等教育体制弊端,提高高校效率这个总体愿景下,文元大学设计并推行了一系列创新性改革举措。与商陆一起,它们共同彰显了改革初期高等教育机构的锐意进取。有所不同的是,文元大学的改革并没有真正自下而上地进入议程设置,遑论在全国范围内辐射政策影响。

文元大学是中国重点高校。该校地处C地,是教育部直属高校之一。该校20世纪80年代初期的改革主要集中在教学系统,因为当时大学领导层认为教学改革是实现人才培养最为重要和直接的手段。此处教学系统包括录取、学制、学时、教学活动、考核和教学管理等一系列活动。在此方面,文元大学主要从两方面进行教学改革试验。本节首先对这些举措进行简单

① 何东昌. 重大教育决策都来源于教育实践[M]// 中国高等教育学会. 改革开放30年中国高等教育改革亲历者口述纪实(1978—2008). 北京:教育科学出版社,2008:1-17.

介绍，进而通过与商陆大学的比较，探讨国家—大学互动博弈的不同情况是如何形塑了高校试点的发生发起与影响。

1. 试行学分制改革

1978年，“学分制”概念在全国教育工作会议中被提出。在有关专家学者的倡议下，教育部开始允许高校内部自主试行学分制，探寻教学改革的可能性。

文元大学率先响应了该倡议，于1978年初开始试行学分制。文元有关领导反复修订其试行方案并公开寻求意见。据该校校史记载，1981年新校长上任后，立足于先期基础，开始在全校范围内推行学分制改革。该过程的实施同样采取了先行先试的试点工作方法，由物理系和化学系率先试点，进而在全校范围内推广。文元大学也是中国第一个完全试行学分制的高校。

从实质上来说，学分制改革在于对当时大学生知识结构的重构。学生在课程体系范畴内拥有更多的自由选修课程，在获得足够学分后即可毕业。为配合该改革，当时实行的四年制学位被改为“两年＋两年”，五年制学位被改为“两年＋三年”或者“三年＋两年”，为学生毕业提供更多的灵活性。文元大学的学生可以选择在修够学分后以两年的文凭毕业，而不需要修满四年获得学士学位。换言之，学生被给予了一定程度的自由去根据兴趣和能力个性化他们的课程选择和知识结构。

在长期计划经济体制下，中国社会运行的方方面面高度依靠中央的严格管理，高等教育亦不例外。当时中国毕业生分配执行的是国家“统包统分”的政策，由国家统筹毕业生名单并将其分配到指定单位。显而易见，文元的学分制和学制改革与当时实行的毕业生统一分配制度产生了一定冲突，因而很难在大规模范围内扩散。

不仅如此，在学校内部与外部，高等教育系统内部与外部，文元都面对着一定的反对声音。一些人认为引入“美国式”的学分制是对社会主义高等教育体系的破坏。在当时，教育部一些官员认为中国实行的苏联模式高等教育制度已经取得了很大的成绩，应该坚持下去。在访谈中，时任校长文某在回忆这些质疑时道，“我并不在乎他们说什么，因为我认为这是让我们教学体系更具有灵活性的正确方式”。对此，文某多采取说服和协商策略，灵活运用“试点”名义，点明学分制并不是教学改革唯一的方向，只是希望通过试验探索事情发展的可能。最终，借试验的方式，文元得以争取了一定的行为策略空间,在不断协商的边界中尝试进行学分制改革。

根据校史资料记载,截止到1983年,文元大学有28名学生学分制改革下提前毕业,且该举措较好地提升了学生的积极性、主动性和创造性;在1979—1981年间有近200所高校先后访问文元,交流试行学分制的情况和经验。1985年颁布的中共中央《关于教育体制改革的决定》中提出要“针对现存的弊端,积极进行教学改革的各种试验,例如改变专业过于狭窄的状况,精简和更新教学内容,增加实践环节,减少必修课,增加选修课,实行学分制和双学位制,增加自学时间和课外学习活动,有指导地开展勤工助学活动等等”。在政府倡导下,全国有更多学校开始试行学分制改革。在此浪潮中,文元大学通过不断地总结经验和修改方案,于1992年开始实行完全的学分制改革。

2. 提高学生的流动性和积极性

在改革中,文元大学先后采取了一系列举措提升学生在专业选择中的自主性和自由度。例如,为改善苏联高等教育体制影响下学科划分过细、学生知识面窄的情况,丰富学生的教育经历,提升相关技能,增加其在竞争日益激烈的劳动力市场中的就业能力,文元大学开始试行“双学位”项目和“主修辅修”项目,即允许学生在选定专业后,选择第二个专业作为平行专业或者辅修专业。1983年4月公布《文元大学主修辅修制试行条例》指导学生申请与主修专业相近的辅修专业;同时试行双学位制,允许学生根据志趣同时选择两个专业并获得两个学士学位。该试验性探索取得了一定的成效。1985年《决定》中鼓励高校进行双学位制度的试验改革,文元在此基础上继续其双学位制改革的探索。

随后,文元大学着手推进学生校内专业转换改革,改变了学生一旦选定专业后便无法变动的状况。正如上文所述,当时中国实行的是对高校招生和毕业生分配的统一计划和管理,而专业转化有悖于政府的分配统计和规划。由于缺乏和国家的事前沟通,这一举动的实行引发了较大的争议。

不仅如此,文元大学开始将目光放到了校外,允许其他高校学生进入该校学习,并启动插班生制度,接收那些已经取得二年制专科文凭或同等学力的学生,在通过相应的高校自主命题考试后,以三年级的学生身份在文元学习,并可取得学位。文某回忆当时推进改革的动机时表示,“这是一个很先进的做法,也引起了不少的争议。对我们来说,我们希望能够让那些没有进入名牌大学的学生和那些社会中孜孜不倦学习却没有进入大学的人有机会来到文元，享受文元的资源，改变一考定终身的情况”。这一举措的潜在影响无疑是巨大的，它为那些非精英体系的学生打开了一扇进入优质高等教育的大门。从宏观角度来看，其本质是对于中国招生制度的改革探索，该插班生制度即现在多所高校执行的“立交桥”政策的雏形。然而，在当时情景下，由于该举措牵涉到高等教育系统的方方面面，包括招生、培养、资金、毕业生分配等问题，所以这项改革举措既绕不开政府的批准，也面临着重重争议。

文元大学于 1984 年向教育部提出试行此项改革的申请，但没有得到回应。同年 5 月，文某前往北京，希望能够说服主管该校的教育部相关领导。然而，部分官员认为该项试点太过复杂，牵涉到了高等教育系统的各个环节，并没有改革的必要。通过反复说服和协商，教育部高等教育司批准了文元大学的报告并将其转送至规划司商讨。同年 8 月，文某再次前往教育部、向相关领导证明此项试点的可行性，获得了规划司的批准。规划司进而将该校报告呈送给当时的国家计划委员会商讨。为了争取国家的支持，文某第三次前往北京，向多方解说该举措的潜在意义。最终，国家计划委员会批准了文元的请求，允许他们从 1985 年开始试行插班制，并给予 90 个学生名额，所需经费由教育部供给，学生纳入国家分配计划中——这在文某的自传中有详细记载——1985 年，文元大学录取了 92 名转校生。据校史所述，该改革举措直到 2006 年才在教育部的批准下停止招生。这三次进京与教育部等多个部门的反复沟通正是文元大学最终获得一定行为策略空间的主要原因。

站在今天的视角来看，即使文元的领导层巧妙地通过试验试点名义争取了一定的行为策略空间，该试点本身成果及其影响仍旧有限。虽然通过媒体的广泛报道，文元的改革引起了全国的关注，但因其高度争议性举措，模仿者寥寥。

（二）从比较的视角考察政策试验的影响因素

自 1978 年改革开放以来，改革成为时髦词汇。但如何改革，对于具有独特历史发展与社会制度的中国社会来说仍旧是一个难题。正因如此，幅员辽阔而情况复杂的中国改革必须通过实事求是精神指导下的反复试验来实现,“摸着石头过河”成为在中国话语和实践中广为应用的工具之一。这是我们理解 20 世纪 80 年代高校层出不穷的试验试点的重要社会背景。

这在教育领域体现得尤为明显。教育关乎民众的个人发展,更与经济增长和社会稳定紧密相关。虽然国家大力提倡改革,鼓励解放思想,但不可否认的是,不少公众仍旧因历史原因而内心存疑。正如一位文元大学的改革亲历者和知情人评论道,“过去频繁的政治运动使人们变得非常谨慎,甚至可以说是胆小,更不用说是去进行大刀阔斧的改革了,特别是在教育领域。我们以前常说,教育是政治运动的晴雨表,是一个非常敏感的地带”。这也许可以解释为何当时的教育改革必须以先行先试、由点到面的方式进行。“试错”的方式甚至在一定程度上成为为改革选项提供有效性论证的必要手段。对其中行动者而言,“试点”为他们提供了一个相对具有保护性的策略空间,以容许不同层级政策行动者和在改革中相对保守的利益相关者的互动博弈与协商共识。因而即使是在高校内部自行推行机构改革时,也多采取了先行先试、由点到面的工作方法,以最大可能缓解矛盾,证明并改进举措的有效性。

不仅如此,中国的权力结构和社会制度使得地方机构可以通过建立支持联盟等方式获取国家支持,在不同层级利益相关者“心照不宣的共识”下以试验试点的名义展开探索性改革。这样的探索未必要经过国家正式的批准或者法律法规的修改,这与西方许多国家颇为不同。例如,商陆大学正是借助了政策试验工具,通过与中央和地方政府反复互动与博弈推进管理体制改革,争取高校自主权。当这些探索性举措取得一些成绩后,中央和地方政府将其纳入议程设定,通过领导人讲话、官方媒体报道和政策文件等方式传播改革经验,为政策学习和教育改革带来可能。这些因素也许可以解释为何试点的方式在中国土壤中能够焕发勃勃生机,但在西方许多国家只能作为顶层设计下铺开改革的工具。

如前文所述,重点大学在发展过程中即被赋予了改革先锋的重任,也往往具有更多资源优势、政策倾斜和改革话语权。因而,与普通高校相比,精英高校在中国高等教育试验试点中往往扮演了更为重要的角色。例如,作为精英高校的商陆大学拥有良好的历史改革成绩、社会声誉,这些因素都加强了政府对于试点机构的信任。正是建立在这一信任认知的基础上,国家给予了试点高校较为自由的行为策略空间,使其能够在边界模糊的框架中去探索大学改革的种种可能。

通过对上述两所高校以追求自主权为实质所开展的高等教育系统不同方面改革探索的描述，我们进而讨论了其试点的不同结果和影响。和文元大学相比，商陆大学的改革影响在时间上更为持续，在范围上更加广泛，在认可度上更具有国家背书。那么，导致这两所高校试点不同结果的原因为何？通过比较的视角，本小节对其中涉及的利益相关者的认知、选择偏好和行为策略进行讨论，探讨形塑政策试验试点的发生、发展及其影响的多重因素。

在本案例中，无论是商陆大学的管理体制改革还是文元大学的教学改革，其实质都暗含了对于个人利益与集体利益之间的重新平衡，以及对于知识分子地位、待遇和尊重的重新确立。例如，通过打破“大锅饭”的系列举措，商陆希望认可教师的工作成果，并且改善他们当时较为艰苦的生活条件。再例如，商陆大学人事改革的主要目标在于改变当时“干多干少都一样”的状态，充分调动个人的积极性、生产力和创造力。商陆提出应恢复知识的本来价值，允许并鼓励知识分子运用自身专业知识创造个人和社会财富。这亦是高校和国家政策行动者所达成的重要共识。据商陆大学校史记载，1983 年国家有关领导人在听取商陆汇报改革进展时即特别强调了“知识分子在四化中的作用”，指出改革应关注知识分子。就此意义而言，本案例提供了新视角去看待改革开放初期到 20 世纪 80 年代中期的高等教育改革，将高校和政府丰富多样的改革举措凝集在一个主题之上，即重塑知识的重要性、人才的重要性和“自我”的重要性。

改革开放后，绝对的计划经济体制开始逐渐产生变化，市场概念的出现和社会力量的兴起使得高校在运行过程中将更多的利益群体纳入考量。1977 年恢复高考后，高校规模不断扩大，高等教育体系愈加充实，这和政府能够提供的有限经费形成了矛盾，也和当时中国政府“管得过死”的情况产生了冲突。不仅如此，社会的快速发展需要大批具有一定素质和技能的劳动力与科技成果，而高校却存在着人浮于事、效率低下、高度缺乏自主权的状况。这一供需对比关系无疑强烈地刺激着高校和政府的改革神经，试点改革的方式为各高校因地制宜进行探索，政府有的放矢进行管控提供了可能。商陆大学打破常规的改革举措，特别是对于竞争和流动的强调，正回应了当时社会需求与高等教育的冲突。就此而言，机构自主的探索诉求顺应了国家高等教育的发展需求,赋予了其探索性试点在更大范围内进行迁移和学习的可能。试点的(成功)结果则为这种可能的迁徙学习和政策制定提供了依据和程序的可操作性。

就具体改革举措而言,高校领导层对现实情况的理解和认知无疑影响了其面对相似制度环境时的行为偏好和策略选择。通过上文叙述可以看出,两所高校在具体改革举措和试点实施过程中的行为均存在差异。商陆一位领导人即评论道:"和我们相比,文元大学的一些改革措施太大胆了,也太心急了。我们的改革并不直接和政治问题挂钩,我们的步调也很缓慢。"诚然,回顾历史,文元的试验性改革虽然充满着领导人锐意改革和积极进取的精神,但是某些举措颇具超出时代与社会情境之感。

相对来说,商陆大学在改革过程中采取了较为缓慢、阶段式推进的策略。在选定改革策略的时候,该校亦充分将政府的视角纳入决策考量之中,在改革步骤中通过和政府的反复互动赢得了较为充足的行为策略空间。无论是涉及工资和奖金的分配制度改革,还是通过定岗定编等措施推进的人事制度改革,本质上都与中国整体的改革倾向和主旋律相一致。正如一位该校曾经的领导者所回忆:"我们当时采取的一些改革举措也充满争议。不过从现在来看,这些改革本身其实是很小的,这也许是政府支持我们改革的一个重要原因。"

在试点的发生发起过程中,高校领导人作为大学利益相关者的主要代表,无疑扮演了重要角色。一方面,他们往往是这些机构自主探索的发起者;另一方面,他们是平衡内外部利益相关者关系,争取资源,从而推动改革的主要执行者。20 世纪 80 年代涌现了一批极富远见而敢为人先的教育家,他们在机构改革中起到了重要的作用。"改革的关键是领导班子要有改革管理体制种种弊端、改变落后状态的决心,又要有克服困难的精神。"①高校领导人在一定程度上亦承袭了其所在大学长期积累的资源和沁润于心的文化精神。例如,在访谈中,相关知情者反复提到了商陆大学一直以来所继承的创新精神和与时俱进的学校文化,这种文化无疑激励了其敢为人先的试验心态。商陆大学的校长、党委书记和其他机构领导人共同组成了改革的支持联盟,对内调动资源,对外平衡关系,使得该校改革可以在一个相对

---

① 张贻复. 搞好改革开创新局面的关键是领导班子[N]. 光明日报,1984-04-02.

稳定的支持环境下稳步前进。通过和政府的反复互动,该校的领导层以改革先锋的形象呈现在公众面前,这无疑也为其改革提供了一定助力。如《人民日报》即曾以"改革,就要有这样的品格"为题发表相关文章,表扬商陆大学有关领导实事求是、与时俱进的改革精神。就此意义而言,领导人的锐意进取、政治勇气和资源策略是相互联结、共同成就的。

对于文元大学而言,其改革试验则更大比重地落在了时任校长文某的身上。在试验过程中,我们可以看到他为实现教育理想所做的种种努力,也因为其大胆激进的改革作风和鲜明的个人风格而在中国高等教育史上留下了厚重的一笔。这样的作风既与其个人经历有关,又和他个人的首创精神和不畏权威的气魄密不可分;其所处的校长位置则给予了他极大程度的自由在机构内部进行试验改革。

与商陆大学类似,文元大学在具体试点过程中同样不存在较强的政府干预,使其能够在一个相对自由的行为策略空间中展开探索,但这一空间的建立和维系方式与商陆不同。后者建立在与政府的反复请示和协商之上,而前者更多的是基于高校领导层对自身自主权的认知。正如文某在自传中所回忆的:"我们那时所进行的各项改革,除了插班生制度是经过国家计委批准的以外,其他如学分制、主辅修制、双学位制、导师制、学术假制、自由转学制、取消政治辅导员制度等,我没有请示任何领导部门,我认为这些是我的职权。"文元大学和教育部的互动过程更多的是出于必要性而非出于获取支持的目的。换言之,只有当某项改革政策必须通过政府批准和授权才能加以推进时,高校才会主动寻求教育部的批准。"但即使是在这项改革中,在具体的实施阶段,政府也没有什么干预",文某回忆道。对其而言,改革的确是一场试验,试验的结果才是评判其是否成功的依据。这样的想法单独来看并没有错,但却忽略了改革背后所涉及的不可避免的复杂利益博弈。

作为旁观者,一位商陆大学曾经的领导在回忆文元大学的改革措施时评论道:"文某是一位非常受人尊敬的教育家,他敢想敢做,但改革太过超前了,特别是在没有上层支持的情况下,是很难成功的。"这一点和商陆大学的改革形成了对比,后者的高校行动者充分认识到国家认可与相关领导人支持的重要性,并且有策略地寻求上述认可和支持。通过正式报告、直接交谈、会议等多种形式,商陆成功地借助持续的上下互动将地方政府和中央政府纳入其改革进程中。这些来自国家的政策行动者也在试点的发生、发起和随后的议程设定过程中发挥了举足轻重的作用。诚然，他们的作用是需要被放置在不同层级、不同情境内去探讨的。有的时候，以直接的文件批准和政策支持推动试点的发生；有的时候，通过政府的“退位”为高校带来较为自主的行为策略空间；有的时候，则是以领导人对于改革的背书和国家话语对于试验方法的鼓励而呈现。正如前文所述，关键领导人的支持对商陆大学的试验性探索起到了一定的保护作用，以聘请时任某位国家领导人担任校务委员会主任为例，某位知情人在加快录中如此表述：“请这样一位德高望重的老革命家来兼任商陆大学校务委员会主任，确实是公开找了一位过硬的改革‘后台’，对支持商陆以后的改革起了极大的作用。”在访谈中，一位高教领域的学者评论道：

> 在中国的高等教育改革中，当然有一定的自由和空间可以让大学去探索，但是大学领导人必须学会怎么和政府打交道。和政府打交道是大学校长领导力的体现。如果你想实现你的改革目标并且获得政府支持，那就要明白你改革的界限在哪里，如何通过和政府打交道来尽可能拓展这个界限。这本身就是门学问。

这一评论生动地描述了那些常常不为外人所观察，但切实存在于中国高等教育体系日常运行中的行为策略空间。这一空间正是通过国家力量与大学力量的反复互动与协商共识所建立的，它时常被有意地勾勒出模糊边界，以为中国高等教育的自主改革、地方创新和政府学习带来无限可能。政策试验试点方法为中国高等教育发展和大学运行赋予了根植中国实际的独特色彩和治理模式，绝不同于西方学者描绘的中国大学在强权政府下毫无自主权的状况。

一个试点的发生、发展与扩散过程不仅与试点本身设计有关，更与相关行为者的行为偏好和策略选择紧密相关，而由此所衍生的具体机构试点结果更是受制于更为宏观的制度环境。无论是对作为主要子案例的商陆大学的讨论，或是对作为次要子案例的文元大学的描述，其相关行动者的现实认知、思维方式和行为策略均无法完全摆脱当时社会经济背景和宏观制度的制约。就此意义而言，我们正可以借对于这些试点的探讨一窥当时的制度环境。显而易见，和当今高速发展的中国相比，改革开放初期的国家处在一个制度环境高度不完善的时期。高等教育领域的多项试验试点的“失败”很多时候并非源于改革内容本身,而在于适应并支持这些创新举措的制度环境的缺失。以学分制改革为例。学分制度已广泛应用于现今中国高校,以最大限度地提升学生的积极性和主动性,达到因材施教的目的。某位高校的领导人在访谈中回忆道,当他所在高校试图引入学分制的时候,他们前往了多所高校考察,而文元大学甚至并不在他们的考察对象之内,可见其学分制改革试验更多的是以"雁过无声"的方式结尾。在他看来,即使是在当代中国,也不具备一个实行完全自由学分制的制度环境,遑论 40 年前的改革开放初期。在 20 世纪 80 年代初期,中国执行严格的计划经济,高等教育的运行处在中央的统一规划下。学分制客观上要求灵活的学制和选修体系,而当时的学位设置和课程设计等均由政府统一制定。不仅如此,允许学生自由选课意味着要为学生提供足够多的课程选项。在当时,无论是师资后勤等人力资源,还是教室课件等硬件资源,都不具备支持学分制在高校内部大规模实行的可能。这一改革措施与既有条件的矛盾不仅存在于高等教育体系内部,更与国家社会经济发展阶段有关。学生提前毕业并且依托国家分配的改革举措与当时实行的毕业生统一分配制度造成了冲突,这一冲突涉及了超出高等教育体系之外的机制运行,亦无法轻易更改。

四、小　结

在本书提出的概念框架中,追认型试验通常指在国家非正式支持或默许下,由高校自主发起的探索性改革,并在成功后得到政府认可,自下而上地进入议程设定。作为追认型试验的典型案例,本章探讨了改革开放后至 20 世纪 80 年代中期高校为解决自身运行问题,寻求自主权而做出的种种改革探索。

本章首先考察了商陆大学在管理体制改革中所开展的试验性举措:通过奖金、岗位补贴和差额工资制度改革以打破"大锅饭"制度,鼓励按劳分配,改善知识分子的生活状况;通过定编、定岗和促进人员流动等方式,打破当时盛行的"铁饭碗"制度,明确教职工的工作权责,提高教职工的积极性和工作效率;对内向院系下放更多基层自主权,对外向教育部争取更多高校自主权,从而结合人事制度、劳动制度和分配制度改革,推进管理体制的全面改革。这一系列举措在改革开放初期无疑颇具争议。

通过对高校行动者的认知、行为偏好和策略选择的深描,本章探讨了高校利益相关者如何在争议之下通过和国家利益相关者的反复互动发起机构改革,并成功试行其改革举措的过程。当时高速变化的经济和社会环境对高校发展提出了崭新挑战,改革的迫切性经由国家领导人有意识地引导而成为各级利益相关者的共识。作为政策行动者的商陆领导层借助多项策略,对内调动资源,对外平衡关系,将政府和相关领导纳入其改革议程之中,使该校的改革以试点之名在相对稳定的支持环境中稳步前进。在取得一定成绩后,这一政策支持联盟又为商陆大学的试点获得官方认可提供了助力。通过领导人讲话、官方媒体报道和政策文件等方式传播其改革经验,为政策迁移和更大规模的改革带来了可能。

从比较的角度,本章选取了同时期文元大学的改革作为次要子案例进行简要分析。虽然该校选择了教学改革作为核心内容,但其寻求高校自主权和解决实际问题的改革目标是相似的。然而,文元大学在学分制改革、专业转换制度、插班生制度和双学位制度等多项颇具争议的试验过程中,采取了与商陆大学不同的行为策略。其中最为明显的便是高校和国家利益相关者在试点过程中认知与行为互动的差异。通过对这些区别的比较考察,可以帮助我们更好地认识并解释影响政策试验的相关因素,进而理解其背后的作用机制与改革中充斥着的大量不可忽视却时常不足为外人道的利益博弈。

在个体层面,对于教育理念的践行和对于现实问题的深刻认知无疑是激励政策行动者,特别是那些在大学担任领导职位的学术精英发起试验性改革的重要动力。他们对于现实的不同认知进而影响了试点发生发起过程中的行为偏好和策略选择,使其在构建改革现实的过程中呈现出与国家不同的互动博弈关系。这些策略选择和博弈关系是影响试点结果的重要因素。以试点为政策工具,高校在鼓励改革、支持改革的政治导向下通过国家与大学的持续互动建立一个相对自由的运作空间,国家教育改革发展和教育政策变迁正是该空间内部国家和大学协商共识的结果,亦时刻受制于当时社会经济运行与制度环境的发展情境。通过中观层面的机构改革,借由微观视角下对个人认知与行为的考察,本章反映并描述了当时中国经济社会运行中的宏观变化和制度环境变迁。

第五章　授权型试验：高校毕业生分配与就业制度改革

一、改革背景

自 1949 年新中国成立以来，中国实行高度集中的计划经济体制，由中央对生产、资源分配和产品消费进行事先计划。作为该体制的有机组成部分，国家在高等教育招生和毕业分配中同样依照统一计划直接管理，对高校毕业生分配实行“统包统分”制度，由国家按照计划为毕业生分配工作单位。这一制度虽然在一定时间内对我国社会经济发展起到积极作用，但高度僵化和低效的制度安排使得人力资源难以得到有效配置，极大地影响了毕业生、高校和用人单位的积极性。该情况在改革开放的新情境下尤为明显。故此，政府在 20 世纪 80 年代中期前后选取有关高校进行试点，希冀通过试点为毕业生分配制度改革提供可行方案并借此探索推开改革方案的有效程序。本章选取此案例作为授权型试验的典型代表，并选取桐叶大学（化名）和菘蓝大学（化名）的机构试点作为平行子案例展开分析。

毕业生分配制度指当时中国计划经济体制下对高校毕业生实行的“统包统分”“包当干部”制度，即由主管政府部门将各公立高校的毕业生派遣到全国各地用人单位工作。其中“统包”指学生在高等教育阶段的培养由国家统一承包，“统分”指其毕业后由国家统一分配，并享受“干部”身份。通过大量的文本资料和田野调查，本章试图勾勒出 20 世纪 80 年代中期前后两所试点高校在毕业生分配制度改革中各级利益相关者的行为偏好和策略选择，进而重建该试点发生发起的过程与其中行动者的互动博弈和协商共识。在这场看似自上而下的指定试点改革中，两所试点高校却得以在一个相对充足的行为策略空间中展开自由的机构探索，为毕业生分配制度改革提出了“供需见面”“双向选择”的创新策略，影响了后续的相关政策变迁。然而，该试点向全国范围内辐射影响的过程却是渐进而缓慢的，充斥着利益相关者的反复互动。因而,深刻地理解和解释该试点,离不开我们对当时中国广阔的社会经济发展情境和制度环境的考察。

新中国成立后,中央政府对高等教育实行高度集中的中央计划和管理。计划和管理的重要工具之一即是通过全国统一招生考试制度(高考)实行国家统一计划招生,通过毕业生分配制度实行毕业生统一分配。1951 年,国家发布《政务院关于改革学制的决定》,明确规定高等学校毕业生工作由政府分配,国家行政干预是高层次人力资源配置的主导力量。1968 年,时任国家主席毛泽东发出“七二一指示”,指出“要从有实践经验的工人农民中间选拔学生,到学校学几年以后,又回到生产实践中去”。毕业生多通过工农兵再教育和“社来社去”“厂来厂去”“哪来哪去”的方式分配,国家政治力量仍旧占据绝对的主导地位[①]。1977 年恢复高考后,高等学校逐渐恢复和发展。大学招生和就业制度延续了旧有的制度安排,根据中央计划经济和国家需求由政府统一计划进行招生和分配工作。

为适应高等教育行政管理体制,毕业生分配采取了“中央统一领导,部委、地方分级管理”的制度安排,权力高度集中在主管分配的政府部门中,无论是高校、学生还是用人单位均没有话语权和自主权。在自上而下的权威体系中,中国实行的毕业生分配制度运作机制如下:通过国家统一招生制度,教育部收集并汇总学生信息,如生源地,学校及专业;每年各高校逐级向上级主管部门报送各学科专业毕业生人数情况。同时,基层用人单位向其上级主管部门报送毕业生需求计划,结合各部委、省市区一级的教育行政部门和人事部门等主管单位对各地社会经济发展需求,将计划报送给中央主管毕业生分配计划和调配计划的部门,即国家计划委员会(以下简称国家计委)和教育部。国家计委根据汇总的信息制订统一的毕业生分配计划方案草案,并上报国务院修改和批准;经国家意志确认后形成当年度毕业生分配计划,转教育部主管部门。教育部进而根据国家计委的毕业生分配计划制定详细的分配方案,确定学校和专业的调配计划,并发送各部委、各地区、学校和基层用人单位加以执行。从高校层面来说,他们被动地接受国家的毕业生分配方案,并据此方案对所在高校毕业生进行具体人员—单位的派遣工作。毕业生被动地接受学校的分配通知,并在第一时间前往分配单位报

---

① 何东昌.中华人民共和国重要教育文献:1949—1975[G].海口:海南出版社,1998.

到。各级政府人事、公安等部门和企事业单位人事部门配合展开具体的分配派遣和接收工作，同样没有选择权[①]。

显而易见，政府在毕业生分配就业中占据绝对的主导位置。虽然国民经济各单位可以上报用人需求，但依旧从属于国家计委的统一规划。参与到桐叶大学毕业生分配制度改革的一位学校领导回忆当时的情况道："举个例子，国家计委知道我们今年会在自动化系毕业 60 名学生。在分配计划里派遣 30 名学生到长春一汽，另外 30 名学生到湖北二汽。这个方案通过教育部传达到我们手上之后，我们可以决定的是哪 30 个学生到哪个具体单位去，仅此而已。"

为了更好地说明试点前的情况，本节提供一个案例。这个案例虽是虚拟的，但其叙述是基于当时众多毕业生分配真实情况的集合，以借此一窥 20 世纪 80 年代初期中国高校毕业生分配情况[②]。

剪影 1　试点前的高校毕业生分配制度

1977 年恢复高考后，竞争异常激烈，仅有 4％的高等教育录取率。小黄是第一批乘坐这一幸运列车进入大学的学生。小黄考入了一所位于某省会城市的国家重点大学，主修机械工程专业。作为一位来自外省偏远小镇的学生，他十分珍惜这来之不易的学习机会，希望将来能够运用自己的专业所学更好地谋求个人价值和社会价值的实现。

诚如他所想，在小黄毕业时，改革开放政策所带来的高速发展局面使得中国各行各业都急需大量专业人才。类似小黄这样具有工科背景的重点院校毕业生可以在许多行业做出贡献，他亦可以借此改变自己的命运。遗憾的是，小黄无法决定自己进入哪个单位，未来从事什么工作。

毕业答辩后的第二天，班主任便把大家召集在一起公布了分配方案。当时小黄和他的同窗坐在教室里，听着学校负责人公布每个毕业

---

① 相关论述可见：傅真放. 大学生就业指导[M]. 南宁：广西人民出版社，2002；国家高级教育行政学院. 中国高等教育体制改革世纪报告[M]. 北京：人民教育出版社，2001.

② 类似叙述颇多，如：赖波，谢林子. 1978 读大学，毕业分配坐着等[N]. 成都晚报，2007-05-21. 教育部，国家计委，国家人事局. 高等学校毕业生调配派遣办法[EB/OL]. 1981-10-04. https://wenku.baidu.com/view/2058ca8a443610661ed9ad51f01dc281e43a564f.html.

生的工作地点和派遣单位。有的学生幸运地被分配到与所学专业一致的工作岗位上,有的学生却被安排到与专业毫无关系的单位;有的学生得以留在大学所在城市,但大部分学生需要回到其生源所在地,小黄便是其中一位。虽然心有不甘,他还是服从了分配。几天之后,他离开了大学所在城市,回到了家乡所在小镇的工厂中,从事着和专业并无太大干系的工作。

某种程度而言,小黄的毕业分配经历是当时众多大学毕业生的剪影——作为人们眼中的"天之骄子"和劳动力市场上的供应主体,他们却没有足够的话语权和决策权,只能被动接受对自己未来命运的安排。

在执行国家统一分配制度安排的同时,政府致力于宣传毕业生服从国家分配的必要性和重要性,特别强调国家愿景的实现需要依靠个体的努力和奉献,指出毕业生应将个人命运和国家命运相结合。学者通过对《人民日报》1951—1965年间的报道分析,发现作为中共中央机关报刊和国家喉舌的《人民日报》几乎在每年的学生毕业季都会集中发布关于高校毕业生分配的报道,鼓励学生服从分配。改革开放后,仅1981年,《人民日报》就发表了15篇报道,点明毕业生分配制度的重要性,强调毕业生服从分配对于实现国家发展目标的重要作用,鼓励毕业生要"到祖国最需要的地方去"①。通过政策话语的反复宣传,国家得以构建一个具有深远影响力的意识形态情境,使得其中个体有意或无意地遵循其内在逻辑,将国家和社会的集体需求放置于个体的志趣和利益得失之上。通过国家的反复动员,服从国家分配成为当时毕业生最重要的价值观之一。这一点在访谈过程中被多位知情人反复提及。当时,"在强大的思想政治工作的作用下……使得绝大多数高校毕业生甘愿献身于火热的祖国建设事业,自觉自愿地到祖国最需要的地方去工作"②。借此,行政命令下的人力资源制度安排与反复动员中凝结的意识形态引导共同构成了毕业生分配制度的合法性和合理性基础。

诚然,该毕业生分配方式是与当时国家社会现实和体制安排相适应的,在新中国建立以后对国民经济发展和社会主义建设起到了一定的积极作

---

① 赵晔琴.从毕业分配到自主择业:就业关系中的个人与国家——以1951—1999年《人民日报》对高校毕业分配的报道为例[J].社会科学,2016(4):73-84.

② 杨德广.中国大学毕业生就业制度变迁分析[J].当代青年研究,1997(Z1):8-10.

用,国家的统筹调度更是在一定程度上保证了重点地区和部门的发展需求。但是,随着不断深入的经济改革、层出不穷的社会改革和不断加强的政府放权呼声,该高度集中的国家统一毕业生分配方式很快显现弊端。对于学生来说,国家的统一安排往往无法真实地反映他们的个人志趣或专业能力,话语权和决定权的缺失导致个体的主体性下降,"铁饭碗"的保障又使得他们学习主动性下降,竞争意识湮灭,这些都不利于学生的个人成长。更重要的是,中国幅员辽阔,高等教育规模和国民经济规模庞大,因而各级政府很难将学生的专业能力、个人志趣与各单位的雇佣需求全部纳入考量,使得此类高度集中的国家统一规划很难具有科学性,极易造成人才资源的不合理配置①。例如,计算机专业的学生可能被分配到纺织工厂去使用一台计算机。菘蓝大学当时一位负责人回忆起所在地区某位市领导曾抱怨其分管系统内菘蓝大学毕业生严重不足的情况,而同一时间"在那几年中有的已经饱和的单位还在被迫接受我们毕业生"并且苦于难以安排。这种供需之间信息交换不畅和人才配置不合理的情况无疑不利于国民经济发展和社会主义建设。事实上,"早在改革开放之前,就时常出现学生和单位岗位不匹配的情况,没办法做到真正的人尽其才"。该被访谈者指出,面对在改革开放政策影响下高速变化的社会经济情境,改革已成必然之势。

1980 年,国家计委和教育部开始思考优化毕业生分配方式的可能办法。随后,1981 年初,国务院转批了由国家计委、教育部和国家人事局共同起草的《关于改进 1981 年普通高等学校毕业生分配工作的报告》。该报告在一定程度上赋予地方政府、高校和各用人单位部分权利,规定高校毕业生分配方式为"在国家统一计划下,实行抽成调剂、分级安排的办法"。由于当时中国高校隶属关系的调整,各个高校的直接上级主管部门呈现出多样化。例如,当时北京交通大学隶属于铁道部,直到 2000 年才划归教育部,因而其毕业生分配的主要去向为铁路系统内部。根据该报告的有关规定,对于教育部直属高校来说,其毕业生由国家统一分配,在分配时考虑学校所在地的需求而适当留成(15%～20%);对于其他中央部委直属院校来说,其毕业生分配首先由国家抽成调剂(10%～20%),随后由各部委统一分配到各系统

① 详细探讨可见:张明山. 从"供需见面"试点看毕业生分配改革势在必行[J]. 教育研究通讯,1984(2):47-51;刘裕品,毕文溎. 实行双向选择积极做好引导[J]. 清华大学教育研究,1995(1):72-75.

内的单位和岗位中;对于地方高校来说,在国家抽调(不超过10%)之后,原则上由地方政府根据地区需要进行分配①。国家计委在收集来自各部委和各级政府信息基础上,制定分配计划方案,经国务院批准后形成国家分配计划,各类高校派遣毕业生至各用人单位,该分配流程见图5-1。

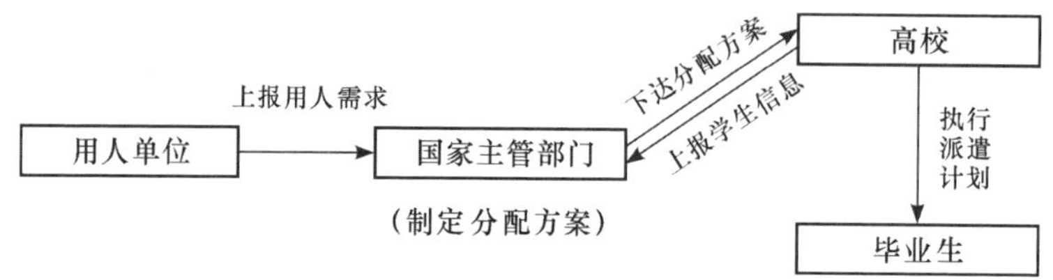

图5-1 中国高校毕业生分配与就业制度变迁(改革前,1978—1982年)

显而易见,这是一个极其复杂的过程,各个环节中牵涉各级各类的决策者和利益相关者。国家计委和教育部无疑是其中最重要的决策者,高校则扮演了国家统一分配方案和个体分配决定之间的桥梁。值得一提的是,1986年前毕业生分配的中央主管部门主要是国家计委和教育部(1985—1998年为国家教委),1986年后由国家教委主管。但在历史上,毕业生分配的主管部门历经"政务院时期的中央人事部、教育部、高教部、国家计委,国务院时期的国家经济委员会、国务院人事总局等"②,这也反映了毕业生分配所涉及利益相关者的异常复杂性。

随着外部情境的变化和自身的逐级争取,高校逐渐获取了部分权力。例如,《关于改进1981年普通高等学校毕业生分配工作的报告》开始试行择优分配的方法,提出:"部分重点高等院校和承担重点科研任务的单位,可允许按照调配计划安排的学校,采取学生自愿报名、学校推荐和用人单位考核相结合的办法,择优选拔一部分毕业生。"正是通过这些看似细微的持续变化,当时高度集中的统一分配方案呈现出一定差异化和灵活性。

即便如此,个体层面的主动权仍高度缺失,国家行政力量仍旧占据绝对主导,对于毕业生服从分配的行政规定和政治动员仍旧没有减弱。例如,该报告明确指出对于"不顾国家需要、拒不服从分配的毕业生,取消毕业生分

---

① 国家计委,教育部,国家人事局.关于改进1981年普通高等学校毕业生分配工作的报告[EB/OL].1981-02-13. http://210.73.64.113/Govfile/front/content/11981039_0.html.

② 国家高级教育行政学院.中国高等教育体制改革世纪报告[M].北京:人民教育出版社,2001:169.

配资格……五年内全民所有制单位不得录用为国家正式职工”。一位20世纪90年代活跃在教改前线的教育部官员举了一个生动的例子：

> 学校分配办公室有100个分配名额去分配90位学生，它逐渐有了一些灵活性。虽然现在看起来这种灵活性是很小的，但是在当时已经非常不容易。否则的话就是90个名额给90个学生——一个萝卜一个坑。但还是基本不会考虑学生的意见，以计划性为主。那如果学生不愿意去这个工作岗位，就叫不服从分配，后果是很严重的。

《人民日报》曾报道过1982年发生的四名学生不服从分配的情况，他们受到了严厉处罚，被要求限期离校，户籍返回生源地，并被取消分配资格，五年内不允许于国企就业[①]。换言之，个体的决策权和自由选择权仍高度受限。

二、从“供需见面”到“双向选择”

（一）试点的缘起

自1983年起，教育部鼓励高等院校积极参与毕业生分配制度改革事宜，其举措之一便是选取包括桐叶大学和菘蓝大学在内的四所高校作为初期试点，探索改革毕业生分配制度的可能方法。1985年，教育部正式选取桐叶大学和菘蓝大学作为试点展开改革试验，探索毕业生分配制度的综合改革方案。

该试点决策是基于国家利益相关者对当时情况的清醒认知而做出的。改革开放的战略决策促使我国逐渐从计划经济向商品经济过渡，经济结构和资源分配方式的变化呼唤着人力资源配置的新方式。僵化的毕业生分配制度不利于人才资源的合理配置，劳动力市场主体的供需双方均缺乏自主权，能动性低下。不仅如此，菘蓝大学此次试点的一位亲历者指出：“这对我们高校来说也没有好处，因为雇佣者的评价是我们人才培养的重要反馈，我们可以据此进行教学改革。但现在这个反馈机制是缺位的，所以我们不知道培养出来的毕业生到底好不好。”与此同时，非公有制企业和社会力量的

① 四名大学毕业生拒不服从国家分配，北京严肃纪律取消他们分配资格，限期离校，五年内全民所有制单位不得录用[N]. 人民日报，1982-06-02.

逐渐兴起为中国的就业市场带来了竞争的信号，传统中央计划下的毕业生统一分配制度愈加难以适应这种竞争的要求。

事实上，早在国家发起试点之前，传统毕业生分配制度所带来的弊端就导致基层“不服从分配”现象屡有发生，学生、高校和用人单位要求改革的呼声日益凸显。教育部的一位官员回忆道：“在那时已经有一些学生不服从分配的情况或者说对这个模式的抗议，所以国家不得不改。”菘蓝大学一位改革参与者同时指出：

> 政府并不是突然决定让我们两所高校试点的，而是因为我们特别渴望改变当时的状况。对于我们来说，也比别的高校更有试点的基础——因为我们的毕业生社会上都抢着要，所以不担心如果没有了分配毕业生就没工作的情况……因此，虽然我们没有正式去打报告要求试点，但是政府已经很清楚我们改革的声音了，但考虑到这项改革本身的复杂性，所以才选择我们作为试点。

就此意义而言，与其说国家试点的动机在于综合改革顶层设计下的必要步骤，不如说是针对现实情况和基层呼声的应对举措，来自中央和地方对于改革必要性的共识和寻求改革方案的迫切性共同促成了此次试点的发生。

（二）试点的发展

本案例所讨论的两所高校虽然地缘不同，但探索改革方案的目标认知、改革决心是基本一致的，这促使了他们在行为举措上的齐头并进，而这一合作的姿态又进一步增强了高校和政府协商互动的能力。因此，本章对于具体举措的讨论通常涉及两所平行子案例高校的共同智慧与努力。

纵使如此，试点过程中高校仍旧面临不少挑战，比如劳动力市场的缺失、部分官员和决策者的改革惰性等。这些挑战中首当其冲的便是当时迅速变化的社会环境与长期实行的高度集中体制的约束之间的矛盾。

诚然，国家通过授权试点的方式允许了两所高校在毕业生分配事项中的自由探索，但这样的自由探索主要集中在机构内部，缺乏相应的支撑举措。高校毕业生分配制度是高等教育系统乃至整个社会系统运行中的有机组成部分。在高等教育系统内部，毕业生分配和高校全国统一招生制度、高校资助体系紧密连接。正是通过这三个高度集中的国家制度安排，政府得以全面掌控全国范围内高等教育运行的准入、培养和准出机制。在高等教育系统外部,毕业生分配更是紧密嵌入当时的人事制度、劳动力市场与户籍制度这些更为宏大的制度安排之中。具体来说,在计划经济时代,中国的社会结构由农民、工人和干部三种身份的人员构成,这三者之间轻易无法转换,并和众多社会福利直接挂钩。高校毕业生通过国家派遣前往各单位工作时可具备干部身份。户籍制度是具有中国特色的国家行政制度,中华人民共和国的合法公民必须具有户口,用以记载和留存住户人口的基本信息,包括个人身份、亲属关系、法定住址及住址变更等内容。户籍制度按照地域和家庭成员关系划分为农业户口与非农业户口,并对其相互迁移设有严格规定。以大学生为例,当他从生源地前往高校所在的城市时,户口也要随之迁移;通过国家统一分配派遣到新的城市后,户口同样要迁移到新的工作地点。因而,户籍制度是人力资源管理和限制农业户口和非农业户口之间大规模迁移的重要行政手段,这与社会流动管理和完全竞争的劳动力市场本身即存在着巨大矛盾。毕业生分配制度改革的推进必然涉及这些制度的松动与变化,是一场"牵一发而动全身"的复杂改革。它不仅内嵌于上述体制之中共同维系并作用于中国社会经济的持续平稳运行,更是通过此方式将个人意志纳入国家运行和发展的内在逻辑和制度安排之中。因而,毕业生分配制度改革的实质是考察个人、高校、用人单位和政府在此过程中资源依附和互动关系的变化。

这样的复杂性决定了此项改革只能通过先行先试、由点到面的方式推进。"过去我们只能用统一规划的方式去分配毕业生,大家都不想再这样了,但是我们不知道怎么改最好,所以只能放手去试验……",在访谈中,一位参与桐叶大学此次改革试点的知情人回忆道。因此,试点本身便是一个谨小慎微的改革过程。总的来说,此次试点可以分为两个发展阶段。

第一个阶段开始于1983年,桐叶大学和菘蓝大学作为试点机构展开了实践上的反复摸索,尝试将劳动力雇佣的供给方即高校和需求方即用人单位联系在一起,改变过去单纯依靠国家行政干预进行统一分配的状况,从而实现更好的需求对接与资源配置——"供需见面"举措初步成型。以桐叶大学为例,高校首先与过去曾雇佣本校毕业生的用人单位直接联系,汇总他们的用人需求,再结合本校毕业生信息以提供分配的建议。进而,高校向教育部和国家计委上报建议,希望将其纳入国家统一分配方案中,但该建议仍旧要服从并让步于国家统一规划的需要[①]。

在此过程中,高校的权力虽有所加强,却仍十分薄弱。该举措的初衷在于尽可能地科学化人才配置过程,而不是创造自由的劳动力雇佣市场。这里的“供需”双方主要限制在试点高校和用人单位之间,学生仍旧缺位[②]。即便如此,这一探索已经是对当时高度集中的统一分配制度的微弱突破——“我们当时的确没办法满足所有人的需求,但在分配过程中已经开始考虑学生的个体特征,虽然学生本人还没什么发言权”,一位桐叶大学的曾任领导回忆此过程时指出。这一初步“供需见面”下的分配流程见图 5-2。

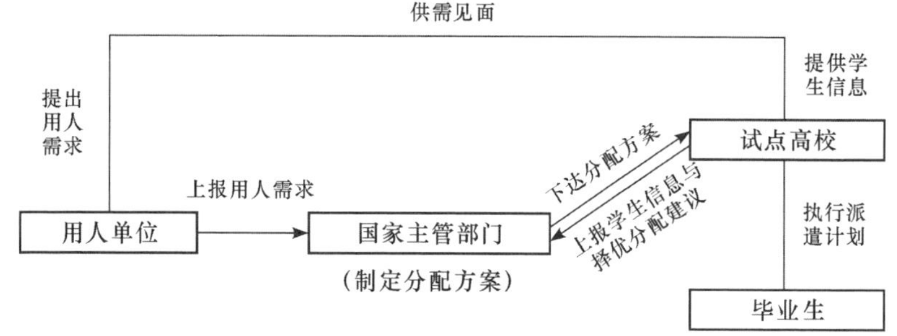

图 5-2 中国高校毕业生分配与就业制度变迁(试点阶段 I,1983—1984 年)

据菘蓝大学校史记载,至 1984 年时,该校已经有 32%的毕业生受益于该推荐—考量举措(其余毕业生仍旧按照原来统分方式进行分配)。与此同时,教育部引入“供需见面”的初步成果以探索其可行性和有效性。教育部指定十所院校的 12 个专业的部分学生试行这一由前期试点探索出的新毕业分配方法[③]。这无疑释放出一个明确的改革信号,促使了一些机构开始自发模仿该举措。例如,江汉大学自发试行不包分配的政策,鼓励其学生充分调动就业积极性,并被广泛宣传[④]。高校在毕业生分配过程中的权力不断增强,包括“毕业生分配计划建议权、毕业生分配名单决定权、分配计划不

① 张明山. 从“供需见面”试点看毕业生分配改革势在必行[J]. 教育研究通讯,1984(2):47-51;袁伟. 高校毕业生分配实行“双向选择”的再探讨[J]. 社会科学,1988(12):45-48.

② 姚裕群. 中国的大学生就业与职业问题[M]. 台北:秀威出版公司,2008.

③ 毕全忠. 实行供需见面,力争学以致用,十所院校部分专业将试行新的毕业分配办法[N/OL]. 人民日报,1983-05-17. http://www.zlck.com/rmrb/news/0M9763BV.html.

④ 收费、走读、不包分配:江汉大学不捧“铁饭碗”走出新路子,首刷子毕业生深受各界欢迎[N]. 人民日报,1983-07-29.

当者的调整权以及20%左右毕业生的学校分配或建议权等”[①]。

国家的积极改革信号和试点措施的推开实践同时反映了各利益相关者对该创新探索的认可。1984年11月，时任国务院某位副总理批准菘蓝深化改革的要求，对其要求进一步试点毕业生分配制度改革的申请做出批示，“菘蓝大学的改革都可先行一步，准其试验，此次改革毕业生分配制度应批准”，这被详细地记录在该校校史中。1985年3月，这两所高校被指定为毕业生分配制度改革的试点，在“供需见面”的基础上，试行“招聘、推荐与考核录用相结合”的办法。

该试点阶段的主要改革措施可以高度概括为“学生选报志愿，学校推荐，用人单位择优录取”。这无疑是对原有分配制度的进一步打破——高校不仅可以直接联系用人单位，劳动力市场上供需主体还可以进行一定程度的“双向选择”。在探索过程中，两所试点机构“始终保持了一个良好的沟通和合作关系”，当时直接负责桐叶大学此项试点的领导之一回忆道。他进而阐述了桐叶在试点发展过程中的理性思考：

> 我们思考了很久到底应该如何改变原来的分配方法，更好地把我们毕业生的出路和社会需求结合在一起。于是我们把过去十年有联系的单位信息都找出来，并且逐一给这些用人单位写信，问他们是否还要我们的毕业生、需要多少。我们把这些往来信件汇总在专门的办公室，用柜子分门别类储存起来，在适当的时候向学生公开用人单位信息。那个时候，我们和成百上千家的用人单位取得了联系，把他们的需求和学生的志愿相互配对。正是基于这个措施才有了“双向选择”这个词语。

菘蓝大学改革过程中“双向选择”同样不是国家在批准试点时候给予他们的政策目标，而是经过实践探索而生成的创新举措。其负责人在访谈中回忆道，“我们最开始想出来的口号是‘双向选择，不包分配’”。这一口号的初衷在于彻底打破当时的毕业生分配制度，提高学生的积极性。然而，在和政府有关部门展开沟通的时候，对方指出“不包分配”的口号有可能会造成误解，让学生误会国家对他们完全放手不管了。因此菘蓝大学在口号中去

① 卓晴君. 中国改革全书(1978—1991)：教育改革卷[M]. 大连：大连出版社，1992：34.

掉了“不包分配”四个字。对于那些没有成功“双向选择”的毕业生,高校仍会进行推荐并帮助学生寻找合适的就业岗位。就此而言,“我们的试点仍旧是计划安排,但我们引入了竞争和选择的概念,给了学生和用人单位比以前多得多的自由空间”,该被访者评论道。通过“双向选择”,试点高校得以提升学生的专业才干和用人单位岗位需求的匹配度,对于人才的科学合理配置具有积极意义。

1985 年,试点高校共同发布了两校《毕业生分配改革试行办法》,随后被教育部转发。事实上,早在 20 世纪 80 年代初期,这两所高校便开始对如何改革进行了审慎思考,以至于到 1985 年前后,“我们供需见面和双向选择的这个实际做法已经基本成型了”,曾在该时期担任桐叶大学领导职务的一位被访谈者指出,“教育部先联系到我们,并且要求我们先试点,之后才把我们官方宣布为试点,进一步深化和扩大改革。因为我亲身经历了这个过程,所以我很清楚,这是中国很典型的改革方法——首先你选取高校去探索新举措,只有当局部成功之后才去考虑推开”。换言之,“供需见面”和“双向选择”的创新举措起源于试点高校的实践而非政府的顶层设计。就此意义而言,试点成为策略生成的重要机制。

在前期,“供需见面”仍局限于高校和用人单位间的互通有无,以及学生、高校和用人单位的信息共享。直到 1986 年,试点高校毕业生才第一次通过“面对面”的方式直接和用人单位接洽。桐叶大学举办的高校毕业生供需见面会由高校发出邀请函,用人单位从全国各地赶赴校园,和学生直接沟通其就业意愿,由用人单位择优录取。为更好地说明试点情况,本节提供一个案例。这个案例虽是虚拟的,但其叙述是基于众多真实报道的集合,以借此一窥 1985 年后两所试点高校的毕业生分配与就业机制①。

剪影 2　试点中的毕业生分配制度:“供需见面”和“双向选择”

小王是桐叶大学 1986 届电机系的本科生。1985 年,在小王大学生涯最后一年的冬天,学校便开始为这一届的毕业生分配工作忙碌起来。根据专业和行业,学校把即将毕业的学生信息发给了全国各地的

---

① 毕业生:从“包办分配”到“双向选择”[EB/OL]. 教育部大学生就业网,2009-12-31. https://www.ncss.cn/zx/jydt/qt/10003173.shtml.

相关用人单位。改革开放后经济的迅速发展使得各行各业都急需像小王这样来自重点大学的毕业生人才，因而允许大学和用人单位直接进行联系的做法获得了各单位的热烈反响。随后，小王惊喜地收到了学校发布的相关就业单位信息。

1985年冬，小王和他的同学可以通过学校推荐的方式和用人单位达成初步意向，再上报给学校，通过学校分配的方式加以确认。事实上，也有不少同学这么做了。小王没找到心仪的岗位，决定再等等看。1986年春开学后，学校向全国各地数百个单位发送了邀请函，邀请他们前往学校参与供需见面会。当年4月，小王在老师的安排下一家一家地和心仪的单位洽谈；对于同一岗位，单位也有权利选择自己认为最合适的毕业生。很幸运，小王和本市一家单位达成了就业意向，随后上报给学校，由学校上报给主管单位纳入了当年度分配计划之中。通过这种方式，1986年毕业后小王即前往该家单位报到，并顺利地解决了户口问题。

小王的一些同学没有在供需见面会上找到合适的工作单位，他们之中的大部分人决定把自己的就业意向和志愿上报给学校，由学校和用人单位联系，再由用人单位择优选择，最终通过分配方案确定下来。对于那些最后仍旧没有确定工作的毕业生，学校把他们的信息统一上报给国家教委，由国家教委根据相关原则和程序纳入该年度全国统一分配计划中。小王觉得自己很幸运，因为他能够在自己未来命运的抉择过程中有一定的发言权，而不是被动地接受“包办婚姻”。他很感激学校，这个过程中，学校扮演了重要的中介角色，协调着毕业生、用人单位和国家统一分配之间的复杂关系。

试点方式为两校学生创造了一定意义上的自由空间，使得他们能够根据个人志趣和市场需求进行职业选择，而不是被动地接受直接分配。从当代的角度来看，这一自由空间还是非常微小且有限制的。限制的力量主要来自两方面，一是高校政策行动者的认知与思考；二是国家与高校的共同期许与相应的政策安排。一方面，毕业生能够选择的单位和岗位一般需要和其所学专业相关，这主要出于当时试点高校领导人的考量。例如，桐叶大学的改革负责人指出，“我们希望自己的学生能够充分运用在学校学到的知识和能力”。另一方面,无论是政府还是高校,都主张并鼓励毕业生遵循一系列分配原则就业。例如,鼓励学生在毕业后回到其生源地,特别是来自偏远和贫困地区的学生回到家乡支援建设。

无论如何,过去被排除在毕业生就业决策之外的学生被给予了选报志愿的发声权和一定范围内直接与用人单位见面的选择权,无疑是一种巨大的进步。对于用人单位来说亦是如此。在过去,用人单位只能被动地接收国家分配的毕业生,即使有些毕业生本身能力、志趣和工作积极性与岗位不符。该试点举措允许用人单位通过“择优录取”的方式初尝竞争这一因素为组织带来的活力。因此,和过去高度集中的国家统一毕业生分配制度相比,“供需见面”“双向选择”的创新性举措对于各类利益相关者都是重要进步。图 5-3 描绘了试点高校改革方案下有关毕业生的分配就业流程。

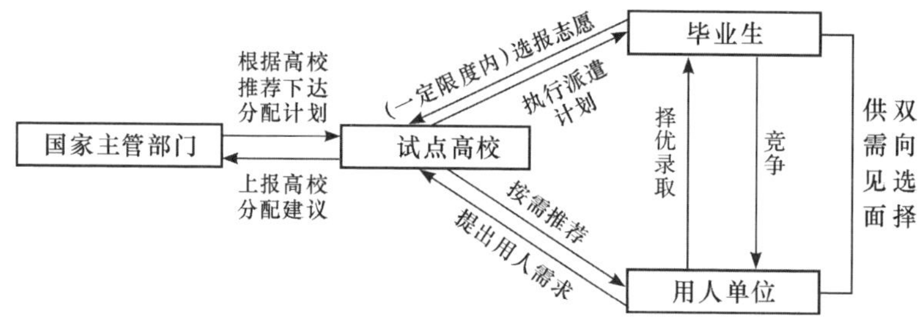

图 5-3 中国高校毕业生分配与就业制度变迁(试点阶段Ⅱ,1985—1987 年)

(三)利益相关者互动

通过对试点发起与发展过程的深描,本章试图再现 20 世纪 80 年代中期两所高校通过试点方式探索并试验出行之有效改革选项的过程。本小节探讨这一过程中来自政府的干预,考察高校如何在协调多方利益相关者权力的基础上营造行为策略空间。

在这一场“自上而下”的试点中,国家对于试点高校的实质性授权远早于其形式上和名义上的授权。一方面,改革本身虽是由政府主动发起,但其发起的推动力恰在于基层问题的大量涌现和实践中各类利益相关者的不满呼声。另一方面,国家已开始鼓励高校先行探索,并在取得初步成果之后赋予试点之名使其合法化,通过由点到面的方式扩散改革成果。政府为两所高校赋予的试点“特权”默许甚至鼓励他们在一定程度上打破既有制度限制,为改革毕业生分配办法的探索提供了保护。在具体实践中,政府干预被限制在相对有限的程度；大学虽然无法脱离高等教育整体制度环境的限制，却得以享受相对开阔的行为策略空间。桐叶大学的一位改革亲历者回忆当时的国家—大学互动时指出：

政府在很大程度上放手了，给了我们很大的自由去探索和改革。当然了，当一个学生和某个单位共同确认意向之后，我们还是要把信息报送给教委，通过统一分配的方式下达下来。但除了这些流程上的问题外，可以说当时我们的试点没有任何限制，甚至没有什么供需见面这种具体目标，这些词语是我们通过试点汇总的，并且随后上升到政策话语里面被反复宣传的，就是你现在听到的说法。政府支持我们的方式就是放手让我们去试点。

在此过程中，两所高校都和国家教委维系了良好的沟通渠道，沟通的方式包括电话、会议和面对面的讨论等。例如，“当时我们两所大学的负责人会一起讨论到底应该怎么做，然后去和有关领导约时间，带着我们的想法直接和他讨论”，菘蓝大学一位时任领导回忆道。再例如，国家教委举办了一系列会议指导两所高校的分配制度改革试点。这些面对面的讨论和开放方式下的会议成为该项试点中核心行动者双方，即大学和国家交换想法、协商意见、避免冲突和达成共识的重要方式。凭借着有效的互动和依此构建的相对自由的行为策略空间，两所高校的试点得以平稳实施和逐步推进。

改革毕业生分配制度这一异常复杂又“牵一发而动全身”的事项不可避免地会遭受多方面的阻力。面对反对声音时，来自国家的持续认可和支持成为机构得以继续试验的关键①。例如，当时其他高校仍处在高度集中的国家统一毕业生分配制度之中，所以部分高校对于两校试点的“特权”颇有不满。同时，部分政府官员害怕这样的改革可能会造成混乱，特别是造成毕业生心态的变化，让他们不服从分配。甚至少部分人认为这些举措会造成社会的不安定，因为当时国家尚无法同时发起一系列相适应的改革措施以配合毕业生分配制度改革，造成毕业生分配制度和整体系统内其他部分不相配套②。这些配套措施包括招生制度、收费制度、劳动人事制度、户籍制

---

① 张明山.从“供需见面”试点看毕业生分配改革势在必行[J].教育研究通讯，1984(2)：47-51.

② 周大平.高校毕业生就业制度改革：50年的回顾与探讨[J].中国高等教育，1999(11)：28-29.

度以及成熟的劳动力市场等。正是这些引起争议的理由决定了这一场势在必行的改革只能通过渐进变迁的试点方式推进,“不停步、迈小步”[①]。两所试点高校试验过程中亦同样采取了渐进的策略,逐步推进改革设想。

更重要的是,该试点在实质上的核心利益相关者,即学生群体中有良好反响。对他们来说,可以在职业发展和未来命运中有一定的话语权,而不是被动地接受分配,是一种可喜的进步,这同时顺应了改革开放后个人意识的觉醒和个人—国家关系的再思考浪潮。菘蓝大学曾对300余名通过试点新办法参与分配的毕业生做过调查,其中约80%的学生表示支持这一改革[②]。学生的态度无疑为该项试点的合理性和日后政策的制定与变迁提供了证据。

随着改革的不断深入,两所高校试点逐渐暴露出一些问题。在“双向选择”的引导下,市场力量凸显。学生往往倾向于那些具有更高回报的工作岗位,如更高的薪水、更发达的城市、更可期的发展前景等。相对而言,一些比较艰苦的行业和地区往往很难招收到数量足够的毕业生,而这些行业和地区的发展对于改革开放初期国家实力的增强与地区间的平衡都具有重要意义。个人选择和国家需求的矛盾凸显已经成为当时改革所必须面对的问题之一,政府在这一情况下的介入主要体现在两方面。

一方面,政府明确要求试点单位展开多方策略引导学生自觉自愿地投入边远地区、重点企业及艰苦行业。在此方面,高校主要通过思想政治教育等方式激发学生的爱国情怀和奉献精神,比如举办讲座,邀请部分行业和地区的校友来学校宣讲等。例如,桐叶大学即曾专程邀请西北某卫星基地的校友来学校宣讲,鼓励学有所长的优秀人才到祖国最需要的地方去。

另一方面,国家通过行政手段限制学生的分配选择范围。以菘蓝大学为例,虽然在当时的试点下,学生一定程度上享受“供需见面”和“双向选择”所带来的成果,但他们的选择仍旧受限于整体的国家制度安排。国家教委规定来自偏远地区的学生需要在毕业后回到其生源地,除非当地人事部门明确表示不需要该学生返回生源地工作。对于那些非本地户籍的学生来说,如果他们想毕业后留在高校所在地,除了和用人单位达成毕业意向外,

---

① 夏应春,蔡祖端. 三年试行“双向选择”的调查综述[J]. 高等工程教育研究,1990(3):29-32.

② 袁伟. 高校毕业生分配实行“双向选择”的再探讨[J]. 社会科学,1988(12):45-48.

还受制于该年度该地区的毕业生需求和名额限制。通过劳动人事制度和户籍制度的限制，国家得以控制毕业生分配分布情况和人员流动。菘蓝大学的一位时任领导回忆道："比如上级给每个学校 100 个名额可以让那些非本地户籍的人留在我们这里工作，这其实是教育部和所在市对我们双向选择的一个限制，对我们来说是很不合理的，因为我们的学生有能力、有竞争力可以留在这里。所以我们和他们反复沟通和争取，最后给我们学校的比例提升了一些，可以让更多的学生毕业后留在本地。"

国家同时引入了"定向招生、定向就业"政策。1985 年发布的中共中央《关于教育体制改革的决定》即表示要继续推行和逐步扩大当时已经在试行的用人单位委托培养政策。具体来说，用人单位可以委托学校录取学生，并且由用人单位（而非国家）支付培养费用，在学生毕业后进入委托单位工作[①]。1988 年，国家教委发布了《普通高等学校定向招生、定向就业暂行规定》，允许工作环境比较艰苦的单位、行业和地区向各级各类高校申请定向招生，此类学生毕业后在定向的行业和地区就业，比如国防军工行业、云贵地区等[②]。与此同时，国家保留了"在必要时可以制定当年部分指导性就业计划"的权力，"提倡和鼓励国家任务招收的学生（不含享受专业和定向奖学金的学生），到工作、生活条件比较艰苦的重点单位就业，用人单位可以在国家规定的政策范围内给予优惠待遇"[③]。这通常结合了物质激励手段，如为那些前往困难岗位的学生提供资金补贴，从而在一定程度上有效地引导了学生的就业倾向，可以看作在行政引导、思想工作之外运用经济杠杆调节人才流动的表现。

总的来说，在试点初期，高速变化的政策环境、政府有意识的不干预立场和试点高校维系的良好沟通渠道共同为该试点创造并维持了一个相对开放和自由的行为策略空间，允许他们在其中打破常规，进行探索性试验。这一看似"自上而下"的试点实质上是由基层需求所驱动，并基于基层设想和

---

① 中共中央.关于教育体制改革的决定[EB/OL]. 1985-05-27. http://www.moe.gov.cn/jyb_sjzl/moe_177/tnull_2482.html.

② 国家教委.普通高等学校定向招生、定向就业暂行规定[EB/OL]. 1998-11-24. http://www.moe.gov.cn/s78/A02/zfsleft/s5911/moe_621/tnull_2716.html.

③ 国家教委.高等学校毕业生分配制度改革方案[EB/OL]. 1989-01-12. http://www.seac.gov.cn/seac/xxgk/200406/1075635.shtml.

实践而得以完成的,政府仅在出于政治考量和维系社会稳定的情况下才在后期逐渐介入。在毕业生分配制度改革的过程中,与其相关的高等教育体系,国家的人事制度、劳动制度、户籍制度等也处在不断变化之中。对各方利益相关者尤其是高校和国家的政策行动者而言,他们对于改革的必要性和复杂性早已达成了共识,并将"试错"作为改革前进的必要步骤。这正是试点及其所创设的行为策略空间在高等教育改革中重要性的体现。试点也为后期的政策制定和变迁提供了有利的证据,就此意义而言,试点可以看作中国特色的"基于证据的政策制定"。

三、从试点到毕业生就业制度改革

(一)由点到面的改革过程

1985 年 3 月,教育部批转了两所试点高校的《毕业生分配改革试行办法》。"供需见面"这一由高校先行试验提出并加以验证的改革选项逐渐扩散到全国其他高校[①]。同日,《人民日报》发表文章,提出教育部要开始改革高校毕业生分配办法,把更多的权力从国家下放到高校,在可能范围内适当照顾个人意愿,并且提出"教育部直属高校约四分之三的毕业生将由学校与用人单位供需见面,协商提出分配建议计划"的目标[②]。这无疑是对原有毕业生分配制度的重大突破,这一突破是从教育部直属高校首先开始,通过由点到面的方式铺开的。

1985 年 5 月 27 日,具有高度战略意义的中共中央《关于教育体制改革的决定》指出我国高等教育的问题在于"政府有关部门对学校主要是对高等学校统得过死,使学校缺乏应有的活力"。因此,"要从根本上改变这种状况,必须从教育体制入手,有系统地进行改革。改革管理体制,在加强宏观管理的同时,坚决实行简政放权,扩大学校的办学自主权;调整教育结构,相应地改革劳动人事制度"[③]。高等学校的招生计划和分配计划改革正是在这一重要认知和"扩大自主权"背景下提出的;毕业生就业制度改革则被看

---

① 姚裕群.中国的大学生就业与职业问题[M].台北:秀威出版公司,2008。

② 今年高校毕业生分配办法有较大改革[N].人民日报,1985-03-12.

③ 中共中央.关于教育体制改革的决定[EB/OL]. 1985-05-27. http://www.moe.gov.cn/jyb_sjzl/moe_177/tnull_2482.html.

作教育改革的突破口,“从教育状况回过头来看招生是否合适,看教学内容是否适合社会需要,因为学校教的内容对不对,课程的组织行不行,都要以就业是否满足社会需求来衡量”[①]。因此,该文件提出要改革全部按照国家计划统一招生,毕业生全部由国家统一分配的情况,赋予高校更大权力。

具体而言,招生改革的核心变化在于招生方式更具多样性,通过国家考核将国家统一招生计划与定向招生、用人单位委托招生和少量自费招生结合起来。与此对应的,毕业生分配制度也逐渐形成了国家统一的指令性计划和调节性计划结合的模式。对于那些国家任务计划下招收的学生,毕业时实行学生选报志愿、学校推荐、用人单位择优录取的政策;定向招生、委托招生等方式则可以在一定程度上保障边远地区、重点企业及艰苦行业的用人需求;自费生的招收和国家计划招生并免费培养的学生开始形成“双轨”并行,自费生的就业结合了学校推荐和个人自主就业两种渠道。《关于教育体制改革的决定》一定程度上鼓励了市场力量,促进了人才市场的形成和发展,为毕业生分配制度的进一步改革提供了日渐成熟的外部环境[②]。对高校而言,允许计划外招生和高校学生竞争就业对于提升人才培养质量也有积极作用。1985 年 7 月,国务院转发了由国家计委和国家教委制定的《关于一九八五年全国高等学校毕业生分配问题的报告》,指出办学部门、地方和高校在毕业生分配中要增强自主权,试行了“学校与用人单位直接联系分配的办法”。“供需见面”的办法在各部委及省、自治区、直辖市所属大部分高校中开始广泛推行。在逐步推广试点经验的同时,政府保持了谨慎的步调。该报告指出,改革目的是增强分配计划的合理性,而不是取消分配计划,再次强调各部门、高校和毕业生服从国家统一分配方案的重要性[③]。同年,国家分配的主要权力由国家计委转移到国家教委。

初期“供需见面”策略在更多高校实践的成功促使着国家在毕业生分配制度改革中加快步伐。不仅如此,外部环境的变化与现实矛盾的凸显呼唤

---

① 瞿振元. 高等教育招生、考试、就业改革的若干问题[M]//中国高等教育学会. 改革开放 30 年中国高等教育改革亲历者口述纪实(1978—2008). 北京:教育科学出版社,2008:88-101.

② Lewin, K., Xu, H. Rethinking revolution: Reflections on China's 1985 educational reform [J]. Comparative Education, 1989, 25(1): 7-17.

③ 国家计委,国家教委. 关于一九八五年全国高等学校毕业生分配问题的报告[EB/OL]. 1985-07-11. https://www.66law.cn/tiaoli/148578.aspx.

着改革的深化。例如,1987 年出现了较为引人注目的毕业生分配后被用人单位退回的情况——“不光北京,其他地方也有,如上海退 252 人,江苏退 198 人;一些名震全国、名震一方的大学,也都遇到了退生问题:北京大学 58 人、中国人民大学 50 人、复旦大学 62 人。此外如天津大学、南京大学、山东大学、武汉大学、四川大学等等,都有毕业生被退回。”[①]对于用人单位来说,他们主体意识与自主权的不断加强使其在劳动力人才市场中拥有越来越多的话语权。1988 年,国家教委发布《关于改革 1988 年毕业生分配工作的通知》,明确提出要推广桐叶大学和菘蓝大学毕业生分配改革的经验。国家教委进一步选取了两所重点学校进行试点,进一步测试前期试点经验在扩散过程中可能遇到的问题和解决方案,并且鼓励有条件的高校普遍推广学生选报志愿、学校推荐、用人单位择优录取的办法,即“双向选择”。当然,对于“有条件”的解读仍旧是模糊的。

进而,1989 年 3 月 2 日,国务院转批了国家教委《关于改革高等学校毕业生分配制度的报告》和《高等学校毕业生分配制度改革方案》。在该方案中,决定“把高等学校的招生计划分为国家任务招生计划和社会调节性计划……逐步将毕业生计划分配就业制度改为社会选择就业制度”。对于国家任务招生计划下的学生,他们在毕业时可以进行双向选择,但是仍旧要“按照有关规定在一定范围内选择职业”,并且国家“在必要时可以制定当年部分指导性就业计划”,以保障边远地区、重点企业及艰苦行业的人才需求。对于通过联合办学、委托培养和自费这些调节性计划渠道入学的学生,要求按照规定就业或鼓励自主择业。同时,政府提出要在中央、各地区和各部门、高校建立毕业生就业指导机构,配合分配制度向就业制度的平稳过渡。该方案指出改革的长期目标是让毕业生在就业选择中具有更多的自主性,这是对中国长期实行的毕业生分配制度的明确突破,标志着由国家主导下高度集中的毕业生分配方式逐渐转变为劳动力市场下毕业生就业制度,高校、毕业生和用人单位的发言权和决策权进一步增强。该报告要求国家教委直属院校在 1989 年招生时全部采用新方案,其他高校争取在 1990 年全面实行。在具体实践中,1989 年国家教委直属院校以及机电部、北京市等

---

① 用人之秋话分配——1987 年大学生毕业分配面面观[N]. 人民日报,1987-11-09.

部委、省市所属的百余所院校均在招生时采取了这一办法[①]。

1993年,《中国教育改革和发展纲要》明确指出要继续改革高等学校的招生和毕业生就业制度。一方面,在国家任务计划和调节性计划招生体制下,逐步实行收费制度。另一方面,"改革高等毕业生'统包统分'和'包当干部'的就业制度,实行少数毕业生由国家安排就业,多数由学生'自主择业'的就业制度"[②]。国家任务计划招生的学生实行"供需见面""双向选择"的措施,而大部分学生采取"自主择业"的政策可以看作对原有毕业生分配制度的根本性打破。1994年,国家教委公布《关于进一步改革普通高等学校招生和毕业生就业制度的试点意见》,明确停止国家行政分配,指出应通过方针政策、奖学金制度和社会就业需求信息等方式引导毕业生的自主择业[③]。自此,原有的国家指令性计划和调节性计划开始并轨。国家要求所有高校在1997年开始试行该政策,并于2000年前完成新的毕业生就业制度改革。"我们提出的双向选择逐渐在全国范围内实行,我们的试点也成了其他高校借鉴的对象之一",诚如试点高校的一位改革负责人在访谈中所述,这一系列政策文件正是在桐叶大学和菘蓝大学两所高校改革试点基础上的发展。

但这一新制度仍旧存在对于完全"自主择业"的部分限制。例如,政府保留了对国家任务招生计划下学生毕业时进行分配的权力。以1994年为例,针对当时部分单位人才急需的情况,国家教委在国家教委直属高校和其他部委直属高校中分配了6800名学生前往全国各地500个单位就业[④]。再例如,国家要求高校开设课程为毕业生提供就业指导,通过正确的价值引导,鼓励毕业生在就业选择中平衡个人与国家的利益关系。这些都可以看作政府在试点扩散阶段的干预。总的来说,在由点到面逐步扩散的过程中,国家通过发布一系列行政规章规范高校利益相关者的行为策略,并借此不断修正改革举措以适应中国高度异质的机构环境和不断变化的社

---

① 国家高级教育行政学院.中国高等教育体制改革世纪报告[M].北京:人民教育出版社,2001:175.

② 中共中央,国务院.中国教育改革和发展纲要[EB/OL].1993-02-13. http://www.moe.gov.cn/jyb_sjzl/moe_177/tnull_2484.html.

③ 国家教委.关于进一步改革普通高等学校招生和毕业生就业制度的试点意见[EB/OL].1994-04-07. http://www.law-lib.com/law/law_view.asp? id=10348.

④ 郝维谦,龙正中.高等教育史[M].海口:海南出版社,2000:538.

会情境。

在计划经济体制下的传统毕业生分配制度中,大学的作用极其有限。在试点特别是前期试点阶段,大学被赋予了更大的权力。20 世纪 80 年代中期前后所发布的一系列文件均强调要加强高校在毕业生分配就业中的重要性,指明“学校推荐”是联系个人、单位和国家分配方案的重要媒介。随着毕业生个体与用人单位直接见面和“双向选择”改革的不断深入,学校的权力在一定程度上被削弱了,毕业生和用人单位的权力则得以不断增强。图 5-4 展示了该时期中国的毕业生就业流程。

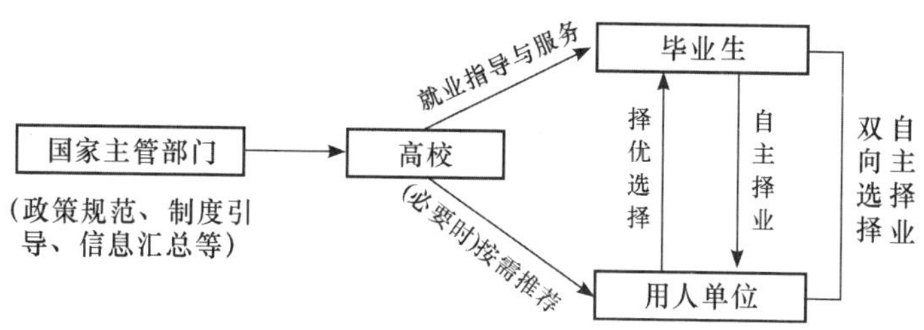

图 5-4　中国高校毕业生分配与就业制度变迁(深入改革阶段,1988 年—21 世纪初期)

进入 21 世纪以来,中国社会主义市场经济初步建立,一个日渐成熟的竞争性劳动力市场为上述政策变迁的完全实现提供了可能。2000 年,教育部将毕业生就业时的“派遣证”改为“报到证”。2002 年,国务院办公厅转发教育部等部门的《关于进一步深化普通高等学校毕业生就业制度改革有关问题的意见》,对前一阶段的改革进行了制度性的总结和归纳,再次强调中国实行的是“市场导向、政府调控、学校推荐、学生与用人单位双向选择”的毕业生就业机制①。事实上,在此之前,市场已经在高校毕业生就业中发挥了重要作用,但是该《意见》的发布“在国家层面自上而下地确立了市场导向的重要性”,一位 20 世纪 90 年代的教育部官员评论道。

从 20 世纪 80 年代初期高校在国家授意下的试点活动,到 1985 年经由试点提出的创新改革选项,“供需见面”“双向选择”的办法逐步扩展到全国范围,使中国得以平稳地实现了从高度集中的国家统一毕业生分配制度

---

① 教育部,公安部,人事部,等. 关于进一步深化普通高等学校毕业生就业制度改革有关问题的意见[EB/OL]. 2002-02-08. http://old. moe. gov. cn/publicfiles/business/htmlfiles/moe/moe _ 24/200501/5531. html.

到以市场为导向的毕业生就业制度的转变。这一政策变迁的过程历经十余年,充斥着各级各类利益相关者的反复互动与协商。表 5-1 回顾了这一基于试点的改革中的重要节点,并基于本案例总结了机构试点引发政策变迁的一般流程。

表 5-1　中国高校毕业生分配与就业制度改革变迁过程

<table>
<tr><th colspan="2">时段</th><th>关键事件描述</th><th>试点引发政策变迁</th></tr>
<tr><td>改革前</td><td>1983 年前</td><td>高度集中的国家统一毕业生分配制度:教育部汇总各级各类高校毕业生情况,各部门、各地区汇总本系统或地区用人单位需求情况,由国家计委制定高校毕业生分配方案,经国务院批准成为具有权威性的国家分配计划。各高校执行分配计划并派遣毕业生。国家行政干预特征强烈,学生在此过程中没有发言权和决策权</td><td>现实问题的驱动</td></tr>
<tr><td>试点
阶段Ⅰ
(1983—1984 年)</td><td>1983 年</td><td>国家初步选取四校进行试点。其中,桐叶大学和菘蓝大学试行高校和用人单位间初步“供需见面”的举措,在协商基础上由高校推荐并纳入国家统一毕业生分配计划,学生服从分配</td><td>试点初期:高校在国家授意下进行初步探索,主要集中在高校内部实践</td></tr>
<tr><td rowspan="3">试点
阶段Ⅱ
(1985—1987 年)</td><td>1985 年</td><td>国家正式指定桐叶大学和菘蓝大学作为试点探索毕业生分配制度改革,经实践摸索出“双向选择”的改革选项。学生具有了一定的选择权,但其选择仍旧高度受限;高校在分配过程中的权力加强,通过“推荐”发挥着协调各利益相关者的作用</td><td rowspan="3">试点时期:
通过试点生成创新性改革选项——国家认可与政策支持——由点到面扩散</td></tr>
<tr><td>1985 年</td><td>国家教委高度赞赏试点高校的探索及成绩。《关于教育体制改革的决定》释放出明确的毕业生分配制度改革信号,并以此作为高等教育体制改革的切入点</td></tr>
<tr><td>1985—1987 年</td><td>试点高校的改革不断深化,允许毕业生和用人单位通过供需见面会等方式直接联系,用人单位择优录取,但其就业意愿仍旧需要通过高校推荐纳入国家统一分配方案中。全国范围内,高校逐渐开始实行“供需见面”举措</td></tr>
</table>

续表

时段		关键事件描述	试点引发政策变迁
深入改革阶段(1988年—21世纪初期)	1988—1989年	国家教委在全国范围内宣传“双向选择”等试点经验,并进一步选择两所高校作为试点进行测试。对试点经验和成果的认可通过政策文件在国家层面予以确认,高校毕业生计划分配就业制度逐步改为社会选择就业制度	由点到面时期:政策变迁——原试点成为典型示范,试点经验经不断修改在全国范围内扩散——改革的完成
	1989—1993年	“双向选择”方式在全国范围内逐步推广,学生选择的限制减少,毕业生和用人单位的发言权和决策权增强。国家通过定向招生、委托培养以及保留制定指导性就业计划的权力保障边远地区、重点企业及艰苦行业的人才需求	
	1994年—21世纪初期	国家出台一系列政策,指出要通过方针政策、奖学金制度和社会就业需求信息等方式引导毕业生的自主择业,后期确立“市场导向、政府调控、学校推荐、学生与用人单位双向选择”的毕业生就业机制。国家行政分配力量退位,市场力量成为主导,作为劳动力供需主体的毕业生和用人单位具有就业决定权	

作为授权型试验,该案例颇为圆满地完成了政策试验赋予的重要使命,即生成创新性政策选项,测试其可行性,并在政策扩散阶段作为典型示范。借此,中国高等教育得以完成了一场“静悄悄的革命”,在相对平稳的状态下实现了这一极其复杂的制度转变[①]。这一转变对于个体学生、高校、高等教育和社会发展都具有重要意义,且与当时国家高等教育其他改革齐头并进(如招生制度改革)或相互推动(如教学改革),共同促进着高等教育体系回应并适应中国快速变化的社会经济情境。以政策试验为切入视角,本章进而依托对于高校毕业生就业制度改革案例的讨论对其反映的宏观制度环境进行考察。

(二)从毕业生就业制度改革看中国高等教育变迁

从新中国成立到改革开放前,中国被广泛地看作“全能主义”的权威国家[②],是以“社会的政治中心、意识形态中心、经济中心重合为一,国家与社

① 中国高等教育学会. 改革开放30年中国高等教育发展经验专题研究(1978—2008)[M]. 北京:教育科学出版社,2008:100.

② 邹谠. 二十世纪中国政治:从宏观历史与微观行动的角度看[M]. 香港:牛津大学出版社,1994.

会合为一体以及资源和权力的高度集中"为特征的"总体性社会"[①]。国家在人力资源、物质资源等资源配置中占据绝对主导地位。其中，人力资源配置的重要途径即当时实行的国家高度集中的毕业生分配制度和全国范围内政府管理下的用人单位网络。主导此毕业生分配制度的国家行政分配权力同时伴随着政府持续的政治宣传和意识形态传递——国家集体利益高于个人职业志趣，国家行政命令高于个人择业意愿。这一价值判断被逐步内化成为影响高校毕业生的重要价值和道德观念。正是在行政权力和话语权力的双重影响下，高校毕业生接受并服从国家分配成为当时不容置疑的价值准则。

改革开放后，市场和社会力量的逐渐加强暴露了毕业生分配制度的种种问题。例如，信息交换不充分造成人力资源配置不合理，"统包统分"政策造成学生积极性和自主性下降。对于毕业生来说，个人意识的逐步觉醒意味着个体对于自由和选择的重视与追求，这种追求必然与国家行政分配力量形成矛盾。这也是为何这一试点可以在一定程度上看作"去国家化"的毕业生就业制度体系的建立的原因[②]。对于国家来说，经济体制、政治体制和社会体制的改革客观上要求着作为高素质人力资源主要供应者的高校进行改革并与之适配，国家宏观发展目标与个体和机构需求趋向一致。毕业生分配制度改革的试验探索正是在这一背景下发起与发展的，其成功可以归因于以下方面。

首先，该改革是以试点的名义展开自由探索，并以试验的方式缓慢推开的。在试点阶段，国家对于试点高校的行政干预被控制在有限范围，两所高校进行了行之有效的合作，国家—大学通过良性互动共同建立并维系了相对开阔的行为策略空间。该行为策略空间允许试点高校在一定程度上打破原有的制度限制，避免实质性的干扰和阻碍，对毕业生分配与就业这一异常复杂的问题展开自由探索。试点过程中，通过"试错"的渐进方式生成可操作的策略选项，平衡各类利益相关者的权力关系并经协商达成共识。从试点伊始阶段，这一改革就在国家授权下稳步推进，其目的即在于探索并生成

① 孙立平，王汉生，王思斌，等.改革以来中国社会结构的变迁[J].中国社会科学，1994(2)：47-62.

② 赵晔琴.从毕业分配到自主择业：就业关系中的个人与国家——以1951—1999年《人民日报》对高校毕业分配的报道为例[J].社会科学，2016(4)：73-84.

可以进入议程设定的改革选项,并为后续全国范围内的政策扩散提供实践上的依据。

其次,制度环境在制约改革的同时,也召唤并允许了毕业生分配制度改革的推进,其发生、发展与扩散的步骤与制度环境的变化是同步的。1993年,中共十四届三中全会明确提出中国经济改革目标是建立社会主义市场经济,这标志着市场将作为我国资源配置的基础性力量,同时意味着与原有计划经济体制相适应的众多体制机制的过时。社会主义市场经济的建设与发展在根本上要求着人力资源配置方式和劳动人事制度的变革。市场力量特别是私人企业的发展使竞争成为必要,促进着市场机制的形成。个人、高校、政府、用人单位和社会被共同交织在这些动态变化的力量之中,集中的国家统一毕业生分配制度到"双向选择"为特征的毕业生就业制度的过渡正是内嵌于此背景。

同时,大学毕业生分配制度改革符合并顺应了中国政府在20世纪80年代所提出的宏观高等教育发展目标,即增强高校自主权,逐渐改变政府过多行政干预的主题。在该趋势下,高等教育体系内部的其他制度亦处在不断变革中。例如,从国家资助的免费高等教育逐渐过渡为收费制度,从中央统一计划招生过渡为国家任务计划和指令性计划并行的招生体制等。这些计划本身构成了国家对高等教育的宏观设计,与后续的高等教育改革一脉相承。随着指令性计划的出现,国家统一招生和分配制度被进一步打破。高等教育规模的不断扩张更预示着毕业生资源的稀缺性相对减弱。1998年国务院和国有单位的大规模机构重组和人员精简一定程度上也降低了国有用人单位供给职位的能力。这些因素都指向了毕业生就业市场化的必要性和重要性。

这些系统的相互连接导致毕业生就业是一个极其复杂且深受制度环境影响的领域,决定了通过政策试验由点到面的改革扩散阶段必须与制度环境的变化发展相一致,必须步调缓慢且谨小慎微。正如前文所述,20世纪80年代中期开始,政府便通过出台相应政策先后在各级各类高校实行"供需见面""双向选择"的改革。但在实践上,"直到90年代初,全国大部分毕业生仍旧需要服从国家行政分配……而没有实质性的变化"[①]。其实这并

① 国家高级教育行政学院.中国高等教育体制改革世纪报告[M].北京:人民教育出版社,2001:177.

不难理解,不完全的劳动力市场、弱市场机制和社会力量、强政府与对既有制度安排的路径依赖,这些因素都使得即使是“正确”的改革选项也需要缓慢地推行,该过程充斥着多方利益相关者的反复论证与协商共识。例如,即使在1997年招生并轨计划政策出台的背景下,政府仍明确指出,“毕业生有执行国家就业方针、政策和根据需要为国家服务的义务。必要时,国家采取行政手段,安置毕业生就业”。同时,鼓励“国家教委直属学校毕业生面向全国就业,其他部委所属学校毕业生要面向本系统、本行业就业,地方所属学校主要面向本地区就业”①。这些部委学校与当时高等教育行政分级体制紧密相关。高校分属于国家教委、其他部委和各省、自治区、直辖市,因此其所属高校毕业生就业需要优先考虑该地区和该系统内的用人单位需求。故而对于毕业生自主选择和自由流动的限制的打破,客观上要求着更为宏观的制度变化。因此,直到国务院机构改革中废除15个部委,并将绝大部分的部委高校行政隶属转移到国家教委(于1998年重新更名为教育部)后,这一限制才得以打破②。

本案例为我们展示了政策试验这一具有中国特色的改革机制在漫长而复杂的毕业生分配与就业制度改革中展现出的重要作用。一方面,通过试点协调利益相关者,生成创新性策略选项,为政策倡导者提供行动和改革依据。另一方面,通过由点到面的逐步扩张,在促进高校间学习的过程中借行政力量得以规范改革行为,使其在可控情境下与社会发展改革达成同步。这样一种谨慎而渐进的改革方法正是我们理解具有中国特色的高等教育的重要视角。

借由毕业生分配与就业制度改革案例,我们亦可一窥改革开放前后至新世纪之交这一复杂多变时期国家、社会和个人的关系变迁。中国的历史沿革、文化传承、制度安排与国家发展阶段等多重因素共同造就了新中国成立后“强政府”而“弱社会”的现实情境。改革开放后,基层需求经由国家授权的试点生成行之有效的策略,并以“供需见面”“双向选择”的政策创新引导毕业生分配与就业制度改革。与之相对应的中国经济体制与社会体制的

---

① 国家教委. 普通高等学校毕业生就业工作暂行规定[EB/OL]. 1997-03-24. http://www.moe.gov.cn/s78/A02/zfs__left/s5911/moe_621/tnull_2721.html.

② 蔡克勇. 20世纪的中国高等教育:体制卷[M]. 北京:高等教育出版社,2003.

种种改革促使着中国“社会结构由总体性社会向分化性社会转变;社会整合由行政性整合向契约性整合转变;国家与组织(单位)的关系由总体生存模式向独立生存模式转变”①。该外部情境的变化构成了毕业生就业制度渐进改革的宏观制度环境。伴随着市场力量的兴起与社会力量的发展,自我价值的实现和个人目标的追求在个体职业与社会关系选择中日益占据主导位置,国家行政力量不断退位,这一职能转化与我国建设现代型政府和现代型国家的制度设计亦是一脉相承。

四、小　结

在本书提出的概念框架中,授权型试验通常指由政府根据某项宏观政策目标,通过指定具体高校作为试点单位而发起的探索性改革;试点高校通过实践,或是探索出解决某项具体问题的方法和程序,或是勾勒出实现某项政策目标的策略和手段,并希冀通过由点到面的方式扩大影响,甚至引发全国性的改革。作为授权型试验的典型案例,本章探讨了 20 世纪 80 年代中期前后高校为探索毕业生分配与就业制度改革所做出的努力及其深远的政策影响。

在本案例中,政府指定桐叶大学和菘蓝大学作为试点单位先行探索,本章首先考察了该过程中两校的理性选择和行为策略。在面临异常复杂的改革议题时,两所高校通过合作,维系了与国家良好的沟通渠道,从而在有限的政府干预下构建了高自由度的改革空间。通过对试点过程的深描,本章重构了两所高校在提出并实践以“供需见面”和“双向选择”为特征的毕业生分配方式的过程,以及其中各类利益相关者的协商共识。这一看似自上而下的授权型试点的背后驱动力恰在于自下而上的行动者需求及当时高度变革中的社会、经济和政治体制改革的必然要求。本章同时考察了试点发展阶段国家的改革认知和行为策略。在“供需见面”和“双向选择”策略所带来的问题日渐突出时,国家在试验过程中的行政干预力量亦随之加强,例如,通过行政命令手段限制分配的范围,通过定向招生等方式保障边远地区、重点企业及艰苦行业的用人需求等。

通过反复测试,由试点高校生成的改革选项通过由点到面的方式逐步

① 孙立平,王汉生,王思斌,等.改革以来中国社会结构的变迁[J].中国社会科学,1994(2):47-62.

向全国推广。以机构改革为切入点，本章进而探讨了20世纪80年代中后期以来中国社会发展和改革所面临的复杂制度环境。在这一环境的制约之下，国家政策行动者和高校利益相关者在漫长而反复的协商与博弈过程中完成了从高度集中的国家统一毕业生分配制度到以“双向选择”为核心的毕业生就业制度的过渡，从而奠定了当代中国高校毕业生就业体制的基本形态。

第六章　探索型试验：现代远程教育建设

一、改革背景

近 20 年来，中国远程教育经历了长足的发展，现代远程教育体系从无到有，以网络教育为主要手段的远程教育规模不断扩大。仅 2004 年到 2015 年，在线网络教育已经服务了 1000 万以上的学生①。中国大力发展远程教育的背后逻辑和国家宏观战略发展目标是一致的。进入新世纪以来，世界范围内对于终身学习社会的倡导无疑要求着国家为各年龄段人员提供受教育的渠道，远程教育则是全民学习、终身学习战略驱动下的重要组成部分。与此同时，远程教育对提高国民素质，实现教育信息化，改善地区间教育不平衡状况均有积极意义，这些都是关乎国民经济发展和社会稳定的重要内容。在此逻辑下，中国政府通过政策倾斜、资金扶持等多种方式促进远程教育发展。1998 年颁布的《面向 21 世纪教育振兴行动计划》中明确将实施现代远程教育工程作为国家发展的重要任务②。中国新时期重大国家战略《国家中长期教育改革和发展规划纲要（2010—2020 年）》中提出要“大力发展现代远程教育，建设以卫星、电视和互联网等为载体的远程开放继续教育及公共服务平台，为学习者提供方便、灵活、个性化的学习条件”③。

“现代远程教育”一词与传统远程教育对应，主要指随着现代信息技术发展而产生的新型远程教育模式。自 1949 年新中国成立以来，远程教育以

---

① 国家统计局[EB/OL]. http://www.stats.gov.cn/tjsj/.

② 教育部. 面向 21 世纪教育振兴行动计划[EB/OL]. 1998-12-24. http://www.moe.gov.cn/jyb_sjzl/moe_177/tnull_2487.html.

③ 中共中央，国务院. 国家中长期教育改革和发展规划纲要（2010—2020 年）[EB/OL]. 2010-07-29. http://old.moe.gov.cn/publicfiles/business/htmlfiles/moe/info_list/201407/xxgk_171904.htm=0965.

函授教育形式获得初步发展。函授教育主要通过通信的方式进行远距离的教学,学生通过自学教材和通信答疑的方式学习。函授教育学生在通过国家高等教育自学考试(成人自考)后,可以获得毕业证书,国家认可学历的合法性。20 世纪 80 年代,一种新型远程教育模式逐步发展起来,即广播电视教育。顾名思义,广播电视教育运用广播和电视作为实现远距离教学的手段。当时广播电视教育的主要载体是中央广播电视大学,作为教育部直属高校面向全国开展远程教育,而相关教材、课件等教学资源则由各普通高等学校提供。这一时期的远程教育以单向沟通为特征,即教师授课,学生被动接收教学信息。同时,远程教育被普遍认为是低层次的教育,教育资源质量和社会认可度均不及正规高等教育。

1998 年颁布的《中华人民共和国高等教育法》明确指出"高等教育包括学历教育和非学历教育。高等教育采用全日制和非全日制教育形式。国家支持采用广播、电视、函授及其他远程教育方式实施高等教育"[①]。这是"远程教育"第一次出现在中国的法律文件中,该法理上的认可有助于一定程度上消除对于远程教育的歧视,促进远程教育的实践发展。20 世纪 90 年代末期,信息技术迎来了迅速发展,为以技术手段为核心的远程教育发展提供了新机遇。

在此背景下,1999 年 3 月,教育部指定四所大学作为试点探索远程教育的新方式,投射了国家试图建设以信息技术和网络通信为基础的第三代远程教育的信号。随后,教育部先后选取了若干所高校作为试点,并发布了一系列政策文件和规章制度引导现代远程教育体系的建立。这一由点到面改革扩散的势头于 2002 年开始逐步放缓。直至 2014 年,全国范围内仍旧只有 68 所作为现代远程教育试点的高校具有网络高等学历教育招生资格。换言之,只有这些试点高校才具有网络教育合法招生与授予学位的权力。2014 年,国家取消对于网络学历教育的审批权,标志着试点阶段的结束和现代远程教育发展的新阶段。

站在今天来看,距离国家首次选取四所高校进行试点已经过去了 20 余年,这 20 余年见证了现代远程教育的高速发展与渐入平缓。但这一看似自

---

① 全国人民代表大会. 中华人民共和国高等教育法[EB/OL]. 1998-08-29. http://www.people.com.cn/item/faguiku/jy/F44-1020.html.

上而下的试点远比政策文件上的零星话语要复杂得多。事实上,中国现代远程教育建设是由一所大学在1996年发起的自主试验拉开帷幕的,后经政府程序转变为自上而下的试点。此过程起源于高校的自主创新与大胆试验,更充满了不同利益相关者的互动与博弈。因此,作为探索型试验的典型案例,本章选取中国现代远程教育建设作为案例研究。本章选取天冬大学(化名)作为主要子案例,重构其在多重挑战下自主发起并推动远程教育改革试验的过程,着重考察在有限行为策略空间中核心行动者的现实认知、理性行为和共识达成。当这一机构创新方式获得国家认可并通过自上而下的试点方式扩散时,本章进而选取了苏木大学(化名)作为次要子案例,展示了在由点到面的政策试验过程中国家干预的手段,以及由此所限定的改革创新空间。通过对本案例的深入描述和分析,本章试图勾勒出机构自主创新进入议程设定并引发改革的一般过程,并探讨影响行为策略空间的构建与维系的主要因素。

二、一场高校的自主试验

1994年,天冬大学时任校长访问美国的国家技术大学(National Technological University, NTU)。NTU建立在美国多所理工学院和管理学院合作基础上,通过卫星传输提供硕士阶段的远程教育课程。这次访问对代表团触动很大。此时正值中国建立社会主义市场经济初期,人才培养及企事业单位人员职业培训的需求旺盛。NTU充分运用技术手段向在职人员提供培训的方式引起了该校校长的思考:是否可以将类似方式迁移到中国情境下,来促进中国的教育发展。一位该校的受访者回忆道:“那次访问让他下定决心要通过新技术手段来革新远程教育。”

几乎是同一时期,政府于1993年发布的《中国教育改革和发展纲要》提出要“积极发展广播电视教育和学校电化教学,推广运用现代化教学手段”①。国家重视远程教育和鼓励现代化教学手段的政策导向和该校时任领导人的改革设计不谋而合。在这一背景下,天冬大学的领导层走上了自主探索现代远程教育之路。

---

① 中共中央,国务院. 中国教育改革和发展纲要[EB/OL]. 1993-02-13. http://www.moe.gov.cn/jyb_sjzl/moe_177/tnull_2484.html.

在获得校内部分领导和教职人员的支持后,1996 年 2 月,天冬大学正式提出建设现代远程教育的设想。校内相关人员首先进行了深入的调研,甚至赴美访问以探寻最适合中国国情的远程教育之路。与当时西方很多国家相比,中国的信息技术发展相对缓慢,特别是网络基础建设极其薄弱,使得凭借网络以达到远程教育的高效化和高收益十分困难。在当时,全国范围内有线电视和卫星传输技术正迅速发展,在此背景下,天冬大学决定借助卫星传输手段作为革新远程教育的方式。1996 年 5 月,学校召开首次全校继续教育专题讨论会,在统一思想的基础上,校务委员会通过了《现代化远程教育工程项目建设书》,这场以试验为名的现代远程教育改革就此拉开序幕①。

该校的远程教育试验计划将卫星电视网络的"天网"和中国教育科研网的"地网"相结合,从而实现教育资源高效、快速的传输和师生之间的双向交流。随后,高校政策行动者开始着手推进实现这一改革设想。

为获得国家的支持,天冬大学于 1996 年向国家教委递交了申请,希望通过现代远程教育手段为企业培养高层次人才,从而提高其受教育水平和工作能力。同年 11 月,国家教委直属高校工作办公室和研究生工作办公室先后做出批示,"原则上同意你校选择合适的合作单位,利用先进的通信手段和多媒体技术,以远程教育的方式试行工程硕士生的部分课程教学……工商管理硕士(MBA)教育在我国起步较晚,目前暂不宜用远程教育方式进行",这被详细地记载于该校档案资料中。在获得相关部门的初步批准后,天冬加快了其探索的脚步。

1997 年春,学校的广播传输基本体系已经建构完成。从后续实践发展来看,"天地合一"的设想主要通过远程教育系统所包含的三种传输途径来实现,即卫星、有线电视网和现代网络。由于当时中国发展阶段的限制,无论哪种方式都不能单独作为支撑远程教育发展的技术手段,需要在实际运用中互补。这三个网络共同为"现代远程学习提供了新方法",当时直接参与到此项改革的一位高校知情人指出。

具体而言,第一种方式中,天冬大学将学习资料(包括教学视频、多媒体课件等)通过校内基站发射到亚洲二号卫星,利用 Ku 频段转发器的专用宽

① 丁兴富,吴庚生. 网络远程教育研究[M]. 北京:清华大学出版社,2006.

带信道,这些多媒体形式的教学资料可以传送到全国各地安装有卫星接收站的校园中,实现在全国范围内的传播。接收端则可以通过集中建成的卫星地面远程基站实现教学资料的迅速接收。在以前,远程教育传播的速度较慢,范围不广。通过这种方式,即使偏远地区也可以通过建设接收站来获取优质教学资源,而接收设备的价格相对低廉。美中不足的是,学习者需要聚集到指定的卫星接收点收看课程,因此对于空间的限制较为明显。

第二种方式是将学习模块通过卫星传送到有线电视网络或者有线宽带网。这种"点到面"的传输方式使得学习者可以充分利用有线网络接收教学资源。在此过程中,该校的创新之处在于运用了新型的电子压缩技术代替传统的模拟压缩技术。通过这种方式,学习模块和课程资料可以直接快速地传送到安装了有线电视的千家万户之中,具有较高的灵活性和便捷性。高校利用卫星传输数据,提高了效率并降低了每门课程的传输费用;对于学习者而言,价格亦较为低廉。

第三种方式是借助网络。作为现在远程教育的主流方式,网络在该校改革初期起到的作用并不大。一方面,20 世纪末期网络在中国尚处起步阶段,互联网的发展主要集中在部分大中城市。在偏远和贫困地区,网络或者还未发展,或者速率低下、带宽不足、传输速度极慢,因此通过网络手段进行全国范围内的远程教育教学,如高质量的音频流和视频流,高质量的远程交互学习的可行性很低。另一方面,对于个体来说,网络相对昂贵,学费、网络接入费、电话费等学习成本负担较重。因此该校虽然建设了远程教育网站和教学在线平台,使得交互或非实时教学与双向沟通成为可能,但这样做"初期投资大,占用卫星频道资源",一位远程教育专家在访谈中评论道,"而且在最初改革的时候起到的作用并不大"。

显而易见,卫星入网传输是实现该校构想的重要环节,也是试点的核心。当时,只有亚洲二号是运用 Ku 频段传输的卫星,可允许数字化传输,而其他卫星均使用频率较低的 C 频段。如何获取这样一个卫星信号通道成了摆在该校面前的难题。1997 年 3 月,该校向国家教委电教办提交了《关于拟建立远程教育卫星传输网的报告》。当时一位主导改革的知情人回忆道,经过多方协调,学校通过校友网络租借了一个卫星通道,借用亚洲二号卫星传输系统,首先在校园内部开始试验。"当初步成功后,我们便开始了基础设施建设,首先在校园内建立了一个 4.5 米 Ku 频段的卫星电视上行站,作为远程教育的发射端,同时开始建设直播教室。"初步成功后,同年5月,天冬大学再次利用校友网络从亚洲卫星公司以当时市场价格的一半租用了亚洲二号Ku频段发射器。

不难想象,即使是在同校范围内,利用现代技术革新远程教育也需要极高的试验成本,基础设施、仪器设备、卫星租借费用和后续运行费用都需要大量的资金投入。长期以来,中国高等教育实行的是国家办学,政府是高校的主要资助者,加之20世纪90年代末期市场发育尚不成熟,使得高校获取资金的其他渠道相对受限。当时国家教委对于远程教育的设计是由政府出资支持其直属高校,即中央广播电视大学作为唯一载体而实现,因而政府并没有资金来支持天冬大学的自主改革。

事实上,财政上的挑战的确成为试验初期的重要阻碍因素,该校内部各利益相关者对于"资金从哪里来"的担忧是显而易见的。因此,试验倡导者在试图说服校内人员齐心协力的同时,也积极寻求多方资助。在对于现实情况的清醒认知和改革的迫切要求之下,该校将目光投向政府之外的资源,并最终成功获取了一位来自港澳地区的工业巨头的大额资助。在访谈过程中,该项改革的领导者还可以回忆起当时这位捐助人的慷慨解囊,"他本来准备直接捐助我们所需资金的一半,我们已经很开心了。当天晚上,我接到电话,他决定直接资助我们所需要的全部资金,这样我们就不用去别处找了"。在该校利益相关者看来,该举动是出于他对该校远程教育改革目标的认可,相信通过改革能够对中国未来发展做出贡献。无疑,这笔捐款极大地解决了天冬大学的燃眉之急,同时争取到了学校内部的人员支持。

在财政困难解决后,天冬大学开始筹建远程教育卫星电视传输网和全国各地40余个远程教育校外站,通过卫星进行远程教育试播[①]。1997年11月,天冬大学先后发布《远程教育管理通则》《培训类课程管理办法》《进修研究生课程管理办法》等一系列规章,为该校现代远程教育的实施铺平道路[②]。

在此之前,远程教育均是单向沟通渠道的形式,依靠广播、电视、通信等

① 教育部科学技术司.《面向21世纪教育振兴行动计划》"现代远程教育工程"项目进展报告(前言和前两部分)[R/OL]. 2003-09-10. http://old. moe. gov. cn/publicfiles/business/htmlfiles/moe/s3335/201001/xxgk_82288. html.

② 李平源. 远距离教育的新思路[J]. 重庆电大学刊,1998(4): 23-25.

手段作为媒介的远程教育是以知识的单向流动为教学基础的被动学习机制。通过卫星通信手段传输资源,并依托有线电视网和宽带网络,辅助以网络手段,可以实现异地教学和双向交互。天冬大学运用当时世界最先进的数字压缩编码技术和交互视频回传系统建设虚拟课堂,进一步打破了远程教育对于时间和空间的限制。新型数字压缩编码技术的应用与卫星传输手段的结合使得远距离、高效率、低廉的大规模教学资源传播成为可能。在以前,教学资料主要通过较为受限的模拟传输实现,而新型电子压缩技术降低了对于带宽的要求,极大地提高了效率。这对降低远程教育成本,扩大远程教育供给范围具有积极意义。与此同时,学生的学习成本下降,而灵活性、便捷性提升。这一改革设计和技术应用是在对当时中国现实情况的清醒认知下提出的,中国地缘广袤,地区间经济、科技发展极度不平衡,因此在供给远程教育资源的时候需要充分考量其覆盖面和成本收益比。

可以说,这是一场以技术为主导,以技术为实现手段的创新试验。在改革初期,技术上的困境也构成了高校面临的主要挑战之一。例如,学校需要设计并且建造用于卫星传输和接收的机顶盒,更需要从无到有地创建远程教育所需要的新系统。天冬大学成功地克服了这一挑战。这在一定程度上要归功于该校长期对于理工科的重视、理工科资源与人才的完备和迎难而上的工科精神所构成的校园文化。天冬大学这一内在资源优势和文化精神,也影响了其改革行动者,使之积极主动地采取行动;即使在面临多方挑战的时候,仍旧不改初心,在平衡各利益相关者的基础上实现了其改革诉求。

三、利益相关者的共识达成

在克服技术上和财政上的困难后,天冬大学的现代远程教育仍旧面临一些行政上的干预和阻挠,特别是来自教育部(包括国家教委时期,下同)部分官员的反对。需要指出的是,这一行政干预并不是机构层面上的"禁止",更多地来自不同利益相关者的认知冲突。因此,本节主要探讨在此过程中天冬大学所面对的不同利益相关者认知及其共识达成的过程。

对于高校而言,通过卫星通道进行远程教育传输首先需要在学校内部建设合法的发射源,即基站,还要求学校获得卫星传输的相关许可。这一合法性认可的行政机关是当时的国家无线电管理委员会。然而,该机构批准动用卫星推进改革的前提是有其上级主管机关为学校的行为背书,来证明其行为的可行性和可靠性。根据行政隶属安排,天冬隶属于教育部,后者亦为其直属高校负责。然而,教育部拒绝了天冬大学的请求。从政府的角度出发,这一决定其实不难理解。允许单个高校运用卫星频道在全国范围内传播信息无疑具有极大的隐患,与中国政府维持社会稳定的长期目标不符。站在这个立场上,我们能更加容易地理解政府这一看似保守的行为。面对这种情况,天冬大学运用了多种方式对国家各行政部门进行说服,通过反复的协商互动以创建允许该探索性试点推进的行为策略空间。这一协商共识的达成和实现充满了政策行动者的智慧。

(一)行为策略选择与协商互动

1. 巧妙利用"条块结合"的体制

为满足国家无线电管理委员会的要求,天冬大学巧妙地利用了中国既有的制度安排,转而寻求其所在地的无线电管理委员会的支持。通过反复强调改革试验的重要意义,天冬大学成功地获得了该地无线电管理委员会的许可。究其原因,一位直接参与改革的该校时任领导回忆道:"是因为我们说服了他们,让他们相信我们的行为是正当的,是为了整个社会发展的目标。他们也相信像我们这样的重点高校不会做什么事情去威胁国家安全,所以他们就批准了我们。"国家无线电管理委员会认可该地无线电管理委员会对天冬大学在该事项上的行政权力,故而认可了后者出具的许可。通过这种方式,天冬大学获得了利用卫星传播的行政审批许可,为后续改革的实现铺平了道路。

天冬大学的行动是建立在对当时中国"条块结合"制度安排的准确认知之上的。其中"条"指的是垂直纵向意义上由中央部委自上而下的管理;"块"指的是平行横向意义上由地方行政当局对其所在地区机构的管理。"条块结合"的体制是具有中国特色的行政管理体制,条块关系可以看作中国行政组织体系中最基本的关系。在本案例中,高校同时受到教育部和当地政府(及相关部门)的管理。通过对这一管理体制的巧妙应用,天冬大学得以获得其改革试验所必需的行政批准。

2. 充分利用政府现有政策

课程传输等技术上和程序上的问题初步解决后,摆在该校面前的另一个难题是如何获得国家对其所开设课程和项目的认可。在当时,远程教育项目由中央广播电视大学垄断,其他高校不能进入该市场。因此,天冬大学一方面持续地向教育部提交请求,向相关决策者说明该项改革的重要意义。另一方面结合自身定位,决定率先开设研究生进修课程,特别是针对国有大中型企业在职人员的培训课程。1998 年,天冬大学开始为社会提供非学位研究生进修课程,招收对象是相关学科已经取得学士学位的在职人员。

这一决策是在充分考量下做出的,且充分利用了当时国家的研究生"同等学力"政策。具体来说,针对那些已经取得本科学位,通过各种学习途径使自己达到研究生毕业水平的人,即研究生毕业同等学力,可以参加学位授予单位和国家组织的考试,通过并答辩后,则可获得硕士学位。该政策的初衷在于鼓励在职人员继续学习以提高其能力和素质。因此,天冬大学选择提供研究生阶段的远程教育,学习者后期可自行参加相关考试并申请学位。该校一位老领导回忆了这一决策过程:

> 我们决定先提供课程,然后让这些学生去参加国家考试,这个国家考试是开放的,那些拥有同等学力的人都可以参加。因而对我们来说这个过程就被简化了。我们首先选择了三个专业的研究生课程,即法律、经济管理和计算机,因为我们觉得这三个领域是目前社会上最需要的。录制了的课程可以在全国范围内传送。两年之后,这些学生可以参加相应考试,撰写学位论文,通过答辩之后就可以获得正式学位了。

通过这种方式,天冬大学得以先行实践其远程教育试验设想,并与教育部不断交涉与协商,争取其认可和支持。

3. 寻求高层领导支持

在与教育部交涉和协商的过程中,天冬同时开始寻求更高层领导的支持,从而在实质上建立强有力的政策支持联盟。访谈中多位知情人都回忆到当时改革所面临的多重压力,在这种情况下,天冬大学多次与教育部部分官员展开沟通与协商,试图以此项试点的重要意义说服他们,并且保证学校会极力将改革的风险控制在最低程度。这些来自上级的压力,即使不完全以行政干预的方式呈现,也为改革的推进带来了一定的困难。在此情况下,该校相关领导开始寻找途径向国家更高层领导寻求支持。

1997 年末,某位国家时任领导人访问天冬大学校园,陪同人员还包括教育部官员在内的多位政府官员。据知情人回忆录所述,访问过程中,学校的代表主动为该领导人介绍了学校的远程教育中心和为了革新远程教育方式所做出的种种试验性尝试。他高度赞扬了天冬大学的首创精神和探索精神,指出像中国这样的“穷国办教育”,必须寻求方式方法上的创新,而天冬大学的远程教育改革即是在此方向的有益尝试。该领导人的赞同和支持一定程度上改变了学校当时面临的一些不利情境,成为这次实质上自下而上试点中的重要转折。

从今天来看,这一转折更像是一个“幸运的巧合”。该校多位改革亲历者在访谈中回忆道,就在该领导人访问天冬的前几天,该校政策行动者已经敏锐地认识到了他们必须构建一个相对自由的空间以推进改革,这次访问恰为创设这一空间提供了机遇。与此同时,一些教育慈善家在得知天冬所面临的困境时,亦曾为学校奔走争取国家高层领导人的支持。这些支持通过默许或直接赞同的方式,为天冬大学的改革试验提供了实质上的政策支持联盟。

诚然,在传统权威国家中,“强政府”的存在意味着高等教育机构的创新试验与改革必须获得来自政府的支持或者默许,才能得以推进并取得成功,这一点对于机构自主发起的试点而言尤为关键。在本案例中,该领导人的赞许在一定程度上“合法化”了高校的大胆试验,进而缓和了高校与教育部部分官员之间的矛盾。1998 年,教育部多位领导先后访问该校并对远程教育试点表示了支持,这些访问也可以看作某种程度的背书。这一系列代表着政府决策者和政策行动者的支持行动,更为后续该改革措施进入政府议程,在全国范围内逐步实施铺平了道路。

对于案例高校而言,能够通过上述方式实现其目标与其说是幸运,不如归因于该校领导的远见卓识和对中国现实情况的准确把握。诚然,在世界各国,国家高层领导人对于改革的支持都是非常重要的,这一点在中国情境下表现得尤为明显。寻求高层领导人的支持并建立政策支持联盟可为高校在与其他利益相关者互动与博弈的过程中赢得关键力量。天冬大学能够成功运用这一策略也具备了几个前提:首先,作为中国的重点大学,该校具有极其良好的社会声誉、政府关系和先行改革的成功历史。其次,该校拥有广泛的政府内部和外部的资源网络,使其可以通过多种途径有效地获取各方支持。最后,该校的改革总体目标和政府的总体改革目标在根本上是一致的——这一点至关重要。换言之,该校的创新改革与某些行政部门的分歧更多的来自如何设计具体改革举措的分歧,或是不同利益相关者暂时的力量对比与利益权衡的分歧,而非根本目标上的不同。正是因为天冬大学所提出的改革目标与中国社会现实发展需求和未来愿景具有一致性,才使得该校能够在反复互动的过程中运用多种手段进行协商说服活动,从而达成改革共识。

(二)利益相关者认知

在改革中,国家的根本立场是不言而喻的,即促进高等教育现代化,以更好地服务于社会经济发展和人才培养。就此意义而言,国家的根本利益选择在于如何更快更好地发展高等教育并将其成果普惠于社会全体。天冬大学的现代远程教育建设正是在这个逻辑下提出并推进的。然而,在具体实现的手段和路径上,不同利益相关者往往会对制度安排与运行有不同的认知和信念,这些认知和信念影响了他们的行为策略,从而在改革中呈现出不同的状态。本小节试图解读在改革初期教育部部分利益相关者的立场。

对于稳定的追求是影响中华民族群体性格的重要文化因素。"求稳"心态的形成既深受中国传统文化影响,又与新中国成立以来长期实行的中央集中的计划经济体制紧密相关。新中国成立后,国家领导人对于"稳定压倒一切""稳定是硬任务"等理念的执行与宣传更是深刻地影响了行政体系内部的现实认知和行为策略,并广泛地辐射于中国的政治、经济和社会发展等领域,构成了解读改革中利益相关者行为机制的重要组成部分。

就本案例而言,创新性改革试验本身即与对于制度的路径依赖不相一致。其中一位该校利益相关者和改革知情人指出:"其实类似于这样的改革本来应当由政府发起,但是我们作为高校确实更理解咱们教育发展的现状,所以我们提出了现代化的理念和手段。但当时还是有人不支持我们的观点,怕导致不稳定的情况。"不可否认,考虑到天冬大学改革的部分具体举措,特别是租用卫星频道并在全国各地传输资料的做法,必然会引起国家利益相关者对于社会稳定的担忧。作为直属高校主管机关的教育部需要为高校的改革及其可能后果负责,亦需要为中国高等教育的整体发展负责,这决定了他们在这个过程中必须谨慎。

因此,对高校而言,希冀以自下而上的方式发起自主改革更要求着行动群体在改革过程中不断表达其诉求,为该改革的有利性和可行性提供证据。同时,现代远程教育改革所涉及的技术复杂性减弱了改革过程对于外部人士的透明性,导致部分行政人员并不真正理解改革背后的运行机制和意义。

在当时,中央广播电视大学是正规远程教育的唯一提供者,并且是唯一一个被允许使用卫星运行远程教育的机构。电大的办学经费来源有二,一是政府拨款,二是学费收入。彼时,“学校基本不盈利,其他学校和机构不能进入也没有进入的动力”[①]。而天冬大学的试点与后续推行不可避免地会打破这一垄断地位。因此,在改革中,电大也对该试点表示了反对。一位天冬大学改革亲历者解释道:“教育部也许在一定程度上也有想要保护电大的意图在里面。因为在当时,电大只是提供一个平台,他们的主要教学资源是由其他高校提供并汇聚在他们那里的,所以他们在优质教学资源上很难和我们竞争。”因此,天冬的改革及后续其他高校可能出现的模仿行为都会对已有的利益格局造成冲击。从国家管理的角度来说,教育部已有通过电大系统来布局中国远程教育的设计。一位 20 世纪 90 年代在教育部任职的官员回忆道:“教育部希望汇聚所有可能的资源集中在一个平台上,比如电大,来发展我们的远程教育,而不是由高校各自为政地开发自己的远程教育项目。”天冬的自主改革则可能会打乱这一布局。这些无疑都是行动者在决策过程中需要考量的因素。因而,试点高校的信念、选择和行为策略在机构自主的创新性改革中尤为关键。该试验的设计者和领导者评论道:

> 如果我们认为自己的行为是有利于学校和社会发展的,决心推进改革,就有可能充分调动资源去克服各种各样的困难。这可能和我们社会上对于中国大学的认知不一样,特别是一些西方学者认为中国这样的传统权威国家,大学没有任何的自主性,这是不对的。事实上,这里有许多空间让我们去解读,去协商,去有所作为。

政策试验正是提供了这样一个切入点去构建上述空间,构成了具有中国特色的改革机制。

值得再次强调的是,本案例所探讨的反对声音在当时语境下更多的以

---

① 李江. 从我国远程教育发展的轨迹看远程教育政府规制政策的演变[J]. 高教探索, 2008(3): 92-96.

个体层面出现，而非直接的强制行政干预，这也是为何高校可以通过反复互动、说服和协商的方式构建可操作的行为策略空间。如前文所述，政府的根本利益和高校的根本利益是一致的，这一点在对高校行动者与政府决策者的采访中被反复提及。在他们看来，本次改革中所涉及的冲突更多地体现在个体利益与认知矛盾的层面，而非政策与制度的层面。一位曾在教育部工作的官员指出："归根到底，我们对于一件事情的反应取决于我们对于这件事情的看法，所以教育部和天冬在这次改革前期的一些分歧主要是相关行动者认知的不一致，而不是高校和国家政策之间的不一致。"事实上，正如所有的机构一样，作为权力机关的教育部并不是铁板一块，其理念与行为本身即受到其中行动群体的信念、利益偏好和行为互动的影响。该被访者进一步解释道："比如一件事情可能部长支持，但是一些副部长不支持，这都是非常正常的，尤其是涉及改革。最终都归结到高校如何去处理这些可能出现的不一致情况，并且争取更多空间去实践你的想法。"

那么，对于高校来说，在面临财政、技术和行政上的困境时，影响大学政策行动者背后的动机和因素是什么呢？

如前文所述，这是一场以技术为核心，由技术发展所驱动的试点改革。过去几十年来，学者和政策制定者都在积极寻找新的技术方式以提高教育供给的质量与效率。20 世纪末期，世界科技日新月异，科技的客观进步与这些教育行动者的诉求趋同一致，并使后者的目标达成成为可能。在天冬大学的现代远程教育建设中，技术无疑起到了核心作用，是试点发起、推进和协商说服各利益相关者的重要手段。

时任天冬大学校长前往美国访问时，直观上获知了现代技术为远程教育的实现带来的可能性，即运用新兴电子压缩技术以编译、传输和解码教学资料，并通过多种技术传输渠道传送给个体学习者。信息的获取为高校解放思想，发起此次试点改革带来了灵感。在本案例中，真正革新的并不是技术本身——当时这一技术已经有了较为成熟的发展——革新的是此类技术与远程教育结合的创新做法。正如一位该校改革亲历者所评论："对我们来说，问题在于如何运用这些最新的技术来服务于中国的教育实践，提高教育质量和效率。"作为一所具有深厚技术传统的高校，该校行动者的信念认知深受大学传统和大学文化影响，希望通过技术和工程手段来解决社会问题，回应国家需求。这一信念认知进而影响了行动发起者和支持者的理性选择和行为策略,让他们在这场自下而上的改革中呈现出积极的行动状态。“可以说,技术层面也是我们对这个改革有兴趣的最初原因。我们非常希望通过技术去产生大的社会影响”,该被访者回忆当时校内的看法时说道。

宏观层面而言,改革开放和社会主义市场经济的初步建立所带来的巨大变革在为中国发展带来无与伦比的机遇的同时,也不可避免地带来问题和挑战。因此,政府急需提高国家核心部门和重要企业从业人员的素质和能力。在此背景下,为数不少的从计划经济时代走来、在高等教育方面有所缺失的政府行政人员和国有企业员工共同创造了极大的高等教育社会诉求,要求着政府和大学有所作为。然而,让这些从业人员都回到高校去学习显然是不现实的,远程教育即为解决这一日益高涨的社会需求提供了可能路径:通过远程教育课程,让这些国有企业员工和政府人员以在职培训的方式接受来自高校的教育资源,满足他们对于更新知识、提高技能的迫切需求。这一现实问题也是驱动天冬大学自主改革的直接因素之一,故而其课程最开始的目标对象即为国有大中型企业员工,主要提供在职培训和硕士层面的非学位课程,并且选择了法律、经济管理和计算机科学这三个社会需求最为旺盛的领域。

更重要的是,站在天冬大学的立场上,驱动其自主改革的根本动机在于回应国家和时代的需求。20 世纪 90 年代中后期,高等教育资源在中国社会仍旧稀缺。社会公众对于高等教育,特别是优质高等教育的需求与资源稀缺现状间的矛盾日益明显。该校希望通过远程教育试验去解决这一矛盾。同时,考虑到远程教育在现代技术装备下的广泛覆盖度,远程教育的发展可以一定程度上缓解中国高等教育资源供给地域间不平衡的情况。正如该校一位时任领导所评论的:“我们改革的实现手段是技术,但是背后的动机是把优质教育资源的供应量做大,从而提高我们国家的教育质量。技术是为这个目标的实现而提供的一个好手段。”若我们将目光投射得更加长远去回顾中国教育信息化发展的历程,也许能够更加深刻地理解该校自主试验背后的驱动力。20 世纪末期,教育学者和决策者一直在积极地寻找进一步结合信息技术和教育的手段,以促进教育创新。就此意义而言,天冬大学的改革试点正是对于这一持续的学者追求的机构回应。

上述使命驱动的特征在试验推进的过程中体现得更为明显。在改革初期,面临来自部分官员的阻力,天冬大学并没有退缩或放弃,而是通过积极的沟通和协商为其改革试验争取空间。考虑到中国的权威体制和社会环境,这一点尤为艰难。在此过程中,对于该项目的信念认同无疑起到了重要作用,成为在面对可能利益损失情况下的“非理性”行为的主要驱动因素。该校一位改革亲历者生动地讲述了他当时的所思所想:

> 在最开始,我们想要先说服学校内部的人达成共识。我就让大家去想一想如果没有钱的问题,没有外部的问题,他们会怎么做。他们都认同这是我们作为重点大学的责任,把我们的教育资源在全社会共享,特别是当时有这样一个强烈的社会需求……对我来说,做不做官、做不做校长无所谓,我不是为了政绩去做这件事情的,而是认为这是一件有利于国家的事情。

当然,并非所有利益相关者都表示认同。在对当时其他高校相关知情者的访谈中,有学者认为天冬大学的改革实质是对未来网络技术发展战略布局中的一环。通过这个项目,该校得以提升自己的网络基础设施建设并建立教育信息平台。“所以重点也许不在于远程教育改革本身,而是通过远程教育使得大学在即将到来的信息技术时代占得先机”,该学者评论道。在这一叙事背后,利益驱动和信念驱动相互交织,共同构成了高校行动者的行为影响因素。再例如,天冬的有关人员指出,学校亦希望借助远程教育的契机建立一个更广泛更强大的校友网络。“关系”在中国社会中扮演了举足轻重的角色,通过校友关系所构建的校友网络无疑是高校发展的重要无形资产,远程教育恰为大规模地建立重要校友网络提供了可能的机会和实现的渠道。

即使如此,深入分析显示,利益驱动仍旧从属于信念驱动,这一点在国家与大学互动博弈过程中表现得十分明显。在当时,教育部具有对绝大部分教育资源配置的高度权威,更是通过政策制定等方式深刻影响着中国大学组织机构的发展。对于公立大学来说,利益驱动下的行为表现应为对这一制度结构的全盘接受与对教育部行为的绝对顺从。然而,在本案例中,高校对于改革试验的信念认知无疑是影响其行为群体行动的主要逻辑。

四、现代远程教育体系的建立和发展

伴随着国家层面的支持,天冬大学的改革试验逐步迈入正轨,并随着实践的成熟进入政府政策议程设定,成为国家认可的试点改革。1999年后,改革通过由点到面的方式逐步向全国更多高校扩展,逐步形成了中国现代远程教育体系的基本格局。本节首先讨论这一由自下而上到自上而下过程中的影响因素。同时,选取由点到面扩散过程中国家指定的试点机构之一苏木大学作为本案例的次要子个案,探讨在试点性质发生转变的基础上国家—大学的权力互动情况。在此基础上,本节探讨了政策试验在高等教育改革创新中的作用及其实现机制。

(一) 由点到面的"现代远程教育工程"

1997年,有关领导人在访问天冬大学期间对其远程教育试点的认可一定程度上帮助了该试验的顺利推进。与此同时,国内的部分其他高校也开始了自身的机构自主试点,这些分散的试点逐渐暴露出了一些弊端,客观上要求着政府力量的介入。1997年底,国家教委主导召开了有关专家会议,现代远程教育试点首次被提上日程[①]。

1998年,教育部开始起草《面向21世纪教育振兴行动计划》,作为指导中国新世纪教育改革和发展的重要战略纲要。该文件于1998年12月正式发布。在《行动计划》中首次提出要实施"现代远程教育工程",指出这是"在我国教育资源短缺的条件下办好大教育的战略措施",是构建终身学习体系的重要要求。一方面,强调以中国教育科研网和卫星视频传输系统为基础扩大体量,运用卫星电视和现代教育手段扩大覆盖面。这是对前期天冬大学远程教育试验的认可。另一方面,提出由教育部"对全国现代远程教育工作实行归口管理,负责组织制订全国'现代远程教育发展规划'"[②]。这是对教育部在现代远程教育工作中领导管理地位的明文确认。在此之前,教育部便已发布《关于发展我国现代远程教育的意见》,指出要积极利用现代

---

① 教育部科学技术司.《面向21世纪教育振兴行动计划》"现代远程教育工程"项目进展报告(前言和前两部分)[R/OL]. 2003-09-10. http://old.moe.gov.cn/publicfiles/business/htmlfiles/moe/s3335/201001/xxgk_82288.html.

② 教育部.面向21世纪教育振兴行动计划[EB/OL]. 1998-12-24. http://www.moe.gov.cn/jyb_sjzl/moe_177/tnull_2487.html.

信息技术发展远程教育。具体来说,该《意见》指出要"形成以卫星视频传输系统和计算机网络相结合的多元化现代远程教育专业传输网。重点是改造现有的卫星电视教育系统,采用卫星 Ku 频段和数字压缩技术,扩大教学节目的传输容量,并与教育和科研等计算机网络相结合,构成多媒体交互式现代远程教育教学系统"①。这些政策文件中指出的具体举措与天冬大学试点所提出的创新性选项无疑是一致的,是对于该校自主改革的明确认可。

在国家实施"现代远程教育工程"的背景下,教育部于 1999 年指定了四所大学展开现代远程教育试点②。由于这四所大学拥有不同的资源优势和战略定位,它们在远程教育试点中被赋予了不同的使命。例如,北京邮电大学通过与中国电信的合作,在部分试点省区的邮电系统内开展远程教育;浙江大学则在浙江省内通过省内有线电视网和教育科研网试验远程教育③。这些试点的共同目标是探索在中国这样一个体量庞大且情境复杂的国家发展现代远程教育的多种实现手段。以此为开端,教育部进而批准了一系列高校试点,通过由点到面的政策试验方式推进改革步伐,布局中国现代远程教育体系(详见表 6-1)。2000 年,已有 31 所试点高校实行网络教育,包括研究生课程进修、专科起点攻读本科、高中起点攻读本科、普通专科和第二学士学位多种层次类型;其所开设专业和当时社会需求高度一致,包括计算机科学工程、工商管理、金融类、英语和法语专业④。这一过程伴随着政府发布的一系列政策文件和相关会议,不断完善着中国现代远程教育体系及其实现手段和管理方式。

---

① 教育部. 关于发展我国现代远程教育的意见[J]. 新疆广播电视大学学报, 1998(2): 1-3.

② 教育部同时批准中央广播电视大学开展开放教育试点,其改革目标和挑战均与普通高等学校不同。本章讨论的是综合大学的远程教育活动,因此对于中央广播电视大学的试点改革不做探讨。

③ 宗连.我国现代远程教育试点工作开始启动[J].成人高教学刊, 1999(3):61.

④ 黄荣怀,罗晓春. 高校远程教育试点的实践与思考[J]. 中国远程教育, 2001(9):38-42.

表 6-1　现代远程教育试点进程[①]

年份	数量	试点高校
1999	4+1	清华大学、北京邮电大学、浙江大学、湖南大学;中央广播电视大学
2000	26	北京大学、北京师范大学、东北大学、天津大学、上海交通大学、华中科技大学、华南理工大学、复旦大学、中国人民大学、北京交通大学、北京外国语大学、同济大学、东南大学、江南大学、山东大学、中山大学、四川大学、西安交通大学、重庆大学、北京理工大学、东北农业大学、北京中医药大学、中国传媒大学、北京语言大学、华中师范大学、兰州大学
2001	14	华东师范大学、中国石油大学(华东)[②]、中国农业大学、中南大学、厦门大学、西南交通大学、福建师范大学、西南大学、南开大学、吉林大学、中国地质大学(武汉)、东华大学、武汉理工大学、哈尔滨工业大学
2002	22	北京科技大学、对外经济贸易大学、中央音乐学院、武汉大学、北京航空航天大学、大连理工大学、南京大学、中国医科大学、东北财经大学、上海外国语大学、上海交通大学医学院、郑州大学、华东理工大学、华南师范大学、电子科技大学、西南科技大学、西南财经大学、四川农业大学、西北工业大学、中国科学技术大学、西安电子科技大学、陕西师范大学
2003	1	东北师范大学

苏木大学即是在此阶段被指定为国家试点单位的。苏木大学是我国中西部的重点大学之一。田野调查表明,这一自上而下的指定试点最初起源于大学的积极主动争取。当时的学校领导层敏锐地认识到了远程教育可能为学校发展带来的优势,如该校相关知情者在访谈中指出,“我们觉得这是一个新事情,也是一个好事情,能够提高我们教育信息化建设,也能够带动我们学校其他改革”,因而苏木大学希望被纳入这项国家战略工程中。和天冬大学的改革试验相比,苏木试点的目标对象和技术方法都有所不同,主要面向省内和中西部地区,运用省内会议系统实现远程教育的教学试验。该选择与高校的战略定位和资源配置密切相关。

在初期,苏木大学在招生、课程设置、教学安排和考核等方面都具有高度自主权。然而,随着改革规模的扩大和深入,各自为政的试点情况暴露出

① 参考资料:焦春林. 现代远程教育试点高校政策的历程与动向[J]. 文教资料,2009(1):225-226.

② 教育部于 2006 年另批准 1 所试点高校中国石油大学(北京).

了一些问题,政府干预的特征亦愈发明显。在面对国家干预时,这两所案例高校采取了不同的策略,这些选择的背后驱动力正是行动者对于现实情况的不同认知。天冬大学的领导人更具有愿景导向的特征,在遇到问题的时候更加积极地面对,并调动多种资源寻求有效的博弈途径。相较而言,苏木大学的领导人则相对保守,面对政府的要求和规定时,多为被动服从,高校自身的利益诉求多被掩藏在教育部的行政要求之下。正如当时参与苏木大学远程教育改革的一位知情人说道:"我们当然不能做任何教育部还没同意的事情……没他们的支持什么都干不了,也不应该去做。"这一看法与天冬大学在自主试点中的积极性和创造性形成了对比。

(二)试点推进过程中的政府干预

1999 年,教育部发布了《关于启动现代远程教育第一批普通高校试点工作的几点意见》。本小节探讨了 1999 年后现代远程教育试点由"自下而上"变成"自上而下"后逐步推广过程中的政府干预与大学回应,从而展示在试点的不同阶段国家与大学的互动情况与产生的政策影响。

1999 年到 2002 年之间,现代远程教育试点规模迅速扩大。该过程前期,政府更多地扮演了支持者和旁观者的角色。政府给予了试点高校充分的自由量度以探索在中国不同地区和条件的情境下如何运用多种可能手段发展远程教育,并为实现这一探索给予了诸多政策支持。以苏木大学为例,试点高校可以自主决定录取数量和录取标准,决定课程内容和课程价格,设置考试方式和毕业条件,在行政和财政等方面展开自主运行,甚至可以说"这些自主权达到了以前从没见过的程度",一位远程教育学者在访谈中评论道。就此而言,国家在此过程中给予了高校充分的行为策略空间。

政府主要以试点的方式对高校现代远程教育进行审批许可。未经许可的非试点高校不具有举办网络学历教育的资格。同时,教育部零星出台了一些规章制度,用以约束试点过程中的高校行为。例如,2000 年,教育部办公厅发布了《关于支持若干所高等学校建设网络教育学院开展现代远程教育试点工作的几点意见》,明确了改革的目标和方向,并设置了改革中试点高校的准入标准和管理方式[①]。同时,教育部发布了《教育网站和网校暂行管理办法》,规定“凡在中华人民共和国境内申报开办教育网站和网校,必须向主管教育行政部门申请,经审查批准后方可开办”[②]。教育部随后要求试点高校定期提交报告给当地教育主管部门。这些规定表明了政府开始收紧远程教育管理权并重新确立教育部对于远程教育管理的领导地位[③]。

由于当时的自由市场尚不完全,教育资源的供给小于需求的状况使得试点高校在市场上处在优势地位。供需不平衡的情况导致部分享有高度自主权的试点高校在发展过程中过于注重自身利益,从而产生了一系列问题。例如,定价过高且营利目的明显、录取过程不规范等。这些问题伴随着远程教育市场的扩大而逐渐暴露出来,呼唤着政府的规范监督和有效干预。

2001 年 8 月,教育部发布紧急条例以规范现代远程教育中涉及的招生和录取问题。在当时,教育部只批准了 45 所高校开展现代远程教育试点,然而社会上出现了以试点学校名义进行招生和收费的混乱情况。教育部办公厅《关于加强现代远程教育招生工作管理的紧急通知》的出台便是针对试点过程中出现的问题的行政回应和规范活动。该《通知》明确规定,“只有教育部批准的现代远程教育试点学校具有现代远程教育的招生资格”[④]。在规范远程教育招生工作的同时,该文件“再次强调了试点高校的特殊地位和权力”,一位高等教育专家在访谈中提出自己的看法。随后,教育部发布了一系列文件以厘清和规范试点高校的工作。

2002 年 7 月,教育部发布文件规范试点高校网络教育中关于教学质量和教育质量的问题,提出要规范招生工作、加强教学管理和严格考试制度等多方面内容。例如,规定试点高校网络教育不能自行招收学生,并且要通过

---

① 教育部办公厅.关于支持若干所高等学校建设网络教育学院开展现代远程教育试点工作的几点意见[EB/OL]. 2000-07-28. http://old. moe. gov. cn//publicfiles/business/htmlfiles/moe/A08_sjhj/201109/124838. html.

② 教育部.教育网站和网校暂行管理办法[EB/OL]. 2000-06-29. http://old. moe. gov. cn/publicfiles/business/htmlfiles/moe/moe_1428/200703/20456. html.

③ 李坚,唐燕儿. 论教育决策科学化——我国现代远程高等教育决策过程个案研究[J].中国电化教育, 2007(5):33-36.

④ 教育部办公厅. 关于加强现代远程教育招生工作管理的紧急通知[EB/OL]. 2001-08-13. https://www. 66law. cn/tiaoli/119728. aspx.

年报年检制度向教育部汇报年度发展成果和问题[①]。2003年,教育部再次针对招生问题发布紧急通知,要求“试点学校网络教育学院要以在职人员的继续教育为主,不得招收或以各种名义变相招收全日制高中起点普通本专科学生”[②]。2004年1月,教育部宣布将在2005年开始对现代远程教育试点高校网络教育的部分公共课进行全国统一考试,实行统一大纲、试题和标准[③]。伴随着一系列规章制度的颁布,国家对远程教育管理权限不断收紧。例如,教育部对校外学习中心建设的规定意味着试点高校只能在通过政府审批后的校外学习中心进行招生活动。同时,教育部对各校外学习中心实行年度检查制度。出台限制自主招生规定的原因在于部分高校乱招生、乱收费所带来的网络教育质量问题[④]。

除政策文件外,政府还通过召开会议等方式规范试点高校的行为。毫无疑问,这些手段均可以看作国家在面对试点扩张过程中所出现的社会问题时的及时干预和日益凸显的监管行为,也标志着高校在试点初期所享受的高度自主权的减弱。一定程度上,这些监管行为指向了中国现代远程教育市场快速扩张脚步的暂缓倾向。一位远程教育专家即在访谈中指出,“这些举措意味着一个远程教育快速、分散发展的时代结束了”。

通过上述描述可以清晰地看出,1999年后,政府运用一系列方式介入试点过程,最突出的方式便是政策文件的制定与颁布。这在21世纪初期现代远程教育试点规模不断扩大,问题频繁出现之后表现得尤为明显。这一阶段的主要任务开始从探索行之有效的政策选项转变为在规模稳步扩大的过程中完善制度建设,国家和大学的关系亦从互动中的博弈逐渐转变为自上而下的行政命令与执行。

值得指出的是,这些政策文件起到的不仅仅是行为规范的作用,其出台

---

① 教育部.关于加强高校网络教育学院管理提高教学质量的若干意见[EB/OL]. 2002-07-08. http://old. moe. gov. cn//publicfiles/business/htmlfiles/moe/s3865/201010/110174. html.

② 教育部办公厅.关于严格现代远程教育招生工作管理的紧急通知[EB/OL]. 2003-08-29. http://www. moe. gov. cn/srcsite/A07/moe_743/200309/t20030904_110191. html.

③ 教育部办公厅.关于对现代远程教育试点高校网络教育学生部分公共课实行全国统一考试的通知[EB/OL]. 2004-01-14. http://www. moe. gov. cn/srcsite/A07/moe_743/200401/t20040114_110163. html.

④ 教育部办公厅.现代远程教育校外学习中心(点)暂行管理办法[EB/OL]. 2003-03-14. http://www. moe. gov. cn/srcsite/A07/moe_743/200303/t20030314_110192. html.

更是契合了同时期教育发展主题和国家对于高等教育的整体规划。例如,教育部曾在试点初期鼓励试点高校试行学位教育。这可以看作"教育部用来提高高等教育入学率的一种方式",一位学者在访谈中指出。在20世纪末期,提高高等教育入学率是国家重要的战略目标之一。在政府的有意引导下,大部分试点高校开始开展学位授予的远程教育项目,苏木大学即为其中之一,而天冬大学则在初期持观望态度。天冬大学举办远程教育的初衷在于开展在职人员培训项目和研究生进修教育,而开展学位教育则与其目标和高校定位层次不符。"但是看到其他高校都开始举办学位授予的项目,我们感到了必须这么做的压力",天冬大学一位知情者回忆道。因此,天冬后期也开始通过远程教育提供学位教育。

然而,上述改革带来了一些始料不及的问题。当时参与试点的高校都是重点大学或高水平大学,而远程教育和网络教育长期以来都被看作相对低端的教育方式。对于这些大学来说,通过远程教育来提供学位项目无疑和高校的定位、愿景与战略发展目标不符,更在一定程度上打乱了当时长期存在且较为稳定的高等教育纵向分层结构。对于这一层次的原有资源供给者,如职业学院、专科学校和部分私立大学来说,重点高校的加入对他们的传统生源造成了一定程度的冲击。一位远程教育专家持续观察了这些政策引导及其产生的利益冲突,"当时一些职业院校不断地向教育部打报告表示不满,教育部反过来向高校抱怨这个问题,认为现有的格局被打乱了"。除此之外,校内反对的声音也层出不穷。对于高校学生来说,他们经过竞争激烈的高考进入的高校授予那些原本无法获得同等学位的人员学历认证,是教育的不公平体现。高校的教师和校友则认为通过远程教育和网络教育的方式实行学位教育会降低大学的教学质量,并且损害大学的社会声誉。不仅如此,一些试点高校开始利用相应政策谋求自身利益,甚至将经济得失放在了远程教育运行考量的首位,背离了改革试点的初衷。该专家在访谈中继续指出:"甚至一些大学加入远程教育试点的初衷就在于经济利益。最开始教育部给了一个很有吸引力的政策,就是让高校自主决定远程教育的招生数量和收费标准,即使现在的高等教育机构也不可能有这种程度的自主权。"部分高校乱招生、乱收费的现象搅乱了远程教育市场的健康运行。

这些问题的出现引导着天冬大学不断思考是否应当继续开办学位项目。在与教育部的反复沟通后,该校在2002年招收了最后一批远程教育学历教育学生;此后,便回归其原本设定的供给高端层次培训的远程教育。“我们已经越来越意识到用远程教育做学位项目是个错误的决定”,该校原试点的领导者评论这一时期时指出,“当时最大的问题就是试点规模扩大得太快了,但缺乏相应的规划”。另一位天冬大学的改革亲历者亦认同这一看法,“对我们的试点来说,改革可以说是成功的。但是要把这个单一机构的成功经验向更多高校扩散的时候,就需要政府更多的规划。创新是一回事,对于创新的应用又是一回事。全国那么多学校,有不同的资源和目标,也就有不同的利益冲突,这是一个更加复杂的过程”。

试点扩散中出现了一种新的国家干预形式,即中间机构的建立。2000年,在教育部的引导下,全国高校现代远程教育协作组成立。该协作组是在教育部的指导下运行的,由各试点高校主管校长担任相应职务,故而可以看作联系教育部和试点高校之间的中间机构,一方面,传达教育部的政策与理念;另一方面,确保试点高校的自我约束和自我规范,并将高校的诉求传达给教育部。因此,教育部要求所有试点高校定期向协作组提交工作报告,并经协作组汇总向教育部汇报各高校试点情况。“从建立开始,这个组织就可以看作政府介入的方式之一,虽然它的定位其实是很模糊的。协作组既不是一个政府部门,也不是一个法人”,该协作组的一位人员在访谈中指出。通过召开国内外学术会议和研讨会,协办教育部会议,为教育部远程教育政策制定撰写草案,进行两会提案,向教育部传达高校情况和意见等多种方式,协作组得以较为有效地协调了国家和大学在现代远程教育发展过程中的利益关系,成为两者间有效沟通和互动的渠道。就此意义而言,协作组类似英美国家在高等教育治理过程中衍生出来的中间组织,如在英国存在长达数十年的大学拨款委员会(University Grants Committee),作为第三方的管理和评价机构,起到了协调国家和大学关系的缓冲器作用。

值得一提的是,从2004年至2014年,试点的规模并未扩大,仍旧只有68所现代远程教育试点高校。某种意义而言,可以认为这些高校仍旧享有此试点所带来的部分“特权”。2014年,国务院在推行行政审批改革中提出要取消和下放利用网络实施远程高等学历教育的网校审批。这意味着如果某所高校希望利用远程教育进行学历教育,不再需要经过教育部批准。换言之,该改革将原有试点高校的“特权”稀释,并将远程教育的市场开放给所有参与者,鼓励更多的教育主体参与其中充分竞争。这无疑是自20世纪

90年代末期开始的现代远程教育试点中的重要改革调整。这与社会发展情境紧密相关:信息技术的发展和网络的高度普及、全民终身学习体系和知识经济的需求旺盛、教学方式和教育理念的革新、在线教育的兴起等因素都促使着政府取消审批权。对于非试点高校而言,这是他们能够参与到以网络为主要媒介的远程学历教育的重要机遇,前期试点高校则成为其他高校的有效经验示范。

然而,虽然国务院已释放出这一政策信号,但政府并未出台相关配套措施加以推进。一方面,对于高校的准入机制、管理机制、评估机制和退出机制并没有明确的说明,因而高校内部存在着对于审批完全开放会导致混乱局面的担忧[①]。另一方面,衔接该国务院决策和高校具体实践的配套措施仍旧空白,原有的非试点学校到底如何进入市场存在着诸多问题。一位长期关注远程教育的专家在访谈中给出了自己的观点:

> 在审批权取消后,如果一个高校想要办自己的远程教育网校,它可以去办,是合法的,但是这种合法性是没有多大用的。如果政府不出台相应的配套措施,那么这个大学所颁发的远程教育学历教育学位证书可能不被社会认可,或者可能在后续应用中引起争议,那么学生也不会来。归根到底是因为在中国,文凭的权威性和社会认可度来自国家,而不是来自个体高校,这一点和一些西方国家是不同的。

就本案例而言,国务院对于审批权的取消和下放在一定程度上可以看作这一场由试点引发、由试点方式推开的改革政策周期的基本完成。但中国的现代远程教育及其紧密相连的网络教育和继续教育体系的建立,仍旧任重道远。

(三)试点的结果与影响因素

作为一场高校自主发起的改革试验,高校行动者在与国家的互动中维系了虽然有限但却十分宝贵的行为策略空间,从而在信息技术革命的浪潮中发起了以技术为核心的现代远程教育改革。该试验及其创新性选项随后进入议程设定,成为政府后期由点到面地推进改革的典型案例。

---

① 高毅哲.放权后的远程学历教育变局——聚焦取消与下放教育行政审批权系列报道[N/OL].中国教育报,2014-07-17. http://www.jyb.cn/crjy/cjsd/201407/t20140716_590497.html.

现代远程教育改革的发生和发展无疑是影响巨大的。从 2000 年开始,试点高校累计招生超过 2000 万人,累计毕业生接近 1500 万人[①];校外学习中心遍布全国各地,包括那些严重缺乏高等教育资源的西部地区和偏远地区,推动了优质教育资源向社会的辐射,促进了高等教育大众化和教育公平的发展。更重要的是,在这一场漫长的试点中,中国得以探索出一条符合国情的远程教育实现之路,并不断完善其中的行为规则和制度建设。伴随着技术的发展和应用,现代远程教育试点促进了高等教育的信息化建设,促进了社会对于教学理念和方式的观念革新。就此意义而言,天冬大学的自主改革无疑是成功且影响深远的,本小节探讨影响这一结果的多种因素。

1.行之有效的策略选项

自 1996 年学校领导层提出要采用新技术手段革新远程教育方式,天冬大学便开始了在此方面的探索。探索而出的改革选项无疑是成功的,这是该试点能够进入议程设置并引发政策变迁的重要前提。

不仅如此,该校试点的成功执行更是指向了一条财政上自给自足的新教育形式。在获得教育部支持后,试点高校的远程教育可以自主决定招生人数和收费标准,使得高校可以在不依靠政府资助的情况下实现财政独立和自足。这无疑为其他高校提供了一条可行的道路,甚至某种程度而言这一经济上获益的可能性才是促使部分高校积极加入远程教育试点改革浪潮的直接原因。就此而言,该试点带来的改革选项不仅是有效的,更是可行的、可复制的。

然而,“如果你的试点本身就是不成功的,那根本谈不上政策,但是只是试点成功这一点是不够的”,一位学者在访谈中坦诚地表示。诚然,中国教育发展历程充满了由国家主导的改革试点和由机构自主发起的探索试验,然而并不是所有试点都能成为政策,更遑论辐射影响引发全国范围的改革。即使是通过试点方式生成的创新政策选项,也需要进一步考虑该政策选项的政治正确性、与政府目标的适切性、在高等教育系统内外的可能效果、改革效率等一系列因素。对于本次试点而言,天冬的自主改革不仅回应了当时社会对于高等教育资源的需求,也与中国建设终身教育体系的战略目标

① 张清江,支希哲,李欣,等. 现代远程教育质量保障和评估指标体系构建研究[J]. 西北工业大学学报(社会科学版),2017(1):82-86.

契合一致。

领导天冬大学试点改革的一位被访者在回忆改革初衷时指出,天冬大学的目标即将学校高质量的教学资源与社会公众共享,“这对于国家的长期发展是一件有利的事情,这是为什么我们即使在面对一些阻力的时候还坚持这么做,我想也是为何最终政府和其他高校认可了我们的做法”。这样的信念认知,使得高校可以对内协调利益相关者以形成坚定的支持联盟,对外平衡多方利益主体关系以达成协商共识。从后见之明来看,正是该愿景驱动的考量帮助他们获取了改革得以推进的资源:通过校外捐款资助解决财政困境,并在与上级行政机构互动中增加了说服的筹码进而争取了国家高层领导人的支持。

2.政策行动者和支持联盟的建立

天冬大学在此次改革中的领导层和相关参与者共同构成了政策行动者,他们的现实认知、理性选择和行为策略使这场改革从设想变成了现实。在试点发起阶段,由于缺乏成熟的案例以效仿,政策行动者只能“摸着石头过河”地探索可能路线。在面对困境的时候,以学校领导层为代表的政策行动者充分运用技术优势、关系网络、声誉资源以争取财政、行政等多方面支持。

因此,这场改革的成功发起和推进很大程度上可以归功于高校政策行动者的使命感、首创精神、改革决心和“政治联系与博弈技巧”——这些都是成功政策发起者的特征[①]。一位高等教育专家在评论这段历史时表示:“他们愿意去承担风险,这个风险有经济上的,有行政上的,也有声誉上的,还有个人层面上的,通过多种方式来争取空间进行改革……他们反映了中国大学领导人身上最宝贵的品质。”

行动者的理念和偏好决定了其在与国家利益相关者互动中的立场与策略。一方面,反复向教育部阐述说明试点的合理性和重要性。同时,校内外的压力促使天冬大学在试点推进过程中尤为审慎,将可能的风险降到最低。这无疑又保证了改革过程的平稳性,其实践的成功成为赢得国家认可和政策制定的有力“证据”。作为国家重点高校的大学声誉和过往良好的机构改

① Kingdon, J. W. Agendas, alternatives and public policies[M]. Boston: Little Brown, 1984: 189-190.

革历史也为其在说服过程中添加了筹码。除此之外,作为重点高校,天冬大学有更多的途径和教育部进行沟通与互动,而教育部也“对于他们的一些创新改革想法容忍度更高”,一位其他高校的高等教育一线工作者指出。

另一方面,高校积极争取其他利益相关者与国家领导人的认可以建立强大的政策支持联盟。作为重点高校,天冬大学有机会与国家领导层直接接触和沟通,这是建立该政策支持联盟的前提,这也在某种程度上可以解释为何自下而上的机构自主创新改革试点往往都是起源于重点高校。在中国特定情境下,想要脱离政府的行政支持而进行创新改革基本不可行。基于对这种情况的清醒认知,面对来自教育部的压力时,高校的行动者才会有意识地寻求具有更高权威的支持力量。而来自他们的认可在实质上将具有更高权威和权力地位的国家领导纳入了该项目的政策支持联盟(虽然在名义上并不存在这样的联盟),成为机构改革中克服困难、协调说服其他利益相关者的重要手段。一位天冬大学试点的亲历者指出:“这是教育部一些人改变想法的直接原因,也是为什么把我们的改革纳入当时教育部起草的《面向21世纪教育振兴行动计划》的原因之一。这些支持也增强了我们改革的合法性。”

更加宏观来看,无论是改革初期来自教育部个别官员的反对,还是高校所在地无线电管理委员会和国家无线电管理委员会的支持与认可,以及国家某位领导人的支持,都指向了一个重要事实:在主权国家的改革发展中,国家并非铁板一块,而是多元化的——这些名义或实质上代表着国家行政权力的机构和行动者各自的利益诉求和行为逻辑不仅是不尽相同的,往往也不是一成不变的;其行为逻辑是建立在各自对于现实情况的认知、信念和选择偏好之上。唯有如此,我们去探究不同层次、不同立场的利益相关者在同一事件中的动机和行为才具有意义,他们之间的互动协商恰为我们理解和分析中国教育政策的渐进调整和改革的曲折前进提供了视角。

例如,当有关国家领导访问天冬大学时表达了对该校现代远程教育改革探索的认可,这种认可由于其发出者所处政治地位和行政权力地位而“合法化”了机构自主的改革试点,促成了教育部对于该试点的接纳和支持。随后,教育部将相关内容写进了《面向21世纪教育振兴行动计划》,将通过试验生成的可行政策选项纳入了国家建设“现代远程教育体系”的战略设想中。进而通过由点到面的方式平稳推进改革,在扩大试点规模的同时不断

“稀释”原试点高校所享有的权利，并通过规范性和指导性行为确认教育部对全国高校远程教育管理的统一领导地位。这正是由政策试验引发政策变迁过程中必然涉及的权力的此消彼长和利益的博弈平衡。在这场探索型试验的典型案例中，这一点表现得尤为明显。

3. 与试点发展相适应的制度环境

最后，讨论一个试点是否能够成功，是否能够进入议程设置并掀起更大规模改革的时候，我们必须充分认识其所在的制度环境为试点本身提供的空间或阻力。

20 世纪 90 年代建设社会主义市场经济的设想被提出后，中国的经济改革和社会发展进入了新时期。伴随着物质文明的发展，民众对于教育资源特别是优质高等教育资源的需求愈发突出。不仅如此，经济的高速发展需要大量高质量劳动力。这些需求和当时有限的教育资源供给形成冲突，成为影响 90 年代中后期中国教育改革的主要矛盾。1999 年开始的大规模高校扩张即可看作对此矛盾的直接回应①。对于政府而言，扩大高等教育规模，既是促进经济发展、教育公平与地区教育平衡的需要，也是建立全民终身教育体系的实现方式。利用现代信息技术发展远程教育无疑是实现这些目标的重要手段。一位远程教育专家在访谈中即指出：“现代远程教育的发展就是为了应对这种供需不足的情况。在发展初期，远程教育就是作为正规教育的补充形式发展起来的。”将天冬大学的自主探索和随后大规模的远程教育改革放置在此背景下，我们就能更好地理解政府行为背后的逻辑思考：远程教育发展顺应了国家经济发展的人才需求，回应了全民教育参与和教育公平的政治议题，构成了中国在信息技术时代发展教育信息化和加强教育信息基础设施建设战略规划的重要组成部分。

从市场角度来说，高等教育资源的供需不平衡为远程教育发展提供了极具潜力的市场，使高校即使不依靠政府财政支持也可以自给自足地发展远程教育。从技术手段来说，世界范围内电子信息技术的发展和中国有线电视网络的广泛建设为此项改革的实现提供了基本条件。与此同时，经过

① Marginson, S., Kaur, S., Sawir, E. Global, local, national in the Asia-Pacific[M]// Higher education in the Asia-Pacific: Strategic responses to globalisation. London: Springer, 2011: 3-36; Wang, X., Liu, J. China's higher education expansion and the task of economic revitalization[J]. Higher Education, 2011,62: 213-229.

十年的反复努力，中国在2001年加入世界贸易组织（World Trade Organization，WTO)。中国的教育政策和教育发展也随之被放置在了WTO所规设的行为框架之中，其中便包括对开放自由教育市场的要求。虽然当时国内的教育基础设施可以满足WTO的标准，但和国外教育供应商相比，中国的远程教育供给并不占优势。这一外部环境也刺激着政策制定者积极地应用最新技术手段建设新远程教育系统，提高远程教育供给的效率和竞争力[①]。这些因素共同构成了中国现代远程教育改革的制度环境，深刻地影响了其间行动者策略与政策选项的可行性。

从天冬大学的试点改革开始，到随后长达十数年的政策周期，我们可以观察到高校和教育部是如何基于对现实情况的不同认知和选择偏好运用多种行为策略进行互动协商的过程。此过程充斥着各行动者所代表的不同利益诉求，这是改革中必然出现的现象。这些利益诉求博弈的结果决定了此次改革的走向。对于高校自主发起的机构试点而言，能否推进试验与能否进入政策议程，除试点本身的因素外，很大程度上取决于高校能否有效地构建行为策略空间，说服不同的利益相关者特别是政府以达成改革共识。改革意味着创新，而创新不可避免地涉及对原有制度安排、规定和理念的打破。在本案例中，现实情况的发展带来了解决问题的诉求。当高校通过试验方式提出可行选项时，又与现有规定和大家约定俗成的程序形成了一定的冲突，至少在初期如此。在此情况下，政策试验为国家和大学提供了一个可操作的途径，使得双方能够以试点之名相互协商从而达成共识。就此意义而言，政策试验方法提供了一个平衡已有规定与未来创新的“中间路径”，为改革在现有制度约束下进行创新提供了有效的突破方式，在理念上、话语上和行政上为创新提供机遇和保护，使得尚在初期的新生事物得以在有限的行为策略空间中进行探索和检验。对于高校而言，通过平衡各利益相关者达成对于未来改革方案和程序的共识，提高改革效率，无疑对机构创新、特色办学和高校发展具有重要意义。

特别值得一提的是，政策试验中通过国家—大学反复互动而构建出的行为策略空间的边界往往是十分模糊的，这种模糊与其说生成于政策过程

---

① 李江. 从我国远程教育发展的轨迹看远程教育政府规制政策的演变[J]. 高教探索，2008(3)：92-96.

的复杂性,不如说是基于各行动者“心照不宣的共识”下的有意行为,以更好地容纳改革发展所带来的新问题、新的利益冲突和新的决策。利益相关者之间持续的互动、博弈、妥协和共识与边界模糊的行为策略空间共同构成了具有中国特色的政策试验,成为我们认识、理解和解释中国高等教育改革的重要方式。

此次试点驱动的改革中还存在着一个值得我们深入思考的问题,即单一机构或少数机构试点的成功探索在多大范围上具有可复制性。在本案例中,试点规模的迅速扩大,特别是2000—2002年试点高校数量的迅速增加不可避免地带来了一些问题,如乱招生、乱收费、教育质量差等。这些问题是在少数机构试点过程中并未出现,亦难以被察觉的。因此,在试点扩散过程中需要考量的因素有哪些,需要做出怎样的政策调整等,都是影响试点改革在辐射影响过程中的平稳性和成功度的重要因素。在此过程中,政府监管的作用是不可取代的。政府通过一系列干预手段规范机构和市场行为也体现了试点过程中所伴随的规训性功能。

总的来说,当矛盾出现时,在此案例即体现为对更多更好教育资源的需求和有限的教育资源供给间的矛盾,高校通过试验的方式生成可行的解决方案。该创新方案通过高校行动者的反复宣传和说服得以不断推进并进入议程设定,成为国家建设现代远程教育体系的重要组成部分。在随后由点到面的推进过程中,天冬大学和其他试点高校一起,被行政当局赋予了包括录取、管理和考核等多方面的广泛自主权。伴随着政策调整,中国的现代远程教育试点逐渐扩大到68所高校,直到2004年进入了暂停阶段。这个过程中国家行政力量的干预不断增强,通过发布文件、召开会议、建立中间机构等方式将现代远程教育的发展纳入政府的统一规范框架之中。

五、小　结

在本书提出的概念框架中,探索型试验指由地方高校出于解决现实问题或实现未来愿景的驱动而自主发起的探索性改革,国家往往采取默许或是反对的态度,很少存在相关部门明确的支持,改革亦缺乏清晰可见的政策议程设定路线。因此,改革的行为策略空间需要在国家—大学的不断互动与协商之中建立,且时常界限模糊。作为探索型案例的典型代表,本章探讨了20世纪90年代中后期高校自主发起的现代远程教育改革试点,以及该试点如何在后续发展中成为政府试点并在全国范围内推进的过程。该政策试验极大地改变了中国远程教育的面貌。

以技术为核心,天冬大学于1996年开始探索通过卫星传输和电子压缩技术等方式革新远程教育的可能,从而扩大和提高优质教育资源面向社会的供给范围和供给效率。本章重构了这一试验的发生发展过程,重点考察了此过程中高校行动者和政府行动者的认知、选择和行为。通过多种方式,该校得以协调各方利益关系并构建了一个相对有限的行为策略空间以进行自主创新,而其改革成果又进一步成为政策变迁的重要依据。伴随着制度环境的成熟,机构试验生成的创新性选项被纳入政府议程,由教育部在全国范围内选取试点展开现代远程教育建设。本章进而选取了苏木大学作为次要子案例,描述并解读了政府在该政策阶段中的行为策略,并且从对比的视角评述了两所高校的认知与回应。国家通过发布政策文件、召开会议与建立中间机构等多种方式,不断规范试点高校行为和远程教育市场秩序,并将现代远程教育体系纳入政府的统一管辖之中。

本章同时分析了该试点发起、执行和纳入政策周期过程中的影响因素。除了试点本身的可行性和有效性,政策方案的政治正确性,与制度环境的适切性,以及政策行动者的理念、策略和技巧都是重要的考量因素。本案例生动地展示了试点方法可为高等教育改革所提供的创新性策略选项。不仅如此,试点构成了地方创新进入国家政策周期的有效机制,展现了中国政府有意识的政策学习能力。

第七章　指令型试验：大学章程建设

一、改革背景

自 1978 年改革开放以来，中国经历了翻天覆地的变化。作为社会的有机组成部分，高等教育在过去 40 年间的种种变革回应甚至引领了中国前进的步伐。在此过程中，以政策试验为特色的实现机制为允许、鼓励和吸纳高校自主创新提供了可能路径。或是基于地方试验，或是基于政府顶层设计，试点经由点到面的过程逐步引发全国范围内的改革创新。本书的前三个案例已经为我们描绘了这些不同形态的试点改革。

这些案例同时为我们提供了一个新视角以重新审视大学在高等教育改革中的作用。长期以来，中国大学都处在缺乏自主权和改革意识的批评声中。前文讨论的三个案例则向我们揭示了不同的图景：大学有意愿，在一定程度上也有能力自主发起创新改革，并通过与国家的反复互动以构建行为策略空间，实现自身利益诉求。不可否认，该过程中上级行政机关的支持或默许无疑是十分重要的。但高校如何通过多种策略以建立政策支持联盟，与不同利益相关者互动以协商改革共识，更是地方试验得以推进并纳入议程设定的关键。对政府而言，在先例缺失的情况下如何平稳而更有效率地推进教育体制内的种种改革，必须依赖基层的实践探索。在此逻辑下以试点方式默许地方改革以突破制度限制，实现政策创新，正是中国过去几十年间政策变迁和改革推进的重要智慧。在本书所讨论的前三个案例中，我们可以清晰地看到在改革发生发展中政策试验所起到的策略生成和行为规训作用。

本章选取的案例与前文案例有所不同。作为指令型试验的典型代表，本章讨论了一个由国家主动发起，并且有步骤、有计划推开的试点，即在建设现代大学制度背景下的章程建设试点。在政府顶层设计下，试点高校章程设计与起草的行为策略空间明显有所限制,试点的推开亦主要遵循政府顶层设计的步骤,而非建立在前序试点单位内容和程序的创新之上。就此意义而言,这场以试点为名的试验更像是改革方法上的实现机制,而非改革内容上的策略生成机制。

作为大学治校的总纲领,章程对大学的组织性质、基本权利、精神文化等内容进行规定,是大学的"宪法"。在西方,大学章程是通过皇家特许状等方式,为保障机构自主权而发展起来的制度文件。在中国,章程是建设现代大学制度的组成内容,是提高大学办学效益的重要手段,规定了大学的办学目标、行为策略和规章制度。

1995 年发布的《中华人民共和国教育法》明确规定所有新设立的学校和教育机构必须依法设定章程(第二十七条);作为"法人"的学校有"按照章程自主管理"的权利(第二十九条)[①]。这是中国语境下第一次在法律层面上提出"章程"概念,在法律上确定了所有新增高校需要"依章程办事"的原则。1998 年颁布的《中华人民共和国高等教育法》进一步明确了大学章程中需要包含的内容(第二十八条)[②]。教育部进一步鼓励高等学校在国家法律、法规的指导下制定并完善学校章程,按照章程依法自主办学。随后出台的一系列政府文件和举办的相关会议都在引导和鼓励高校积极地制定和完善章程建设。如 1999 年教育部提出:"各级各类学校特别是高等学校要提高依法管理学校的意识,依据法律、法规的规定,尽快制定、完善学校章程,经主管教育行政部门审核后,依章程依法自主办学。"[③]2003 年,教育部重申章程的重要性,指出章程是学校"办学活动的重要依据",鼓励学校依照法律法规制定和完善学校章程[④]。此处的依法治校实质上是中国依法治国方针的重要组成部分。

---

① 全国人民代表大会. 中华人民共和国教育法[EB/OL]. 1995-03-18. http://www.npc.gov.cn/wxzl/gongbao/1995-03/18/content_1481296.htm.

② 《中华人民共和国高等教育法》第二十八条规定高等学校的章程应当规定以下事项:学校名称、校址;办学宗旨;办学规模;学科门类的设置;教育形式;内部管理体制;经费来源、财产和财务制度;举办者与学校之间的权利、义务;章程修改程序;其他必须由章程规定的事项。

③ 教育部. 关于加强教育法制建设的意见[EB/OL]. 1999-12-02. http://old.moe.gov.cn/publicfiles/business/htmlfiles/moe/moe_623/200501/5144.html.

④ 教育部. 关于加强依法治校工作的若干意见[EB/OL]. 2003-07-17. http://www.moe.gov.cn/s78/A02/zfsleft/s5911/moe_623/201001/t20100129_5145.html.

2010年，中国发布了具有重大战略意义的教育纲领《国家中长期教育改革和发展规划纲要（2010—2020年）》（以下简称《纲要》）。《纲要》提出了“完善中国特色现代大学制度”的重要目标，指出要“加强章程建设。各类高校应依法制定章程，依照章程规定管理学校”（第四十条）。为实现这一战略目标，该文件提出要进行现代大学制度改革试点，包括“制定和完善学校章程，探索学校理事会或董事会、学术委员会发挥积极作用的机制”（第六十七条）[①]。国务院办公厅随后发布了《关于开展国家教育体制改革试点的通知》，指定了大批地区和教育机构针对《纲要》所提出的改革目标展开有组织的试点。该《通知》在鼓励“坚持因地制宜，鼓励各地高校大胆试验”的同时，强调要“搞好总体设计，正确处理改革、发展和稳定的关系”，这一原则即是对政府总体设计和统筹规划的强调。其中，作为建设现代大学制度的有机组成部分，政府选取了26所高校专门进行“推动建立健全大学章程，完善高等学校内部治理结构”的试点[②]。这26所高校均为部属高校，即在本书所讨论的重点大学范畴之内。根据教育部有关文件，这26所高校的选取是在“自愿申报、专家评审、协商论证、综合平衡、统一部署”的原则下进行的。

从合法性基础来说，《中华人民共和国高等教育法》已经明确规定新建高等学校必须制定章程，依照章程规定依法办学，但是对于已建立的大学尚没有明确规定。在晚清民国时期，高等教育机构普遍设立章程，如京师大学堂的《奏议京师大学堂章程》。新中国成立之后，高等教育机构经历了多次改革和调整，特别是1952年院系调整之后，高校原有的大学章程呈现出碎片化趋势，但一些高校内部仍旧存在着类似章程的相关规定。其中，吉林大学是首批制定现代大学章程的高等学校。2005年底，吉林大学通过了《吉

---

① 在“建设现代大学制度”试点中，其他试点内容包括“全面实行聘任制度和岗位管理制度；实行新进人员公开招聘制度；探索协议工资制等灵活多样的分配办法；建立多种形式的专职科研队伍，推进管理人员职员制；完善校务公开制度等”。中共中央，国务院. 国家中长期教育改革和发展规划纲要（2010－2020年）[EB/OL]. 2010-07-29. http://www.moe.gov.cn/srcsite/A01/s7048/201007/t20100729_171904.html.

② 这26所大学为：北京大学、中国人民大学、清华大学、北京师范大学、中国政法大学、天津大学、大连理工大学、吉林大学、东北师范大学、复旦大学、东华大学、华东师范大学、东南大学、浙江大学、华中师范大学、湖南大学、重庆大学、四川大学、西南财经大学、西北农林科技大学、长安大学、兰州大学、北京航空航天大学、哈尔滨工业大学、西北工业大学、中国科学技术大学。国务院办公厅. 关于开展国家教育体制改革试点的通知[EB/OL]. 2010-10-24. http://www.gov.cn/zwgk/2011-01/12/content_1783332.htm.

林大学章程》，有学者认为这是对“现代大学制度建设的科学探索”[①]。从现实需求的视角来看，20 世纪 90 年代末期，在“共建、调整、合作、合并”八字方针下，一批大学开启了合并的浪潮。其中，由五所大学合并形成的新吉林大学急需建立一套协调所有利益相关者的机制以指导整合后的大学发展，这一需求无疑为吉林大学章程建设提供了现实动力。然而，当时大部分高校并没有迫切制定章程的需求。因此，截止到 2011 年，仅有 30%左右的高等学校具备大学章程，大学办学中的“无章可依”“有章不依”等问题仍比较严峻。因此，教育部多次鼓励各试点学校做章程制定的“领头羊”，将其作为建设现代大学制度的主要突破口[②]。

为了更好地推进试点工作，2011 年，教育部颁布了《高等学校章程制定暂行办法》，详细地规定了试点高校在制定章程过程中的制定程序、主要内容和监督要求[③]。在该政策文件的指导下，六所高校于 2013 年向教育部提交了章程草案进行核准。与此同时，教育部决定进一步拓展试点的规模，并在 2013 年发布了《中央部委所属高等学校章程建设行动计划(2013—2015年)》，明确规定了相关高校章程建设的工作方案和时间节点。其中，国家要求所有“985 工程”建设高校原则上于 2014 年 6 月底前完成章程制定，所有“211 工程”建设高校原则上于 2014 年底前完成。试点工作更是被赋予了明确的目标，即要通过章程建设，“推动高校健全完善法人治理结构和自我监督机制，以章程赋权的方式，明确高校办学自主权的内涵，以及主管部门与高校之间权利义务和管理职权的边界”[④]。在中国的试点活动中，这样一个分批次、分阶段的明确计划并不多见，试点的推进亦并非建立在首批试点高校在内容或者程序上的创新之上。该《行动计划》也确实促进了各高校实践步伐的加快。至 2015 年 6 月，所有“985 工程”和“211 工程”高校均已完成并发布了章程；在 2016 年左右，全国几乎所有高校均完成了章程建设。

对于试点高校而言，此次改革的目标和任务都相对明确。大学章程建

---

① 湛中乐，徐靖. 通过章程的现代大学治理[J]. 法制与社会发展，2010(3)：106-124.

② 孙霄兵. 在建设现代大学制度研讨会上的讲话[EB/OL]. 教育部，2011-11-25. http://old.moe.gov.cn//publicfiles/business/htmlfiles/moe/s5917/201201/129735.html.

③ 教育部. 高等学校章程制定暂行办法[EB/OL]. 2011-11-28. http://www.gov.cn/flfg/2012-01/09/content_2040230.htm.

④ 教育部. 中央部委所属高等学校章程建设行动计划(2013—2015 年)[EB/OL]. 2013-09-22. http://old.moe.gov.cn//publicfiles/business/htmlfiles/moe/s5933/201310/158133.html.

立的根本目的在于完善大学内部治理机制,实现“以章程赋权”;然而,本应通过大学自由探索以鼓励高校特色办学的章程制定过程却伴随着国家详细的规划和持续的干预。这一看似“矛盾”的问题实质和问题解决过程使得该案例成为指令型试验中的典型代表。对此案例的深入考察可以帮助我们思考:应该如何理解这种自上而下试点在政策过程中的作用——是寻求改革策略和程序的有益尝试,还是在试点名义下由点到面地逐步推开的工作方法?在此过程中,谁才是改革的主导力量?我们如何理解国家和大学在其中的互动、协商与共识达成?

为回答这些问题,本章首先选取天葵大学(化名)作为主要子案例,描述、分析并讨论此次章程建设试点中的高校行动者的理念、选择和行为策略,聚焦较为有限的行为策略空间中大学—国家的互动与结果。进而选取石竹大学(化名)作为次要子案例,讨论并解释影响高校(不同)行为的相关因素,使我们更加全面地理解此次试点及其内嵌的权力互动关系,进而以此为切入点探讨新时期国家—大学关系与高等教育治理问题。

二、“以章程赋权”的试点改革

(一)改革初期行动者的认知

天葵大学是中国重点大学,在中国高等教育发展历程中多次充当改革先锋的角色。本章讨论了天葵大学在成为国家章程建设指定试点后,高校和国家利益相关者的认知及其影响高校形成并制定章程草案的过程。本章同时关注该过程中大学如何通过一系列行为策略争取自由裁量的空间,以最大限度地实现通过章程赋权的政策目标等问题。

2010年,在《纲要》的精神指导和工作要求下,政府选取了包括天葵大学在内的26所高校作为章程建设的首批试点。在试点工作初期,天葵并未将章程制定放在学校日常工作的核心。“我们对开始去做这项工作比较保守,想等等看其他高校先制订章程,我们再加入”,直接参与到章程制定工作中的一位受访者表示。此时高校的选择主要基于政策制定者对于章程本身性质及其潜在作用的认知。

首先,中国情境下的“章程”并非国家法律,亦非中央政府的政策法规。作为大学的总纲领,章程可以看作一系列说明大学性质、治理结构、内容和程序的文件的集合,经教育部批准而具备一定的行政效力。换言之,章程所具备的权威性等同于其批准部门所发布的政策效力。再进一步来说,即使是行政政策,在执行过程中也未必真的能成为规范和保护大学的依据。红头文件①的重要性使得即使是经过教育部批准的大学章程在实践操作中也可能会丧失相关有效性。这些具有行政约束性的规范文件在实践中成为指导机构行为的重要依据。因此,即使是在现行法规框架下制定并通过的大学章程,也可能会面对与政府后续文件相左的情况,使其实践中的效力大打折扣。在此情景下,高校自然而然地对章程在多大程度上可以实现真正赋权,指导高校行为并保护其合法权利存疑。

除此之外,这一以章程赋权为名的试点改革并没有为试点高校在探索的过程中留下太多的自由空间。政府已经发布了一系列行政规章并较为全面地规定了章程的内容和形式。就此而言,高校在试点中能够产生的实质影响从最开始即被限制在这一框架之内。更重要的是,章程在多大程度上能够达到其建设目的,即厘清高校的内外部关系,落实高校自主权,对于试点高校的行动者来说仍旧不甚清晰。

毋庸置疑,厘清高等院校与其举办者的关系对于提高高校自主权和高等教育现代化治理都具有重要意义,章程建设正是在此宏观目标下的有益尝试。然而,大学的外部关系,特别是和政府的关系已经存在十分明确的界定。例如,在《中华人民共和国高等教育法》中已经明确规定了国家是公立高等学校的举办者,“国家根据经济建设和社会发展的需要,制定高等教育发展规划,举办高等学校,并采取多种形式积极发展高等教育事业”(第六条)②。在高校和举办者的关系界定下,政府已经先后颁布了一系列文件以厘清双方的权利和义务。例如,中国政府是公立高校的主要经费提供者,实行中国共产党高等学校基层委员会领导下的校长负责制等。如果我们将章程看作对于高校行政规范的纲要性文件,则章程应当承载“举办者”的核心理念和宗旨,因此其建设主体应当是作为举办者的政府,而不是实践主体的高校。正如在本案例中,尽管试点高校被赋予了根据高校实际发展情况、特

---

① 红头文件是对中央一级政府机关发布的文件,如决定、通知、公告、说明等的俗称,因文件以红色标题和红色印章而醒目,故被称为红头文件。

② 全国人民代表大会.中华人民共和国高等教育法[EB/OL].1998-08-29.http://www.people.com.cn/item/faguiku/jy/F44-1020.html.

点和需求撰写章程的权力，但仍旧被限制在举办者已有的规范框架内，并且需要经由教育部予以批准和发布。因此，对于高校行动者而言，“章程建设应当是由政府来办，我们来配合，因为归根到底在外部关系上没有什么我们能够改变的地方”，天葵大学的一位试点负责人指出。换言之，章程建设能够在多大程度上起到平衡行政力量和学术力量，落实大学办学自主权这一重要作用的可能性仍值得商榷。

从高校内部关系，即高校自身治理角度来看，章程的实用性也同样具有不确定性。一方面，章程“因过于原则而经常被认为是‘没用’的东西”[①]。另一方面，即使在没有章程的情况下，各个高校也已经存在有效的制度和运行规则。以天葵大学为例，其时，校内已有运转良好且有序的内部治理结构，该结构是由高校内部各利益相关者所共同认可和遵循的。虽然当时天葵大学并不存在一个官方认可的章程，但这不意味着在事实上高校内部缺乏一系列行之有效的规范条例以对内部事务进行权利和义务的明晰规划。该校一位试点的主要参与者即指出：“我们本身没觉得章程是个了不得的东西。没有它我们也运转得很好，有了它也不一定就能更好。”因此，高校内部人员对新建一个名为“章程”的文本以指导高校内部治理和运转在多大程度上是有意义的有所存疑。对其而言，“章程”更多的是形式上的建制，而非实质性的创造。这一点在2011年11月教育部颁布《高等学校章程制定暂行办法》(以下简称《暂行办法》)后表现得尤为明显。本小节节选了《暂行办法》的第二章。从中可以看出，《暂行办法》已详细地规定了章程制定的内容和形式[②]。

《高等学校章程制定暂行办法》第二章章程内容

第七条　章程应当按照高等教育法的规定，载明以下内容：

(一)学校的登记名称、简称、英文译名等，学校办学地点、住所地；

(二)学校的机构性质、发展定位，培养目标、办学方向；

(三)经审批机关核定的办学层次、规模；

---

① 秦惠民．高校管理法治化趋向中的观念碰撞和权利冲突——当前诉案引发的思考[J]．现代大学教育，2002(1)：69-74.

② 教育部．高等学校章程制定暂行办法[EB/OL]．2011-11-28．http://www.gov.cn/flfg/2012-01/09/content_2040230.htm.

(四)学校的主要学科门类,以及设置和调整的原则、程序;

(五)学校实施的全日制与非全日制、学历教育与非学历教育、远程教育、中外合作办学等不同教育形式的性质、目的、要求;

(六)学校的领导体制、法定代表人、组织结构、决策机制、民主管理和监督机制,内设机构的组成、职责、管理体制;

(七)学校经费的来源渠道、财产属性、使用原则和管理制度,接受捐赠的规则与办法;

(八)学校的举办者,举办者对学校进行管理或考核的方式、标准等,学校负责人的产生与任命机制,举办者的投入与保障义务;

(九)章程修改的启动、审议程序,以及章程解释权的归属;

(十)学校的分立、合并及终止事由,校徽、校歌等学校标志物、学校与相关社会组织关系等学校认为必要的事项,以及本办法规定的需要在章程中规定的重大事项。

第八条　章程应当按照高等教育法的规定,健全学校办学自主权的行使与监督机制,明确以下事项的基本规则、决策程序与监督机制:

(一)开展教学活动、科学研究、技术开发和社会服务;

(二)设置和调整学科、专业;

(三)制订招生方案,调节系科招生比例,确定选拔学生的条件、标准、办法和程序;

(四)制订学校规划并组织实施;

(五)设置教学、科研及行政职能部门;

(六)确定内部收入分配原则;

(七)招聘、管理和使用人才;

(八)学校财产和经费的使用与管理;

(九)其他学校可以自主决定的重大事项。

第九条　章程应当依照法律及其他有关规定,健全中国共产党高等学校基层委员会领导下的校长负责制的具体实施规则、实施意见,规范学校党委集体领导的议事规则、决策程序,明确支持校长独立负责地行使职权的制度规范。

章程应当明确校长作为学校法定代表人和主要行政负责人,全面负责教学、科学研究和其他管理工作的职权范围;规范校长办公会议或者校务会议的组成、职责、议事规则等内容。

第十条　章程应当根据学校实际与发展需要,科学设计学校的内部治理结构和组织框架,明确学校与内设机构,以及各管理层级、系统之间的职责权限,管理的程序与规则。

章程根据学校实际,可以按照有利于推进教授治学、民主管理,有利于调动基层组织积极性的原则,设置并规范学院(学部、系)、其他内设机构以及教学、科研基层组织的领导体制、管理制度。

第十一条　章程应当明确规定学校学术委员会、学位评定委员会以及其他学术组织的组成原则、负责人产生机制、运行规则与监督机制,保障学术组织在学校的学科建设、专业设置、学术评价、学术发展、教学科研计划方案制定、教师队伍建设等方面充分发挥咨询、审议、决策作用,维护学术活动的独立性。

章程应当明确学校学术评价和学位授予的基本规则和办法;明确尊重和保障教师、学生在教学、研究和学习方面依法享有的学术自由、探索自由,营造宽松的学术环境。

第十二条　章程应当明确规定教职工代表大会、学生代表大会的地位作用、职责权限、组成与负责人产生规则,以及议事程序等,维护师生员工通过教职工代表大会、学生代表大会参与学校相关事项的民主决策、实施监督的权利。

对学校根据发展需要自主设置的各类组织机构,如校务委员会、教授委员会、校友会等,章程中应明确其地位、宗旨以及基本的组织与议事规则。

第十三条　章程应当明确学校开展社会服务、获得社会支持、接受社会监督的原则与办法,健全社会支持和监督学校发展的长效机制。

学校根据发展需要和办学特色,自主设置有政府、行业、企事业单位以及其他社会组织代表参加的学校理事会或者董事会的,应当在章程中明确理事会或者董事会的地位作用、组成和议事规则。

第十四条　章程应当围绕提高质量的核心任务,明确学校保障和提高教育教学质量的原则与制度,规定学校对学科、专业、课程以及教学、科研的水平与质量进行评价、考核的基本规则,建立科学、规范的质量保障体系和评价机制。

第十五条　章程应当体现以人为本的办学理念，健全教师、学生权益的救济机制，突出对教师、学生权益、地位的确认与保护，明确其权利义务；明确学校受理教师、学生申诉的机构与程序。

综合来看，上述认知共同解释了为何天葵大学在试点初期保持了观望的态度。在此情况下，教育部主要采取了两种策略：一方面，出台了明确的时间规划，对试点规模的扩大和完成时限做出行政规定；另一方面，通过会议、领导讲话、官媒报道等多种形式，不断强调章程建设对于中国现代大学制度建设的重要性，督促高校加快试点步伐。在这些举措的共同作用下，天葵大学逐渐认可章程建设的重要性，并于 2013 年正式启动了其章程建设试点。

就理论意义而言，章程建设的意义需要放置在高等教育系统内“建立现代大学制度”和中国语境下“依法治国”战略方针的大背景下去理解。高校可以通过试点的机会总结提炼其过往运行和治理经验，并且将其愿景和权利以章程文本的形式记录，经教育部认可从而为高校形成“宪法”，即使这一“宪法”在实际运行中仍旧存在种种制约，但其存在本身即可以看作中国高等教育依法治理的(潜在)方式。在天葵大学的章程制定过程中，一位参与者即指出，至少从政府的政策意图来看，允许高校根据自身特点去制定章程可以看作“一个重要的抓手来推进现代大学制度建设”，甚至可以看作“新一轮政府放权和自我规范高校行为的序曲”。

从国家的角度出发，推进章程建设是依法治国和依法治校的必然要求。中国高等教育运行中的一个重要挑战即是高校自主权的缺乏。这一自计划经济时代即存在的问题虽历经政府多次放权，仍深刻制约着中国高等教育的现代化发展。就某种意义而言，我们可以将过去中国社会所出现的种种问题都看作不同利益群体诉求无法协调而导致冲突的体现，究其原因在于国家的高速发展使得社会缺乏(或无法及时更新)一个共同认可的行为框架体系和利益协调机制。纵观中国高等教育发展历史，国家和大学的互动与博弈贯穿始终，政府干预和高校自主的博弈关系也是学界长期讨论的重点。因此，从政府的角度来看，发起并推动章程建设试点的动机在于通过各高校自主制定和完善章程的过程来改善高校内部治理结构，做到“依章程治校”，在真正意义上提高高校自主权，建立现代大学制度。这一观点频繁出现在国家话语体系中,如多位国家领导人和政府官员都在讲话、会议和媒体的公开报道中提到了“以章程赋权”的重要性。例如,相关教育部负责人在报纸采访和会议讲话中明确提出:“我们把章程作为大学立法来进行,大学要自己规范自己,明确自己该如何发展。要把管理重心从政府管学校转移到学校依法自主办学,让学校治理完成根本性的转变。这是章程的根本意义所在。”①

教育部一位负责人在访谈中也表达了相同的观点,认为政府是希望“通过制定章程这个过程,使得学校和政府能够达成共识,我们以后就可以在这样一套相互认可的规定下去运行,教育部亦可以此为契机完成从管理者到服务者角色的转变”。在此逻辑下,教育部多次表明试点中自身的定位是鼓励者和服务者,鼓励大学积极利用试点机会争取更多的自主权并形成章程。该被访者进一步表示:“我们希望大学能够写那些他们觉得重要的、想要写的,而不是教育部希望他们写的东西。”在理想状况下,该过程本身就是一个赋权的过程。试点过程中的大胆探索及与国家的互动协商有助于大学及其行动者加强自主性,改善在实践中过度依赖国家权力机关的状况——无论这种依赖是主动意义上的,还是被动意义上的。就此层面而言,章程所讨论的具体内容和话语反而成为此次试点的模糊背景,其重要性落实到了制定章程、协商各类行动者利益诉求与达成共识的过程之中。在政府有关负责人看来,国家已经给予了高校相当大的自由量度,对于各高校提出的文本只进行了微小的修改。该被访者进一步说明:“我们不会去教学校怎么做;但是如果他们不利用这次机会去创新,我们也不会帮他们去做。在这个过程中我们给了高校很大的自由,所以这个过程其实更是一个自下而上的过程,而不是自上而下的。”

时至今日,历经规模的不断扩大和全国范围内的广泛实施,这一场以试点开始的章程建设行动已经基本完成。然而,对于这一过程的解读却往往因行动者所处的权力关系位置而有所不同。上述国家的目标在多大程度上得以实现,构成了反映这一试点过程的真实图景?高校行动者对于现实情况的解读和构建如何影响了他们在博弈中的行为策略,由此限定或开拓了

---

① 原春琳. 大学章程:完善高校治理结构——专访教育部政策法规司司长孙霄兵[N]. 中国青年报,2013-12-02.

怎样的改革创新空间?这些问题的讨论对于我们理解章程建设试点行为,理解国家和大学关系与理解指令型政策试验而言都至关重要。因此,下一小节将从天葵大学起草与制定章程的具体过程展开分析和讨论。

(二)试点的实施

2013年9月发布的《中央部委所属高等学校章程建设行动计划(2013—2015年)》成为天葵大学着手章程建设的重要推动力。该文件的颁布即可看作教育部在试点进度规划中的干预表现之一。以此为起点,高校试点推进和试点规模扩大的过程开始同步。

2013年底,天葵大学提出要正式启动章程起草和制定过程,并成立了章程建设工作领导小组以全面协调章程建设工作。该校随后设置了两个团队:一是由各领域专家所组成的研究组;二是由政策研究和战略发展中心牵头组成的起草组,同时推进章程建设工作。该校先后召开了多次全体会议、工作例会和章程草案征求意见座谈会等,在广泛征集各利益相关者代表(包括但不限于教师、职工、学生、机关负责人、党政负责人)的基础上,讨论并确定了章程的框架和内容。在此过程中形成了数十个过程稿,直至成型的草案获得校内利益相关者的一致认可。形成核准稿后,天葵将其提交至教育部进行核准。经过反复修改,教育部于2014年批准并公布了该校章程。这一过程经历了调查研究、框架设定、专家咨询、文本起草、征求意见、审议核定、教育部建议、修改完善、教育部核准九个阶段。表7-1记录了本案例中重要的时间节点及涉及的主要内容。

表7-1 案例高校章程制定流程及重要政策节点

时间	事件	内容概述
2010年7月	中共中央、国务院发布《国家中长期教育改革和发展规划纲要(2010—2020年)》	提出"要以体制机制改革为重点,鼓励地方和学校大胆探索和试验……建设现代学校制度"。在此目标下,提出要开展现代大学制度改革试点,制定和完善学校章程是其中一项重要内容
2010年10月	国务院办公厅发布《关于开展国家教育体制改革试点的通知》	政府指定了包括天葵大学在内的26所部属高校展开"推动建立健全大学章程,完善高等学校内部治理结构"的试点,作为改革高等教育管理方式和建设现代大学制度的重要环节

续表

时间	事件	内容概述
2011 年 11 月	教育部发布《高等学校章程制定暂行办法》	对高校章程的内容、形式、制定程序等方面进行了详细规定，以指导和规范高校章程试点建设
2012 年 6 月	教育部发布《国家教育事业发展第十二个五年规划》	提出要加强高等学校章程建设，至 2015 年完成“一校一章程”的目标
2013 年 9 月	教育部发布《中央部委所属高等学校章程建设行动计划(2013—2015 年)》	要求所有“985 工程”高校在原则上于 2014 年 6 月底前完成章程制定，“211 工程”高校在原则上于 2014 年底前完成章程制定，中央部委所属其他高校于 2015 年底前完成章程制定
2013 年末	天葵大学召开大学章程建设启动会	该校试点工作在实质上开始
2014 年末	教育部核准并发布天葵大学章程	该校试点结束

在起草过程中，高校和教育部的沟通主要依赖于正式的报告和文书往来。2014 年初，天葵大学向教育部有关部门提交了章程草案，并得到后者的正式回复和修改意见。该校接受了部分修改意见，但对部分内容表示了坚持，并在修改后重新提交给教育部，后者进而根据学校的修改草案和说明重新提出意见。这一过程经过多次反复和协商，逐渐达成了高校和教育部对于该校章程的基本共识。此处的共识不仅指实质性的章程内容，也指章程语言的具体表述。这一共识背后反映的是双方共同的妥协和让步。在此过程中，天葵大学的有关负责人始终维持了一个良好、顺畅的沟通渠道。除通过草案修改稿件进行正式的意见交换外，还通过谈话、走访等形式促进双方之间面对面的沟通和交流。对于教育部而言，“我们对此事非常重视。可以说基本每次有学校的人来针对这个问题咨询，我们都会放下手里的事情先和他们谈”，一位工作人员讲述了其立场。

会议同样是该过程中国家和高校沟通的重要渠道，也是试点工作推进的重要方式。在《中央部委所属高等学校章程建设行动计划(2013—2015 年)》中即已经明确规定：“教育部高等学校章程核准委员会将于 2013 年 10 月、2013 年 12 月，以及 2014 年 3 月、5 月、7 月、9 月和 11 月，分别召开会议，每次评议 10 所左右高校章程，在 2014 年底前完成 70 所左右高校章程的核准；2015 年再召开 3～4 次会议，完成其余高校章程的核准工作。”①除此之外，教育部还多次在各高校举办章程建设相关的会议。表 7-2 总结了此次试点涉及的部分会议，以分类Ⅰ注明；由于章程制定是建设现代大学制度的重要组成部分，所有和现代大学制度建设相关的会议均涉及章程建设试点，故该表同时涵盖了这一时期与现代大学制度建设相关的重要会议，以分类Ⅱ注明。

表 7-2　章程建设试点中涉及的会议汇总

时间	会议名称	主要内容	地点	类型
2010 年 12 月 20 日	建设中国特色社会主义现代大学制度试点工作会议②	作为现代大学制度试点工作的启动会议，由来自教育部、地方教育行政部门和 28 所试点高校的代表参加并相互交流，对试点工作的开展进行规划和部署	北京	Ⅱ
2011 年 11 月 25 日	建设现代大学制度研讨会③	参与试点改革的 13 所南方地区高校代表参与会议，并与教育部进行沟通和交流。教育部特别表示目前章程试点工作开展情况不畅，要求试点高校做章程制定的“领头羊”	华中师范大学	Ⅱ
2012 年 1 月 11 日	推进高等学校章程建设研讨会④	会议对《高等学校章程制定暂行办法》进行工作解释。参与试点改革的 15 所北方地区高校代表和教育部、国家教育发展研究中心等负责人进行交流，汇报各校试点情况	北京大学	Ⅰ
2012 年 3—5 月	“高等学校章程制定暂行办法研讨班”“全国高校章程与依法治校专题研讨培训班”⑤	教育部先后举办多次章程建设相关的研讨班和培训班，进行政策解读和宣传，指导高校制定和完善章程，并且通过研讨班了解各高校章程建设情况和问题	全国各地	Ⅰ

① 教育部. 中央部委所属高等学校章程建设行动计划(2013—2015 年)[EB/OL]. 2013-09-22. http://old.moe.gov.cn//publicfiles/business/htmlfiles/moe/s5933/201310/158133.html.

② 柴葳. 建设现代大学制度试点工作会议召开，力争到 2012 年取得阶段性成果[N/OL]. 中国教育报，2010-12-25. http://www.moe.gov.cn/s78/A02/moe_627/201012/t20101227_113106.html.

③ 孙霄兵. 在建设现代大学制度研讨会上的讲话[EB/OL]. 教育部，2011-11-25. http://old.moe.gov.cn//publicfiles/business/htmlfiles/moe/s5917/201201/129735.html.

④ 教育部推进高等学校章程建设研讨会在北京召开[EB]. 新闻网，2012-01-13.

⑤ 刘强. 制定实施学校章程 完善现代大学制度——在《高等学校章程制定暂行办法》研讨班上的发言[EB/OL]. 2012-05-10. http://www.ghc.nwnv.edv.cn/2013/0721/c1479a38521/page.htm.

续表

时间	会议名称	主要内容	地点	类型
2012 年 6 月 15 日	建设中国特色大学制度试点工作中期总结暨研讨会①	教育部总结过去阶段试点情况，并对未来阶段进行工作部署，试点高校代表分享各自探索情况	四川大学	Ⅰ
2013 年 7 月 11 日	高等学校章程核准委员会第一次会议②	对 6 所高校的章程提案进行评议和核准，并且提出修改建议（8 月 12—23 日，对 6 所高校的章程核准稿在教育部门户上公开征求意见）；有关高校分享了章程制定的经验	东华大学	Ⅰ
2014 年 4 月 2 日	“985 工程”高校章程建设工作交流会③	“985 工程”高校代表参会并与教育部有关领导和专家汇报情况，交换意见，讨论章程建设的进一步发展情况	中国人民大学	Ⅰ
2014 年 5 月 22 日	“211 工程”高校现代大学制度暨章程建设工作推进会④	“211 工程”高校代表参会并与教育部有关领导和专家汇报情况，交换意见；教育部强调有关高校要把握时间节点，确保章程建设试点的计划按时完成	南昌大学	Ⅰ
2014 年 10 月 31 日	全国地方高校章程建设工作推进会⑤	教育部、省级政府和有关高校对章程建设的工作经验进行介绍和总结，政府鼓励地方大学积极参与章程建设	武汉	Ⅰ

综合来看，政府主导下召开的章程建设相关会议可以分为两种类型：第一类是行政性的会议，其目的在于借此机会发布或解释文件、提出要求、进行章程核准工作等。第二类偏向于信息收集与分享的会议，在此期间允许高校提出诉求、表达意见，并且做出直接回复，这些会议有时还包括对于模范试点的推广和学习。这两种类型的会议共同构成了一种“柔性机制”，国家和大学能够以此为契机沟通信息、协商共识，其行政意味较弱而实时沟通

① 刘磊. 推动试点工作取得新突破——“建设中国特色现代大学制度”试点工作中期总结会举行[N/OL]. 中国教育报，2012-06-18. https://www.chsi.com.cn/jyzx/201206/20120619/321702775.html.

② 教育部召开高等学校章程核准委员会第一次会议[EB/OL]. 中国在职研究生招生信息网，2013-08-19. https://www.eduego.com/school68/zixun/7310.html.

③ 万玉凤.“985 工程”高校章程建设工作交流会在中国人民大学召开[N]. 中国教育报，2014-04-03.

④ 徐光明.“211”高校现代大学制度暨章程建设工作推进会召开[N]. 中国教育报，2014-05-23.

⑤ 全国地方高校章程建设工作推进会在湖北省召开[EB/OL]. 中国教育在线湖北分论. 2014-11-10. http://hubei.eol.cn/hubeinews/201411/t20141110_1200221.shtml.

性较强。回顾中国的改革实践，会议往往发挥了重要的作用，促进上下之间的信息传递、同行之间的经验共享、不同利益相关者之间的互动协商等。就此意义而言，会议可以看作一种改革的治理手段，在一定意义上与欧盟的“开放协调方法”(open method of coordination)有一致性，即在改革过程中提供一个公开的框架和行为准则以引导相关行动者朝着共同的政策目标行动[①]。中国大学分布广泛且数目繁多，每所大学都拥有独特的发展历史、组织文化和战略定位，加之高等学校对自主权的强调，使得国家很难以具体的意见去强迫高校投身某项行动。通过会议的方式，把同类高校放在一个公开平台上展开讨论和分享，促使了各高校在一致的政策目标和行为框架下进行探索，鼓励了交流和经验学习。同行之间的监督与比较也成为促使其他高校加快章程建设步伐的重要方式。例如，一位教育部官员即曾在会议上公开评论“你们大学是少数几个还没有章程的大学”——类似这样的公开话语虽然不具备行政效力，但其产生的同行压力可构成敦促高校章程建设的有效方式。

除此之外，非正式的方式也是国家—大学互动的重要形式，如在会议的茶歇或者正式开会的前后，相关行动者之间可以口头交流咨询意见和交换想法。在天葵大学的案例中，当出现犹豫不决，不知该如何表达某些诉求和想法的情况时，该校亦会主动寻求教育部的意见。该校一位负责试点工作的领导者举例道：“可能某一方面的措辞不确定，那么我会打电话或者直接去拜访教育部有关部门的负责人，沟通我们的想法。他们也会给我们一些建议，总的来说这个过程是很顺畅很友好的。”另一位该校参与者补充道，教育部基本尊重了我们的想法，“他们也知道我们在高等教育方面更熟悉，更了解，所以还是比较尊重我们的专业意见。另外，他们也比较看重我们，希望通过我们的试点创新推动整个国家的高等教育改革进程”。

在田野调查中，有受访者表示《暂行办法》的制定过程本身也参考了一批来自重点大学的专家的意见。其中，该校的一位专家回忆道：“教育部也和我们说，我们可以自己去做一些改变，因为现在还是试点阶段嘛。”诚如他所述，缺乏推进大学章程建设的前期经验使教育部在行动上不可避免地要依赖专家意见，特别是来自高校内部的学者意见。因此，虽然《暂行办法》不

---

① 朱贵昌. 开放协调机制：欧盟应对成员国多样性的新治理模式[J]. 国际论坛，2010(3)：8-11.

可否认地为各高校试点章程建设划定了总体框架并投射了种种限制,但其制定过程本身及政府对这一试点性质和内容的认知共同允许了一定程度上的自由裁量度,使得高校的部分自主探索成为可能。该专家解释道:

> 教育部发布这些规定,是基于过去的经验,也是具有普适价值的规定。但是像我们这样的大学,我们做的事情未必要完全复制这些规定的文本。试点就意味着在一定程度上,我们需要去寻找创新的方法来打破过去的规定。在中国情境下,有的时候没有意见也是一种意见,是一种隐性的表态。所以如果没有人站出来说你这个不行,那么你就可以默认是可以的。

高校在试点过程中对于权威机关行政规定的选择性"解读"可以在一定程度上视为推进试点的"保护机制"。从高校角度出发,"试点"的性质和地位允许乃至鼓励创新,而创新在有些时候就不可避免地涉及对原有制度规定的打破。对于天葵大学而言,参与到章程制定过程中的行动者清晰地认识到诸如《暂行办法》等政策文件所投射的限制,但希望"以章程赋权"的期望也同样促使着他们去探索那些"必修"之外的"选修"内容,从而通过章程确立并合法化高校的办学特色。本小节以一些具体的例子探讨这些"选修"内容。此处讨论的重点并非条例规定的内容本身,而是高校和国家如何在互动中共同达成了对于这些"计划之外"内容的共识。

"选修"A:具有改革导向的愿景设计

在章程起草过程中,天葵大学有意识地将高校希望在未来涉及的改革纳入章程之中,希冀为高校未来实践争取更多自主权并为其顺利开展"保驾护航"。例如,该校的章程识别了三种不同类型的职位,包括"教学岗""科研岗""教学科研岗",并对每一类岗位的权责进行了明确的划分。这一改革正是该校人事制度改革的重点(也是现阶段中国大部分研究型大学人事制度改革探索的重点)。人事制度改革的复杂性使得教师岗位分类成为高校改革长期的难题之一,将此事项写进章程为天葵大学推动改革提供了合法性依据和指导。实践证明,该校后续的人事制度改革也的确以章程为依据推进,这体现了章程在实践中指导高校运行的重要作用。

再例如,天葵大学的章程中规定,高校应当分别建立录取委员会、教学委员会和战略规划委员会以指导大学的核心事务和发展工作。其中,在每个院系建立教学委员会是有关决策者深入思考后提出的意见。在以前,天葵大学各院系都设有专门的教学委员会,废除后则由各院系的学术委员会代替。通过重建教学委员会,一方面可以实现和高校的校务委员会、院系的学术委员会之间的权力制约和平衡;另一方面可以借此强调"教学"在大学事务特别是学科组织之中的重要性。长期以来,高等教育国际竞争的日趋激烈,大学排名和学科评估的压力等多种因素导致大学内部"重研究而轻教学"的现象日益凸显,引起了高等教育实践者和政策制定者的普遍担忧。在此背景下,将这些事项的治理分别归类于教学委员会和学术委员会,有利于改变过去的局面,重新确立教学在高等学校中的核心职能。从实践上来看,这一点也为天葵大学后续内部治理改革提供了合法性依据和指导。

以上两例均体现了高校行动者希望将改革行动和改革方向纳入章程建设以实现大学发展目标的愿景。值得注意的是,改革意味着变化,因此改革导向同时意味着要有策略性地为变化留出空间。因此,该校有意识地省略了有关指导政策中对章程的细致规定,从而在为高校未来发展提供保障的同时,为改革留出空间和余地。该校章程试点的一位负责人解释了这一取向背后的动机:

> 我们认为现在是一个改革发展的时期,甚至可以说是一个大改革、大发展的时期。如果我们把所有东西都写到纸上,那将来就没有任何空间去改了,特别是当我们并不完全确定未来改革具体内容的时候。那么如果将来改革打破了现在章程的某项规定,就直接破坏了整个章程的合法性,这对我们大学发展来说是很不利的。所以我们希望能够为改革留下一些弹性空间。

因此,和其他高校的章程相比,天葵大学最终核准后呈现的章程是较为简短的。拿本章所选择的另一个次要子案例做对比,约只有后者章程字数的一半。某种意义上,天葵大学的章程是在改革导向下对政府规定的部分框架的有意模糊和宏观概括,以为今后行动者创新策略和学校改革发展留下充足的空间。

"选修"B:落实和争取自主权

在章程起草过程中,天葵大学的一个重要期望即通过"试点"机会争取更多自主权,并对现有高校自主权进行系统的规整和落实。事实上,这也是自20世纪80年代以来贯穿中国高等教育发展的主题之一,国家—大学关系这一主线下的权力交换和博弈也是高等教育研究的关键议题。在这一场“以章程赋权”的试点中,借此机会巩固和争取自主权无疑是高校行动的主要动机。

因此,天葵大学章程中的某部分章节几乎所有条目均以“自主”开头,其目的就是最大可能地争取高校在这些事务中的自主权力和空间。具体来说,在草案中,天葵大学希望能够“自主确定招生的层次、结构、方案和模式”,从而在国家核定的办学规模内拥有一定程度的招生自主权,并以章程的形式确定下来,为后续行动提供保障。一位该校被访者给出一个生动的例子,有高校曾向教育部质疑天葵大学的研究生招生方案,教育部则引用已有的章程规定来说明该校行为的合法性。对于其他中央部委和行政部门来说,经教育部门核定并发布的章程也可以在一定程度上起到维护该校自主权的作用。

这些最终呈现在公众面前的文本,是高校和国家行动者在反复博弈和妥协基础上达成的共识。在该校最初提交的草案中,教育部认为学校要求的太多,从而依据整体情况的考量接纳了一些请求而拒绝了一些请求。该修改意见稿返回天葵后,学校同样基于对现实情况的认知和自身利益的诉求,接受了教育部的部分意见,并重新考量那些应该并且可以争取的权力,在下一轮草案中提交新的方案和相关合理性论证。

例如,天葵大学提出希望独立自主地授予学位并制作学位证书。允许高校自主授予学位无疑是一个巨大的改革,标志着对长期实行的国家学位制度的突破。最初,教育部对该项内容表示了反对,一位该校试点的主要参与者在回忆这一过程时指出,教育部的最初决定可能出于对高等教育公平性的考虑,如果放开让所有重点大学都自主授予学位,自主制定学位证书,可能会加剧中国高等教育系统内的纵向分层。他进一步解释道,部分非重点大学可能更倾向于使用政府授予的学位和统一的学位证书规制(包含国徽而非校徽)。经过反复协商,教育部最终将这一部分的措辞增改为“依法”两字,要求高校“依法”授予学位,同时批准了高校自主确定和印制学位证书的要求。天葵大学接受了这一改动,最终达成了双方的共识。

就此问题进行更加深入分析发现,教育部对于该校某些自主权力要求的批准也暗含着政府对于这一改革背后逻辑的认可及对这一改革方向的默许。该校一位改革参与者回忆道，在和教育部沟通的过程中，他们逐渐意识到政府也同样希望在放开学位证书印制权乃至学位授予权这个方向推进，只是改革仍在酝酿之中。“教育部也告诉我们个体学校授予学位的改革步子太大，这是为什么他们拒绝了我们的提议，最后用‘依法授予学位’的说法确定了下来的原因。”

事实上，政府随后的确开始了在此方面的改革。2015 年，国务院学位委员会和教育部印发的《学位证书和学位授予信息管理办法》指出，自 2016 年起，“学位证书由各学位授予单位自行印制，国务院学位委员会办公室印制的学位证书不再使用”；在附则里，明确规定“学位授予单位印制的学位证书不得使用图案”[①]。这意味着中国高等教育长期使用的学位证书制作方法发生调整，而“由统一证书掩盖的各个学校人才培养质量的差异在形式上更加凸显”[②]。有学者诟病这一改革仅仅是“形式上的变化”，因而实质意义十分有限。诚然，学位证书制式的修改看似微小，但该内容也是学位制度的组成部分之一，可以看作高等教育走向市场化的重要趋势，即在毕业生就业市场中，以学校的权威性为载体向社会释放毕业生质量的信号。对于雇佣者和社会群体而言，则可以更多地依据高校本身教育水平判断一个毕业生获取的学位质量（及其背后所代表的教育价值），而市场对于毕业生质量的回应也可以帮助高校更好地进行教育改革，提高人才培养质量。作为高等教育中的重要部分，学位制度的改革涉及更深层次的法律、制度和传统，因此必须通过不断试验的方式缓慢推进，而这一改革即可以看作国家向高校放开学位授予方面诸多权力的先行信号。2019 年开始，教育部公开下发《关于组织学位条例修订调研的函》，向各高校征集意见，酝酿学位制度的下一步改革，其中就包括高校自行授予学位的事项。在一定程度上，我们也可以将该政策变化看作教育部对天葵大学章程中所提出的创新举措的某种认可。就事件本身意义而言，此问题中高校和国家是否是真正意义上的“妥协”已经不重要了，这些互动与反复反而构成了我们今天去观察改革过程中国家—大学关系的背景信息，试点中协商说服的过程正是高校和政府在高

---

① 国务院学位委员会，教育部. 学位证书和学位授予信息管理办法[EB/OL]. 2015-06-26. http://www.moe.gov.cn/jyb_xxgk/zdgk_sxml/sxml_gdjy/gdjy_xwgl/xwgl_glbf/index_2.html.

② 杜瑞军. 学位证书“变脸”蕴含教改深意[N]. 光明日报，2015-07-22.

等教育发展中进行信息交换和共同摸索发展方向的过程。

不可否认,当出现高校章程草案与教育部意见不一致的时候,反复的协商未必总能够带来双方都满意的结果。例如,天葵大学在最初的章程草案中提出希望拥有自主确定招生规模、层次和结构的权力。在教育部的修改意见中,则将涉及"规模"的有关表述删除。从国家的角度出发,招生规模的确定和划分应当由公立高校的举办者即政府决定,因而公立高等教育招生规模的自主权一直牢牢地把握在政府手中。这一决定的考量是多方面的,包括教育质量监管和保障、学生资助和教育支出等。具体在此次试点中,虽然高校提出了自主确定招生规模的要求,但政府仍旧没有改变其立场,最终由高校做出了让步。

在某些权力的争取上,高校可以通过改变具体措辞和表述方式以争取和政府达成一致。例如,天葵大学希望效仿西方大学模式建立董事会,作为大学运行的治理和决策机构,吸纳校外各界社会人士,从而更好地建立与社会各界的联系,使得大学的运行充分地反映并回应社会需求,同时获取更为广泛的资源。这一点也符合了《暂行办法》中对学校和社会关系的内容要求,即"学校根据发展需要和办学特色,自主设置有政府、行业、企事业单位以及其他社会组织代表参加的学校理事会或者董事会的,应当在章程中明确理事会或者董事会的地位作用、组成和议事规则"①。显然,该董事会的性质和地位有待商榷。中国公立高校内部管理层由大学校长和党委书记共同组成,"党委领导下的校长负责制"是由《中华人民共和国高等教育法》明确规定的领导体制。因此,西方意义下的董事会和中国高校的现存领导体制存在一定的冲突,这也是教育部在此问题上持质疑态度的主要原因。最终,该校决定以战略发展委员会的形式来达成这一目标,建立由校内利益相关者、政府成员、校外各界代表共同组成的委员会作为高校的咨询机构。该委员会同时成为社会力量参与高校事务,高校决策考量社会需求的重要渠道。教育部最终接受了这一协商后的结果,以章程的形式确定并向社会公布。该校随后即着手组建该委员会。

上述几例展示了章程起草和修改过程中高校利益诉求与政府要求可能

---

① 教育部. 高等学校章程制定暂行办法[EB/OL]. 2011-11-28. http://www.gov.cn/flfg/2012-01/09/content_2040230.htm.

存在的分歧。这种分歧无疑是正常的，甚至是有益的，促使着不同位置与诉求的行动者能够借此机会交换意见、达成共识。“我们和教育部的互动是建立在相互信任的基础上，是朝着同一个根本目标的。中间出现了理解上或者方法上的分歧的时候，沟通是最重要的”，一位该校改革参与者在访谈中评论道。他将这一协商过程形容为一种真正意义上的博弈：

> 在章程形成过程中，大学需要准确地识别自身需求，并且清晰地表达出来。这个表达不仅是说你要什么权力，还包括你为什么要这个权力，有什么依据或者现实需要。教育部会根据你的诉求来做出回应，也就是它在多大程度上能够给你这些权力。这个过程绝对不是一个对立的、敌对的过程。通过这个过程，我们彼此也可以知道大家的需求是什么，界限在哪里。最后大家都接受的一个结果可能未必是双方最开始要求的，也不是最理想的。不过一般来说，通过反复讨论，我们都能达成一个共识，在这个基础上，我们才能继续推进改革。

天葵大学章程试点的起草、修改和核准过程即是上述表述的真实写照。

（三）一个比较案例

在同一背景下，本章选取石竹大学的章程试点作为次要子案例。作为26所首批章程试点高校中的一所，描述、分析和讨论该校章程建设过程有助于我们通过对比更加全面地了解该试点及不同高校与国家的互动博弈，有助于更加全面地勾勒出这一场指令型试验的全貌。石竹大学是我国中西部地区的一所重点高校，和天葵大学相比，在高校地位、资源网络和地缘关系等方面都处在劣势，高校行动者对于现实情况的认识及行为策略也因之有所不同。

就政策表层而言，章程试点是一场自上而下由国家发起并指定试点而开展的改革，但“国家指定”的背后亦有所差异。石竹大学即是在国家政策引导下主动申请试点的代表。该行动背后是该校领导人对于学校发展的深入考量：该校决策者认为参与国家试点改革，特别是以第一批的身份被遴选参与到试点中是对于学校地位的一种认可。正如前文所述，由于重点大学往往被赋予高等教育改革先锋的使命，因而成为国家指定试点可以看作彰显高校地位的信号，显示着对于高校过去成绩的认可和未来发展的期许。同时，考虑到章程的特殊性质，石竹大学亦希望借此推进高校内部其他领域的改革。一位直接参与到该校章程撰写的知情人指出，学校希望通过积极参与到国家号召的改革中，获得政府在政策和财政上的更多支持。另一位直接参与试点的知情人解释道："章程做得好的话，是有利于机构的持续自我发展的，特别是当我们自己的改革想法和政府的目的一致的时候。"就此而言，我们可以更好地理解石竹大学在试点发起阶段和天葵大学略显差异的态度。

2012年6月，教育部发布《国家教育事业发展第十二个五年规划》，提出要加强高等学校章程建设，至2015年完成"一校一章程"的目标。随即不久，石竹大学正式宣布启动章程建设。在田野调查中，该校章程起草小组指出甚至早在2012年前学校就已经开始着手进行章程制定的准备工作，把它作为建设现代大学制度的重要组成部分。这些准备工作包括前往其他高校访问学习、召开专家座谈会等。

与天葵大学类似，石竹大学同样设定了两个平行小组，分别进行独立的章程研究、起草和撰写工作。第一组主要由党委办公室的有关人员组成，他们对章程的理解更倾向于"经验总结"型。换言之，章程起草是建立在对学校过往办学经验和办学需求的总结基础上，同时借鉴国内其他高校的章程内容。无论从人员组成还是指导理念上，第一组都更具行政意味。第二组由高校的政策和发展研究中心带领，组成成员主要是研究者和学者。因此第二组将重心更多地放在了高校发展愿景之上，并且充分借鉴了国外一流大学的发展经验和已有章程。相较而言，第二组更具"未来愿景"导向，章程的内容和措辞也因此更加大胆。

当两个小组各自完成章程撰写后，决策者对两组方案进行了讨论和比较。其中一位直接参与起草过程的被访者回忆道："当时大家更看重第一个方案，所以我们最终以第一个方案为基准。"该选择一定程度上彰显了该校在此次试点中相对保守的立场。从文本来看，决策者的行动策略亦更加贴合政府出台的相应规定，这直接影响了该校章程的创新性。

2013年底，石竹大学向教育部提交了章程草案。根据知情人回忆，教育部和高校先后交换了两轮意见。在这个过程中，"我们接受了教育部的大部分修改意见，但是也保留了一些自己的想法，并且说明了理由。由于这些也不是什么创新的地方，所以教育部就没有进一步让我们修改，这些内容就保留下来了"，该知情人进一步解释道。该过程中以正式沟通为主，主要包括草案的提交和意见的返回、高校参与教育部召开的会议等形式。

通过对比该校草案初稿、修改案和最终核准稿发现,上述意见交换过程中的修改并不多,且鲜有实质性的创新。最终,该校的章程经教育部核准于2014年向社会公布。将最终核准稿与《暂行办法》规定的内容进行交叉对比分析,可以看出其中体现该校办学特色的条目较为有限;即使有,也往往都是一些“无足轻重的东西”,该校一位试点参与者评论道,“其实大部分大学章程看起来都差不多,因为教育部已经把我们应该写什么都规定好了”。

站在今天的视角来看,石竹大学作为试点单位和教育部作为国家权力代表之间形成了一个和谐的工作关系。这与该校领导人主动参与试点的动机当然不无关系,与高校政策行动者对此次试点的理解更是密切相关。从试点工作伊始,石竹大学就将《暂行办法》及其他政策文件当作章程建设的“模板”,这直接限制了学校的创新意图。这些规定已经清晰地规划了公立高校章程的内容和形式,其中一位亲自参与章程草案设计与撰写的被访者指出,“所以对我们来说能够自由创新的空间本来就没多少”。他进一步解释道:

> 主观上我们当然想要做出一些改变,通过章程来争取更多的自主权。但是,现行体制已经决定了这是不可能的。坦白说,这是一个纯粹自上而下的过程。我作为学校代表也去参加了好多次教育部举办的会议,当时也有不少领导鼓励我们要根据学校的特点去制定章程,把我们的需求和特色写进去。但是说是一回事,实际上做起来是另外一回事。当然了,学校可以提到学校的校徽、校训、校歌,这些都是特色的,但是这些特色没有实质性的意义。那退一步来说,假设教育部没有发布这些规定,我们能不能做出特色,能不能在那些重要的方面有很大创新呢?我觉得也很难说,因为我们的体制是这样。

但另一位该校参与者提出了不同意见。他指出,作为高校,一方面要服从政府的相关规定,但在另一方面也要坚持并维护高校的特色和优势。在他看来,即使石竹大学的章程确实和《暂行办法》所给出的内容多有相似之处,但这并不意味着大学是单纯依照政府给出的条目建设章程,没有自己的思考——“因为很多写进章程的内容在政府提出和倡导之前,我们其实已经在考虑了,所以也正好是借这个契机写进章程,和政府的想法不谋而合了。”

他继而给出一个例子。石竹大学一直希望建立一个由专家学者所组成的学术委员会，并且尽量不让校领导等具有行政职位的人参加，以最大可能保证学术委员会的公正性和学术性。2014 年初，教育部发布了《高等学校学术委员会规程》，要求所有高等学校“依法设立学术委员会，健全以学术委员会为核心的学术管理体系与组织架构”[①]。以章程建设为契机，该校便将此项提议确立下来。“对我们来说，即使教育部不这么做，我们也一样会把这项内容写进章程，虽然我们的具体措辞可能会和教育部的措辞有一些出入。”

该校的试点参与者也同样认可政策试点所创设的一定程度的灵活性，即政策行动者共同认可并框定了高校可以利用的行为策略空间，用于自主探索、创新、试验和发展。但在此案例中，上述行为策略空间是非常受限的，其中一位试点参与者坦言道：“也许每个高校确实都有机会在章程里面做一些创新，加入一些特色办学的东西，但不是每个高校都意识到了这个机会，并且很好地利用了它，所以还是要看每个大学和领导者的智慧。”换言之，在一个自上而下发起，由政府顶层设计和行政力量主导的试点中，高校多大程度上能够利用这一机制有所作为，实现赋权，更多地取决于其领导人基于现实的解读，采取的行为策略和由此所限定的改革创新空间。

在此案例中，我们可以清晰地观察到两所高校对同一事件理解和行为选择方面的不同。石竹大学章程建设负责人即明确说道：“如果一个创新的想法是现在规章制度没有让做的，那么你就不能做；即使没有规定不让你做，你也不能做。”这和天葵大学有关政策行动者的认知无疑形成了对比，对于后者来说，“如果没有规定不让你这么做，那么你就可以去尝试，因为不表态有的时候就意味着默许”。一位社会科学专家在访谈中评论道：“在我们国家，中西部的大学一般认为如果政府没有让你干什么事情，那你就是不能做的。相比之下东部的大学一般认为如果没有规定禁止你做什么事情，那么你就可以自己尝试创新。”这一“被动回应”和“主动探索”思维方式的不同可以帮助我们在一定程度上理解在同一类型试点中高校和国家互动过程的不同。在此案例中，天葵大学行动者的想法无疑更加大胆，与政府的互动更具建设性，因而其最终核准并公布的章程更具特色，在一定程度上也为该校

① 教育部. 高等学校学术委员会规程[EB/OL]. 2014-01-29. http://www.moe.gov.cn/srcsite/A02/s5911/moe_621/201401/t20140129_163994.html.

的未来发展争取了更多自主权。

那么，我们应该如何去理解高校在试点过程中的不同定位呢？什么因素影响了他们的现实认知、理性选择和行为策略？从更加广泛的意义而言，东部地区高校和中西部地区高校在国家高等教育试点和改革中扮演的角色有何差异？导致这些差异的因素为何？

总的来说，东部地区和中西部地区高校在中国高等教育体系中的不同地位、资源优势和改革主动性共同塑造了高校之间认知和定位的差异。一方面，中国重点大学多集中在东部地区，优质高等教育的高度集聚和东部各省份发达的经济条件相辅相成，形成了目前高等教育发展严重不平衡的现状。本案例中的天葵大学即处在中国的东部地区，无论从地缘位置还是交通区位来说，他们更早地接触国际高等教育理念，思想更加解放，因而更具改革意识；他们同时相对靠近权力中心，有更多的机会和途径与教育部建立沟通。

另一方面，东部高校和中西部高校对于中央政府的资源依赖程度也有所不同。组织不断地从外部环境吸取资源，这一依赖关系决定了其他组织对该组织的外部控制和权力安排，因而组织要不断调整自身策略以适应外部环境。在中国，东部地区和中西部地区经济发展情况有较大差异，即使在同一个区域内不同省份的经济发展情况亦有所不同。因此，东部地区高校往往能够获得更多来自当地政府的支持，当地政府领导人往往也更具改革远见。在此案例中，中央政府是石竹大学的主要资源供给者。这里的资源不仅指财政拨款，还包括政策资源、声誉认可等多方面。石竹大学的有关人员同时指出，“我们省对我们的支持并不是特别好，即使是和我们临近的其他省份相比，更不用说和东部地区高校相比”。因此，对于此次由政府主导的改革，石竹大学的回应表现得更加积极，希望借此争取政府更多的资源倾斜。

当然，影响这两所高校在此次试点中的不同行为不应该被单纯归因于其在高等教育系统内的不同位置，或者说不同的“精英程度”。一个更加直接的影响因素是试点过程中高校行动者的理念、开放度和创新精神。在中国现行的大学治理模式中，权力高度集中在学校一级而非院系一级。因此，大学校长和党委书记作为高校的领导者，对章程性质和试点目标的解读直接影响此过程中的机构行为。部分高校将章程制定过程看作是巩固已有自主权并争取更多自主权的宝贵机会，是高等教育系统顺应中国依法治国战略的有效行动。而对于其他一些高校而言，领导者并不能够充分认识到“以章程赋权”的重要目的，而单纯把章程制定看作对国家任务和指标的完成。对于部分（也许是大部分）高校来说，长期对政府的言听计从形成了高校利益相关者在认知和行为上的路径依赖，因而他们倾向于听从政府的指挥以最大可能地避免冲突和风险。在面对相似的国家立场、政府行为和制度环境时，试点高校利益相关者的认知、选择和行为往往是决定改革过程中行为策略空间及其结果的关键因素。这正可以解释为何相同的教育体制内，有的学校得以走在改革创新的前列，而有的学校则更多地以追随者的姿态出现。

三、理解指令型试验

（一）试点之实还是试点之名？

西方大学的治理结构以“大学自治权”及其统括的“行政管理权”和“学术自由权”为特征，与我国教育法制和实践中的“自主权”并不完全一致[①]。在我国，行政力量和学术力量的平衡是贯穿高等教育改革和发展的核心议题。无论是20世纪80年代中期开始的“简政放权”改革，还是近20年“去行政化”的导向和实践，都立足于大学和学术的本质特征，致力于提升大学的学术自由和现代化发展。理解章程建设试点必须放置在这一议题背景下。

通过上述章节，我们已经对章程建设试点案例有了一定的认识。对天葵大学试点过程的发生、发起和互动的描述向我们展示了在同一个事件内不同利益相关者的认知解读和行为策略的差异。随着试点工作的不断推进，改革的信号日渐清晰：这一场声势浩大的章程建设并非以试点机制来鼓励地方机构的自主探索，而更多地以试点方法来推进政府顶层设计，在中国种类多样而数目庞大的高等教育机构内有计划、有效率地完成试点建设的战略目标。就此意义而言，该试点的性质、形式和政策路径都与本书讨论的前三个案例有所不同。

---

① 韩春晖，卢霞飞．大学章程：我国大学治理模式的变革之道——以公立大学的公法人化为导向[J]．上海政法学院学报（法治论丛），2011(6)：85-92.

从发生动力来看,该改革既不是起源于现实的迫切需求和挑战(如案例一中对于大学体制僵化的突破),也不是出于对某些目标方法和程序的摸索(如案例二中对于毕业生分配制度改革的设计),亦不是出于个体高校对未来发展愿景的尝试(如案例三中高校对于远程教育发展图景的设想)。对于高等学校章程建设这一议题来说,各利益相关者早已建立了对其合法性和合理性的共识——在法律上,《中华人民共和国高等教育法》明确规定所有新建公立高校需具备章程;在行政上,多项规章政策鼓励已有高校加强章程建设;作为建立现代大学制度的重要组成部分,大学章程是依法治国的要求;从大学性质来说,学术自由和学术自治客观上要求大学章程的建立和执行。这些早已达成的共识作为章程建设的合理性依据并不需要通过试点的方式加以证明,或是以试点的方式对不同利益相关者进行说服。"所有人都知道我们最后是要建立章程的,也不会有人出来反对这件事情",一位长期浸润在高等教育系统的学者指出。因此,该试点在最初就不是以寻找改革目标或是试水某项方法是否可行为目的而被提出与发展的。无论是前期试点机构的选择,还是由点到面的试点规模扩大,主要目的更在于对已有议程有步骤地、有计划地铺开。就此而言,该试点的意义更在于政策执行过程中的方法使用,而非政策策略的创新生成。认识到这一点可以帮助我们反过来理解和解释在试点初期部分高校的热情缺失、行政力量的明显干预、相对受限的行为策略空间以及相对顺畅的改革实施过程。

正因如此,章程建设的过程本身并没有对政策过程产生实质性的影响,即使章程建设这一主题本身对中国高等教育发展可能具有深远的意义。这场试点以 26 所高校为起点,对中国情境下的政策试验来说本身即是一个比较大的规模,这已经在一定程度上反映了此次试点的象征意味。不久之后,政府便开始了由点到面的扩张过程,其基础并非前期试点高校的创新成果,而是以此为方法推动传统上较为保守的高等学校的着力参与。从过程来看,试点更像是"五年规划"的实现机制,这一点在诸如《中央部委所属高等学校章程建设行动计划(2013—2015 年)》等文件中有明显体现。因此,本章所描述、分析和讨论的试点需要用最广义的政策试验概念去理解,即政策执行过程是由试点方法所推进的。故而,该试点的作用并非策略生成,而更具象征意义。

诚然,在很多时候试点作为中国智慧下的创新机制对改革的设计、推进与利益相关者改革共识的达成产生了积极的作用。但在此案例中，从政策创新的角度来看，试点的作用甚微。建立章程的合法性基础的存在使得国家不需要以先行先试的方式去寻找改革的方向，或者建立证据来说服不同利益相关者；改革能否成功更多的是基于政府顶层设计的合理性和科学性。在此背景下，试点的意义难免令人存疑。一位教育部官员在访谈中对此的评论一定程度上亦代表了政府的观点："如果我们已经知道应该怎么改了，为什么我还要用试点的方法？如果我们已经知道怎么做了，那么把政府的顶层设计做好才是最重要的。"本书的结论部分会对这一点再展开讨论。

（二）以章程赋权？

由于发展历史、政治制度和社会习俗等多方面因素，中国的国家—大学关系呈现出一些与西方大学不同的特征。一方面，作为研究高深学问的组织机构，大学具有一些模糊国家和时代背景的特性。例如，对于学术自由和学者自治的要求，学术力量和非学术力量的博弈，学术传统的路径依赖和改革的惰性等。另一方面，中国的公立高校自诞生之初就和国家与社会的命运紧密相关，其改革发展更是深深内嵌于中国政治体制之中，这使得中国高校的内部治理呈现出了一些不可忽视的特点。例如，高校的现行领导体制是党委领导下的校长负责制。

在过去较长的一段时间中，中国大学缺乏自主权，其组织运行与学术活动等方面均是在高度集中的政治体制下展开的。1978 年改革开放之后，这一情况开始改变。20 世纪 80 年代所发生的种种改革即可以看作高校与国家在自主权问题上展开权力互动和博弈的结果。站在今天来看，这一过程虽然不乏曲折反复，但总体是不断前进的——政府不断放权，高校自主权不断加强，大学内部治理结构日益完善——政府和高校在彼此接受的框架内共同推动着中国大学的现代化。

如果我们接受了上述论述，便可以更好地理解章程建设的背景。从 2010 年《纲要》的颁布到章程试点的大体完成，国家话语体系中反复强调章程建设是建设现代大学制度的重要环节，是赋权给高校的重要手段。因此，"以章程赋权"一词被频繁地提及。例如，在《中央部委所属高等学校章程建设行动计划（2013—2015 年）》中即提到，要"通过章程建设，推动高校健全完善法人治理结构和自我监督机制，以章程赋权的方式，明确高校办学自主权的内涵,以及主管部门与高校之间权利义务和管理职权的边界”[①]。理论上,“赋权”的主要来源有二。

一是章程建设过程中大学对于自主权力的认知和获取。通过试点的方式,允许各个高校根据自身发展特点、资源状况和理念愿景形成章程,可以在促进院校特色办学的同时将其发展所需的自主权以章程形式确定下来。这个过程中高校可以提出草案,并且有机会通过和教育部的互动协商形成一个可供未来参考的行为框架,共同指导大学和政府有关部门的行为。不同利益相关者对于现实情况的认知会影响其理性选择和行动策略,因而不同大学在这场“以章程赋权”的改革中对于自主权力的认知和获取程度有所不同。在本案例中,天葵大学的政策行动者将章程试点看作确认已有权力并向国家争取新的自主权,从而推动改革的契机。相较之下,石竹大学的决策者则更多的将此次试点看作完成政府规定的任务,因此行动者采取了相对保守的策略。尽管教育部通过反复陈述和话语传播鼓励高校的自主创新和大胆探索,鼓励高校以此为契机识别并确认其发展所需要的权力和资源,但这一初衷在实践过程中仍旧面临重重困难。一方面,诸如《暂行办法》等文件的发布极大地限制了高校自主创新的行为策略空间;另一方面,高校提出的草案必须经过教育部审阅和批准,这一审阅的过程则涉及经常性的反复修改。因此,在面对行政力量的干预时,高校政策行动者的立场、选择和策略就显得十分重要。这一场具有明显顶层设计特征的试点是一个不同利益相关者不断地学习,摸索彼此的需求和界限以达成共识的过程。

二是章程本身的性质。作为大学的“宪法”,章程具有管理高校事物和厘清高校内外部关系的关键意义,经过国家权力机关认可和授权后(如西方的皇家特许状,中国的高校章程由教育部发布等),可在维护高校权益和促进高校平稳运行等方面发挥重要作用。原则上,中国既有法律(如《中华人民共和国高等教育法》)和政府政策规章(虽然有时这些政策规章不甚连贯,甚至有所冲突)是中国高校权力的主要来源和合法性依据。在实践中,高校亦可以通过一些被权威所认可的准则和协议来获取相应的权力,章程即是一种。因此,这些被权威所认可因而具有合法性基础的章程的存在本身即

---

① 教育部.中央部委所属高等学校章程建设行动计划(2013—2015 年)[EB/OL].2013-09-22. http://old.moe.gov.cn//publicfiles/business/htmlfiles/moe/s5933/201310/158133.html.

可看作对于高等教育机构的“赋权”,至少在理论上如此。天葵大学的案例中即存在高校利用章程确定下来的相关权力推进组织机构改革、说服意见分歧者、维护改革成果的例子。值得指出的是,这些章程的制定过程本身是受到国家意志和行政力量影响的。因此,我们难以对经核准后公布的章程多大程度上能够代表高校的利益诉求给出一个确切的定论。在章程中,许多内容和条目都以模糊的措辞来陈述,使得对这些内容的解读和应用往往要依靠实际情况和利益相关者的反复博弈来决定。就此意义而言,虽然政府表达了“以章程赋权”的意图,但实践中的实现程度尚存在不确定性。

这些需要高度依靠个案情境和行动者博弈的情况同时意味着,借章程建设工作厘清和划定国家—大学关系的目标很难完全实现。石竹大学一位章程建设负责人在深入观察章程在各个高校建立后大学行为及其和国家关系的变化后表示,“事实上,大学的运行还是没什么本质变化。要是说所有的大学都因为有了章程而被赋权了,我是很难认同这一点的”。

总的来说,政府在此案例中的放权行为和过去几十年间政府在高等教育改革中的逻辑是一致的,它伴随着高校自主权的不断增强与政府从管理者向监管者和服务者的角色转变。然而,上述放权尚未涉及一些根本性和实质性的权力,如招生规模。与此同时,以教育部为代表的权力机关是中国高等教育体制中行政力量的具象化代表,高校在面对行政力量干预的过程中不自觉地处在弱势的地位,使得高等教育中最重要的行动者——大学和国家——之间的博弈充满了制度安排下的路径依赖。就此层面而言,中国大学的自主之路仍旧任重道远。

四、小　结

指令型试验是指根据国家的顶层设计,基于战略规划或者某项政策目标,由政府有意识、有计划发起的探索性改革,因而具有较为清晰的议程设定路线;此过程中行政力量较强,改革的行为策略空间有限,试点的目的往往不在于创新策略的生成,而更具通过典型示范以分阶段推进政府改革的性质。本章选取了2010年开始的大学章程建设试点作为指令型试验的典型案例,讨论了这一由行政力量发起,自上而下改革路径中试点的发生和发起过程,进而选取了天葵大学和石竹大学作为主要和次要子案例,对其章程建设过程展开描述、分析和讨论。

面对政策规章的颁布、会议的召开和政府的监管等明显行政干预时,试点高校在改革中如何解读政府行为并做出回应是本章关注的重点。因而,本章详细地讨论了天葵大学在有限行为策略空间中与政府有关部门展开互动,从而在一定程度上达成章程建设意义的过程。石竹大学对于现实情况的认识及其行为策略则呈现了不同的图景,在章程试点中采取了相对保守的姿态,使得该校章程本身缺乏实质性的创新。从对比的视角,本章讨论了影响不同高校利益相关者理性选择和行为策略的因素及其所限定或开拓的改革创新空间。

以此案例为基础,本章进而分析了指令型试验与其他类型试验的不同之处。在本例中,改革的目的不在于创新策略选项的生成,而是更具方法论上的意义。政府以试点为方法分层次、分步骤地推进已有顶层设计,实现国家对于高等教育宏观布局的设想;高校主动或者被动地参与试点的过程则可以看作是学习和接受政府意愿和改革设计的过程。因此,尽管政府反复重申通过章程赋权的目标,但这一目标在多大程度上通过此次试点得到实现,我们仍旧难以得出一个确切的结论。

第八章　政策试验:中国特色的改革路径和博弈机制

纵观中国高等教育的发展历程,其间充满了生动的改革叙事和利益相关者的反复博弈。基于实证研究与理论提炼,本书提出了一个认识、理解和解释过去40年间中国高等教育改革与发展的观点:政策试验引发政策变迁,现存制度框架下精英驱动的政策试验是推动中国高等教育改革的重要机制,国家教育政策的渐进调整正是通过试点的方法获得推广和完善的。其中,精英行动者的理性选择和行动策略促进了不同利益相关者的权力互动和共识达成,由此开拓或限定了改革方向与创新空间。在本书中,政策试验被定义为试点单位通过自主改革或国家指定试点的方式探索创新政策选项,并寻求由点到面地进入议程设定的政策过程。

本书进而提出对中国情境下丰富而复杂多样的政策试验的分析框架。依据发生发起方式及其影响下试点进入政策过程的可能路径,将这一维度概括为"议程设定方式";依据试点发展过程中政策空间的多寡与行为主体力量的此消彼长,将这一维度概括为"行为策略空间"。在这两个维度的动态作用下,本书提出了中国高等教育领域政策试验的类型概念框架,将不同的政策试验分为指令型试验、探索型试验、授权型试验和追认型试验。该概念框架必须放置在动态视角下去理解:一方面,利益相关者的行为偏好和权力的此消彼长随着复杂多变的改革过程而不断变化。另一方面,政策试验的类型亦有可能因为改革进程和政策目标实现程度而界限模糊甚至发生转化。因此,本书提出的概念框架并非要对政策试验做出决定性的划分,其目的在于为我们理解政策试验和识别影响其发生、发展与扩散的相关因素提供一种有益的思维方式,从而帮助我们更好地认识并解释中国高等教育领域丰富而独特的政策试验试点现象。

在该框架下,本书分别选取了每个类型的典型试点作为案例(见图3-5)。在前述章节中,本书分别对改革开放初期的高校管理体制改革、20

世纪80年中后期的高校毕业生分配与就业制度改革、世纪之交的现代远程教育建设和后2010年代的大学章程建设这四个案例展开了深入描述和分析(见表3-4)。

不同类型的政策试验中，各类利益相关者的认知、选择和行为策略也因之有所不同。以政策试验为视角，我们可以更加深刻地理解国家与大学的利益博弈和过去几十年间中国社会经济的高速变化在教育领域的生动反映。在这些因素的共同作用下，试点在政策周期和改革过程中呈现出不同的作用，即策略生成、行为规训或象征示范。本书有意识地选取了散落在高等教育发展历程中不同时期的试验性改革，从而得以将不同案例放在可比较的维度上以认知并解释政策试验的机制、作用及其演变。因此，本章通过比较的视角，分析并讨论政策试验中利益相关者的认知类型，大学精英行动者和国家权力机关所采取的主要行为策略，以及中国情境下作为改革机制的政策试验的特性。在最后，本章讨论了政策试验机制形成和延续的原因并为后续的研究指出方向。

一、利益相关者的现实认知

新制度主义将组织变革看作由一系列相互交织而不断变化的因素共同作用的结果：在个人层面，个体行动者的认知、信念、价值和行动既受到制度规范和文化的影响，也不断作用于制度结构。在制度层面，本书所提出的制度安排，即政策试验及其所构建的行为策略空间，为地方改革创新和政策议程设定提供了可能路径。宏观层面而言，组织所在的经济、社会、政治和文化情境构成了改革的宏观背景，时刻对个人行为和组织制度安排施加影响。

政策试验是不同利益相关者之间权力博弈的过程和结果，其中行动者既是现存制度的追随者，同时也是追求个人或所在团体利益的理性人。行动者对现实情况的认知和思考直接反映在其利益诉求和行为策略中，从而为理解他们参与政策试验活动的动力提供了可能，也为构建试点活动的发生发起过程提供了视角。

前文已为读者展现了中国高等教育发展过程中的四个政策试验及其引发的改革，案例的选择虽难免受笔者个人偏好和现实条件所限，但均是政策试验不同类型的典型代表。这四个案例分别讨论了国家和高校行动者参与试验性改革的不同认知和驱动力，其行动正是基于对于现实情况的不同解读和构建。因此，本节聚焦个体层面，通过对四个案例的比较分析，讨论改革行动者的理念及他们的现实认知如何构成其发起和参与试点活动的动力来源。本章识别了三种不同类型的主要驱动力及其对试点发生和发展过程中利益相关者的影响。

（一）“使命驱动型”政策试验

中世纪大学起源于欧洲，欧洲古典大学的最初使命在于教学。纽曼在《大学的理念》中曾提出对于大学目的和职能的经典论述，指出大学是传授普遍而非功利知识的场所，大学的主要职能是教学。19 世纪，德国洪堡大学改革中提出“大学是学术机构，研究是大学的主要任务”的观点，强调大学中研究与教学功能的统一。20 世纪初，美国威斯康星理念直指大学参与当地社会经济发展，实现国家发展目标的重要性，从而将社会服务功能纳入现代大学的使命陈述。自此以往，教学、研究和社会服务贯穿了现代研究型大学的愿景陈述、使命阐释和战略规划之中，亦深深镌刻在大学成员的精神文化与行为准则之中①。

中国高等教育的发展可回溯至古代封建王朝时期，帝王招揽有识之士以提供政策建议，进行国家管理，“修身齐家治国平天下”“为天地立心、为生民立命、为往圣继绝学、为万世开太平”等思想精炼地概括了中国知识分子的精神追求和家国情怀。近代中国大学虽起步艰难而变化繁复，然困境中不改其志，继承了大学服务国家的精神使命，在知识创新、科技进步、经济发展、文化传承和促进社会公平等方面发挥了不可替代的作用。这在中国精英大学中体现得尤为明显。

结合这一历史发展脉络，我们就不难理解为何大学的使命感常常成为推动大学改革的重要动力。作为社会的有机组成部分，通过自身改革以更好地回应社会问题、解决社会挑战，是大学参与改革的主要动力之一。该驱动力往往首先内化于高校领导者，促使他们对内争取成员特别是学术共同体的支持，对外通过寻求国家认可、外部资源、关键政策行动者支持等方式去发起或参与试验性改革。

在本书所讨论的现代远程教育案例中，高校受访者反复提到该校发起

① 韩双淼，钟周．一流大学的国际化战略：一项战略地图分析[J]．复旦教育论坛，2014 (2)：10-16.

现代远程教育试点的初衷即在于将高校的优质教育资源在社会范围内分享，从而满足那些原本无法享受此类教育资源的民众需求，进而扩大全社会的教育供给。领导者的理念和信念在该试验性改革发生发起过程中起到了不可替代的作用。一方面，该校的领导者认为他们有责任利用技术创新手段解决当时社会日益凸显的教育供给与需求的矛盾。另一方面，在面对初期质疑和阻挠的时候，高校核心政策行动者得以通过多种策略获取必要资源、形成政策支持联盟，使该试点的推行成为可能。这些行为背后正是高校行动者对于其试点意义的信念认可，即相信改革是有利于国家和人民的，是和政府的核心利益与社会的长远发展目标一致的。就此意义而言，该试点充分体现了“使命驱动”的元素，后者为改革的提出和发起提供了原动力，更在实践过程中为试点提供了“理想上的合法性”，从而成为相关行动者的信念支撑。

（二）“策略驱动型”政策试验

本章所识别的第二类驱动力即现实驱动力，又可称为问题驱动型、策略驱动型的政策试验。对于这一归类下的试点，相关行动者在改革过程中的动力更多的来自现实问题的突然显现和迫切需求。这些需求或是来自高校组织内部（其他高校多具有同质性问题，使得解决方案具有可迁移性），或是来自高校组织外部（如社会问题）。

作为高等教育的前线实践者，高校往往得以率先发现并识别这些政策问题与现实需求，促使他们展开自主改革并谋求自下而上地进入政策议程设定。在某些情境下，国家首先提出改革目标并组织开展自上而下的指定试点，探索解决问题的可能道路（不可否认的是，国家率先识别并提出的问题很多是由有关高校和学者通过相关渠道上报教育主管部门而引起关注的）。就此意义而言，政策试验方法和过程可以看作寻求解决问题的路径和评估备选策略的灵活机制，允许高校和国家行动者在高度不确定情境下进行相对自由和大胆的探索。

该灵活机制在20世纪80—90年代间的应用最为令人瞩目。在有关领导人的理念推动下，“先行先试”的办法为众多政策行动者的试验性改革提供了助力；与此同时，当时剧烈的经济和社会变革对高等教育发展提出了前所未有的挑战，如何解决社会快速转型所带来的诸多教育问题与应对社会快速发展对高等教育提出的新需求是高等教育管理者和实践者必须面对的现实情境。中国发展历史独特且幅员辽阔,各地政策环境和资源情况差异巨大,在寻求解决问题办法的道路上可循之例乏乏,促使高等教育改革不得不以"摸着石头过河"的方式前进,以探索在弱制度环境下解决系统内外现存问题的可能策略。该现实情况亦可以部分解释为何当时的试验性活动往往能够获得较多的行为策略空间。

本书所描述的高校管理体制改革试点即可归类于此。20 世纪 70 年代末期至 80 年代初期,商陆大学和中国其他高校一样,面临着改革开放所带来的诸多挑战和机遇:长期以来实行的绝对平均主义(如"铁饭碗""大锅饭"制度)形成了高校内部人浮于事、效率低下和组织僵化的管理体制,加之知识分子待遇低、流动性差,极大地影响了高等教育的效率。与此同时,高校自身发展规律强烈地呼唤着政府对高等教育的松绑。围绕着这些亟待解决的现实问题,商陆大学提出了具体的改革图景,而政府也给予了该校较为宽松的行为策略空间,允许其通过试验的方式寻求可行策略。从政府的视角出发,商陆大学所面临的问题与其他高校具有高度同质性,因此小规模的创新探索有助于在风险控制的情况下以较低成本寻找可供全国范围内推广的策略。因此,在该试验性探索获得初步成功后,政府进而赋予了该校追认的试点性质,先后在政府工作报告、官方媒体报道中宣传相关举措,鼓励其他高校效仿该校改革。

以高校毕业生分配与就业制度改革为例。这一场自上而下发起的授权型改革实质上承载了更多机构主导的意味,是在两所试点高校的共同探索努力下实现的。20 世纪 80 年代初期,高校毕业生分配成为全国范围内亟待解决的重要问题。在改革开放背景下,长期实行的"统包统分"政策无法适应经济改革的要求和各行各业对于高素质人才的迫切需求,也不利于高校毕业生"人尽其用"和个人价值的实现。然而,毕业生分配涉及高等教育招生制度、资助制度、户籍制度等诸多方面,是"牵一发而动全身"的复杂问题。因此,政府决定通过高校试点的方式探索可行的改革策略,并且通过实践评估这些策略的有效性。毕业生分配制度改革正是诞生于该现实需求下,其所探索出的"供需见面""双向选择"策略经过反复测试,通过由点到面的方式逐渐推广到全国范围,促进了中国毕业生分配制度向就业制度的过渡。

（三）"行政驱动型"政策试验

本书所讨论的大学章程建设案例具有行政驱动特征，也是本书概念框架中指令型试验的典型案例代表。在此类情况下，高校发起或参与试点的主要动机并非使命感或现实需求，而更多的来自政府顶层设计或者部分领导人的行政意愿。因此，政府往往在此类试验中占据主导地位，试点高校的参与则成为改革设计中分步骤执行的组成部分。一般来说，在此类政策试验中，试点高校的有效行为策略空间较为受限，但往往存在更为清晰的议程设定路线，允许试点成果以更为直接的方式进入政策过程。

在本书所讨论的最后一个案例中，大学章程建设是《国家中长期教育改革和发展规划纲要（2010—2020 年）》所提出的现代大学制度建设的内容之一，因此其改革目标和意义均已十分明确。作为政府主导下高等教育改革设计图景的重要组成部分，教育部在试点过程中起到了举足轻重的作用，通过发布行政文件、召开会议等多种方式投射影响。《高等学校章程制定暂行办法》的发布便是一例。该试点后期的政策扩散过程亦并不同于严格意义下的政策试点，在初期"试点"阶段便开始依托顶层设计和分层规划推进改革。就此意义而言，该试点不同于使命驱动或是策略驱动的政策试验，更多的呈现出行政命令驱动的特点。

基于四个典型案例，本书构建了政策试验主要利益相关者的不同驱动类型。显而易见，这些驱动力既无法单独作用，亦不是相互排斥的。在具体政策试验中，我们几乎可以看到所有因素在不同阶段的呈现；其中呈现权重的高低使对其进行类型分析成为可能。这些驱动因素正体现了改革过程中利益相关者对复杂现实情况的不同认知和解读，进而影响了他们的理性选择和行为策略，从而塑造了政策试验中不同程度的改革创新空间。

二、利益相关者的行为策略

新制度主义学者将影响组织变革的因素高度概括为两个元因子，即外部冲击和组织内部逻辑冲突。当组织面对这些冲击和冲突时，试验是达成组织变革的重要机制①。在此过程中相关行动者的理性选择和行为策略

---

① Meyer, H., Rowan, B. (eds.). The new institutionalism in education[M]. Albany, NY: State University of New York Press, 2006.

(本书中集中体现为国家—大学的互动)受现存制度结构和现行社会情境所制约,从而呈现为不同自由度的行为策略空间、试验过程及改革结果;行动者的利益选择与价值选择则借助政策试验工具反作用于制度变迁。

在四个案例中,我们均可以识别出精英高校作为试点(无论是自下而上发起的机构改革还是自上而下指定的典型示范)和国家(具化为中央政府及其相关部门)在改革过程中不同程度的权力博弈与互动协商。政策试验提供了一个有效机制,使得国家和大学能够在"强国家、弱社会""强权威关系、弱制度安排"的现实情境中通过协商达成改革共识,共同推进中国大学的现代化。

一方面,高校可以通过试点方式发现与测试创新举措以解决现实问题,或是评估可行策略并以"证据"说服政策制定者。换言之,试点方法成为高校传递利益诉求并建立支持联盟的有效手段。另一方面,国家通过试点方式来实施改革设想,实现政策目标,且该方式对于一向推崇自治和自由的高等教育机构来说更具可接受性。就此意义而言,试点方法提供了一个灵活机制,使得利益双方可以在边界模糊的空间中展开试验性探索。该行为策略空间正是由试点这一具有中国特色的改革工具所赋予和保护的,从而允许机构在其间"暂时性突破"既存制度安排的种种限制以实现创新改革。值得指出的是,当政治信号与政策信息传递处在模糊状态时(这也是政治现实的常态),政府有意识或无意识地为地方机构的政策解读留下空间,试验性改革的方式也因之尤为有效。正是在此意义而言,政策试验成为我们观察中国高等教育改革与政策变迁过程的独特视角。

在政策行动者共同维护下构建并维系的行为策略空间中,本书抽象概括出高校行动者和国家行动者的有效行为策略,从而帮助我们识别和理解给定试点情境下不同利益相关者的主要行为。其中,大学经常使用的行为策略可以高度概括为两种:一是"协商说服"(bargaining and persuasion),此过程尤其强调专家在相关领域的专业知识和经验在改革中的重要性;二是"形成政策支持联盟"(formation of advocacy coalition),通常涉及的核心成员包括大学领导层和相关政府官员或领导人。显而易见,不同类型和性质的政策试验中高校使用两类策略的程度和频率亦有所不同。

(一)协商说服

纵观高等教育发展历程,以试点为发端的改革屡见不鲜,其过程常伴随着反复的协商与“讨价还价”。这一过程多以大学为主要行动者,通过种种方式说服相关行政管理部门允许乃至支持其运用创新手段和方法进行探索。“说服”的可能性内隐于“试点”这一特殊机制和其承载的“摸着石头过河”的思想之中,因之相较于平常,相关行动者往往拥有更为灵活的行动范围,并且可以随着事态发展进行持续的协商直到对于“什么试点、如何试点”和“什么改革、如何改革”等问题达成共识。

“讨价还价”另一端的主体,即政府的需求同样重要。在改革中政府需要依靠专家参与和高校支持等手段达成政策目标,或是依托高校解决某一特定问题和评估某一政策,或是以高校可接受的手段由点到面地推开改革。事实上,高校可以通过协商说服的方式进行试点的主要原因正在于其兼具专业知识拥有者和改革具体实践者的双重身份。必须指出的是,这里的协商说服更多是程序意义上的,主要集中在具体举措和方法;广义上的政策目标常常已经通过政策文件、行政命令和领导人讲话等方式被设定为试点改革的既存背景。

该策略在本书所讨论的四个案例中均有持续应用,但其程度存在明显差异。例如,现代远程教育建设中,试点高校始终积极地推动其改革设想,并充分利用多种手段和方法与有关单位协商,以最大可能地拓展有限的行为策略空间。与此相对的,在高校毕业生分配与就业制度改革中,两所高校在政府授权的大胆试验中已经享有了较为充足的自由裁量空间,因而高校行动者“说服”行政当局以合法化其自身行为的必要性并不强烈,试点的主要任务在于提出新策略并证明其有效性,从而累积足够的证据支持由点到面地全国推广改革和政策变迁。就此意义而言的政策试验颇具西方推崇的“基于证据的政策制定”性质,虽然这里的证据更多是个体案例意义而非样本推广意义上的。

事实上,即使在同一试点下,不同高校运用“协商说服”手段的侧重与程度亦大有不同。以大学章程试点为例,对于章程草案“讨价还价”的过程正是天葵大学得以保留其章程特色的重要原因,虽然该特色仍旧有限,但已经展现出精英高校如何在频繁政府干预的试点过程中创设并维系行为策略空间以一定程度上实现自身诉求的可能。作为次要子案例的石竹大学则更多地扮演了政府干预下服从者的角色,其试点更具完成行政任务的特征,其最终章程的创新性和意义也因之十分有限。考虑到同一案例中试点类型、性质和同时代制度环境与制约一致的前提下，不同试点高校的行为表现可主要归因于其核心行动者对于事件的意义解读、政策偏好和资源禀赋。这又进一步论证了本节开篇的观点，即具有能动性的行动者的理性选择和行为策略塑造了高等教育政策试验中不同的改革创新空间，使其在受到制度制约的同时不断影响和塑造着制度，从而构成了政策变迁的重要主体。

（二）形成政策支持联盟

政策支持联盟框架（又称倡导支持框架）将政策变迁看作是同一政策子系统内不同联盟的竞争性互动与系统外部事件共同作用的结果[①]。只有当改革需要的一致性程度与子系统行动者的资源与约束达到平衡时才有可能引发政策变迁。因此，子系统内众多行动者的最优策略在于寻求具有共同信仰和价值观的成员形成支持联盟，进而影响相关部门的决策以实现政策影响。显然，该框架不仅仅适用于由政策试验引发的政策变迁。然而，试验性改革的争议性、不确定性和边界模糊性往往使其在发生发展过程中对政策支持联盟的需求更高，而相关政策支持联盟在争取行为策略空间和议程设定通道的过程中能发挥的相应作用亦更加令人瞩目。

在政策试验中，高校形成支持联盟的途径主要有二：一是主动寻求具有相同信念的利益相关者的支持，为改革争取必需的资源和保护，这在自下而上的机构探索中表现得较为突出；二是在自上而下的指定试点中，与具有相同事件认知的利益相关者形成联盟以推进试点的有序执行。在此情况下，高校行动者主动寻求强有力支持联盟的必要性往往没有第一种情况显著，这是因为此类型试点改革的合理性已由国家意志背书，而试点进入议程设定的通道亦较为明确。对于高校来说，其主要挑战在于如何通过权力协商以获得充足的行为策略空间。

本书所讨论的案例均显示了各级各类利益相关者（如高校领导、地方政府人员、教育部人员和国家领导人员等）形成支持联盟以推动试验性改革发生发展的重要性。以高校管理体制改革试点为例。在试点推进过程中，商陆大学的领导人始终有意识地寻求上层官员的支持。例如，通过邀请时任

---

① Sabatier, P., Jenkins-Smith, H. (eds.). Policy change and policy-oriented learning: Exploring an advocacy coalition framework[J]. Policy Sciences, 1988, 21: 123-272; Sabatier, P., Jenkins-Smith, H. (eds.). Policy change and learning[M]. Boulder, CO: Westview Press, 1993.

主管部门领导和国家领导人作为高校治理体系的成员，从而在实质和象征双重意义上将国家精英行动者和高校精英行动者放置在共同利益下，为颇具争议的试验性改革背书。事实证明，这也确实为该校的改革提供了“快车道”，使其能够在改革开放初期高等教育改革浪潮中占得先机。与之形成对比的是文元大学的试验性探索。在这一几乎发生在同一时期的高校改革中，相关行动者的现实认知和倾向忽略了对于其他层面——特别是国家层面——行动者的支持联盟建设。因而，改革不仅在推进过程中缺乏必要的支持，亦无法维系其可持续性。

再以现代远程教育试点为例。作为初期备受争议的探索性改革，天冬大学得以最终说服教育部有关领导并获得支持的关键策略即在于巧妙地获取国家核心决策者的支持，从而“合理化”其试点改革。该支持联盟的形成也影响了子系统内部其他利益相关者的认知和策略，为随后试点进入议程设定铺设通道。在支持联盟形成和产生作用的过程中，核心行动者的资源和策略无疑是影响不同联盟间权力互动结果甚至是政策试验结果的关键。

从国家的视角来看，试点发生发展过程中与高校进行协商沟通的主要策略亦可以高度抽象概括为两种：一是“文件政治”(documentary politics)，即通过发布文件的形式设定政策目标或规范机构行为；二是“开放式协调”(open method of coordination)，将不同利益相关者汇聚到开放平台以促进讨论和协调，包括会议和访问等多种形式。在不同类型和性质的政策试验中国家运用这两类策略的程度和频率亦有所不同。

(三)“文件政治”

“文件政治”指在中国经常性地使用文件以进行国家治理的现象[①]。发布文件是中国最常使用的治理和沟通策略，以对外传达其政治意图与行政命令。某种意义而言，文件治国的治理策略是中国政治运转的重要机制，是中国政治不可缺少的组成部分[②]。作为代表和具象化政治意志和权力典型

---

① Wu, G. “Documentary politics”: Hypotheses, process and case studies[M]// C. L. Hamrin, S. Zhao. (eds.). Decision-making in Deng's China: Perspectives from insiders. Armonk, NY: M. E. Sharpe, 1995:24-38.

② 谢岳. 文件制度：政治沟通的过程与功能[J]. 上海交通大学学报(哲学社会科学版)，2007(6)：15-23.

的"红头文件"在中国政治体系日常运转过程中具有不可替代性①。中共中央、国务院和各部委等颁布的决定、条例、通知、要求、意见等文件在中国语境下均以"红头文件"的方式呈现,因而具有相当于法律的意义②。这些文件一方面反映了中国领导人和决策者达成后的意见共识,因此成为领导者权威和权力的象征符号;另一方面构成了现实政治运作中有利的运行工具,指导并规范利益相关者的理性认知和行动策略。

在政策试验中,文件成为政府与大学之间沟通与互动(主要是自上而下)的重要方式。这些文件既包括以教育部作为主管行政部门身份发布的行政命令和规范条例,也包括由国务院作为宏观权力机关设定的政策目标和战略计划。文件的重要作用在本书所讨论的四个案例中均有明确体现。

在某些情况,相关领导部门为试点单位提出政策目标,但没有做出具体行政规定,这在实质上为试点单位的自由探索提供了更为宽阔的空间。本书所讨论的高校毕业生分配与就业制度改革试点即可归属于此。政府希望高校通过试点方式探索出可行策略以改革其时僵化且低效的毕业生分配制度,但同时需要避免对高等教育体系和经济运行产生较大破坏,因此在宏观目标的设定下给予了试点机构充分的行为策略空间。在某些情况,政府以文件形式介入试点的痕迹则更为明显。例如,在大学章程建设试点中,教育部通过发布《高等学校章程制定暂行办法》《中央部委所属高等学校章程建设行动计划(2013—2015年)》等文件规定试点高校章程建设的基本内容和程序,为试点勾勒了界限相对清晰的有限自由裁量空间,试点的策略生成作用因之减弱,其创新性也由此受限。

(四)"开放式协调"

国家与大学进行互动交流的另一个主要方式是会议和访问,本书将其命名为"开放式协调"方法。该名词起源于欧盟,指改革过程中提供公开的框架和行为准则以引导相关行动者朝着共同的政策目标行动的机制。由于欧盟成员国历史与现状的不同,高度异质性的国家状况和欧盟统一性的政

① 景跃进.中国的"文件政治"[M]//北京大学国家发展研究院.公意的边界.上海:上海人民出版社,2013:131-155.

② Law, W. W. Legislation, education reform and social transformation: The People's Republic of China's experience[J]. International Journal of Educational Development, 2002,22: 579-602.

策导向促使欧盟开发了开放协调方法作为实现欧盟有效治理的机制,致力于寻求各国利益诉求与欧盟共同体统一政策的平衡。在开放协调方法下,欧盟制定和公布政策目标、行动计划和评价标准,依赖政府间监督、同行评议等方式进行评价,并且鼓励各国之间的经验交流和对于模范做法(best practice)的学习。在中国,大学分布广泛而数目繁多,每所大学都拥有独特的发展历史、组织文化和战略定位,加之高等学校对于高校自主权力的强调,使得国家难以通过详细意见指导高校的具体实践和运行。通过会议的方式,把同类高校放在公开的平台上展开讨论和分享,促使各高校在一致的政策目标和行为框架内进行探索,鼓励交流和经验学习。同行之间的监督与比较也成为敦促高校加快改革步伐的重要方式。

综合来看,政府在试点过程中召开的会议可分为两种类型:第一类是行政性的会议,其目的是发布或解释文件和提出要求等;第二类偏向于信息收集与分享,在此期间允许高校提出诉求、表达意见,并且做出回复,这些会议有时还包括对于模范试点的推广和学习。这两种类型的会议共同构成了一种“柔性机制”,国家和大学可以借此沟通信息、协商共识,其行政意味较弱而实时沟通性较强。这一点在大学章程试点案例中表现得尤为突出。由于前文已对此展开过详细论述,在此不加赘述。

总的来说,通过会议、访问等方式,国家可将不同利益相关者汇聚到同个物理空间,从而进行上下之间的信息传递、同行之间的经验共享、不同利益相关者之间的协商,在中国改革实践中发挥着重要作用。

三、政策试验引发政策变迁

(一)现存制度框架下精英驱动的政策试验

本书提出,政策试验引发政策变迁,中国高等教育政策的渐进改革与完善即可以看作是通过政策试验所达成的一般过程。“现存制度框架下精英驱动的政策试验”是推动中国高等教育改革的重要机制。政策试验的核心优势即在于默许甚至鼓励地方精英的自主探索和中央与地方的反复博弈,从而促使不同利益相关者达成改革共识。国家教育改革的生动叙事正是以现实情境为背景,由这些政策精英的创新尝试和博弈平衡所共同书写的。因此,通过考察政策试验的核心机制与其中利益相关者的理性选择和行为策略,我们可以从新的视角认识、理解和解释过去 40 年间中国高等教育改革及政策变迁的内在逻辑。该政策框架具有两个主要特征:一是不同层次利益相关者的反复互动与协商;二是边界模糊而权变的行为策略空间。

1. 不同层次利益相关者的反复互动与协商

本书的经验案例是基于本书提出的政策试验类型框架而选取的典型代表。对于案例各自个性的分析为我们生动地展示了政策试验在高等教育改革中起到的不同作用;共性的分析则反映了政策试验试点方法在高度不确定情境下创设和维系改革创新空间的独特性和有效性。国家教育决策正是不同利益相关者持续互动协商和共识达成的结果。在本书所讨论的大部分情况中,精英大学与教育部是高校和国家的主要利益相关者代表,在一些情况下利益相关者还涉及当地政府(如案例一)、其他国家部门(如案例三)、社会组织(如案例二)等。

对于"追认型"和"探索型"政策试验而言,试点高校领导人是改革的主要发起者和政策倡导者,通过识别政策问题、探索政策方案和测试备选策略等方式推进试点。成功的政策倡导者应当具有以下品质:领导者地位和领导力、专业能力、政治纽带、协商和谈判能力和毅力①。在本书所讨论的案例中,我们可以清晰地看到这些品质在高校政策倡导者中的体现,但其程度存在明显不同。以现代远程教育试点改革为例,该试点发生发展的重要原因即在于高校领导的改革远见、对高校资源的充分利用、与相关部门的有效协商和对于高校愿景持之以恒的坚持,更重要的则是识别盟友并建立政策支持联盟的能力。在具有争议性的试验性改革中,识别具有共同愿景和核心价值观的盟友无疑对于试点的推进和扩大影响具有重要意义。再例如,商陆大学主动地将高校改革诉求和上级部门与国家相关领导人共同认可的价值观与信念关联一致以建立有效的支持联盟,在实质和象征意义上为其改革扫清了一定障碍。当创新性策略得到验证后,政策倡导者进而可以借此寻求进入议程设定的机会以影响政策。

对于"授权型试验"和"指令型试验"这两类相对更具自上而下性质的政策试验而言,高校政策行动者的任务更多的是在国家宏观政策目标下探索

① Kingdon, J. W. Agendas, alternatives and public policies[M]. Boston: Little Brown, 1984: 189-190.

或检验可行策略。因而,形成政策支持联盟的需求减弱,政策试验的目的更倾向于通过试验方法以累积“证据”从而进入议程设定。

不论是哪种情况,政策试验是否“成功”是决定其能否被推广的核心因素。此处的“成功”不仅仅指有效性,更是与试点所生成或测试的策略是否具有可靠性、可复制性、可传播性和与解决实际问题的适切性等因素密切相关。这也是为何试点常需要通过由点到面的方式进行推广的原因,以在更多的机构情境下测试创新策略的可行性。该由点到面的过程有时借助国家主导的行政命令,有时则借助高校主导的模仿借鉴行为。以现代远程教育试点改革为例,试点推广初期,高校享受了极大的自主权和行为策略空间,但试点扩散过程中逐渐暴露出了一系列问题,从而促成了教育部的直接介入和对远程教育试点的权力收紧。

显而易见,并不是所有“成功”的试点都能够得到推广,都能够变成政策引发全国范围的改革。一方面,中央政府具有批准和认可改革策略的最终解释权和选择有利于自身利益与长远发展措施的最终决策权,因而试点的关键常在于高校精英行动者能否形成强有力的支持联盟并促使试点进入议程设定。另一方面,“可推广性”与试点发生时期的制度环境是否相适宜同样重要。例如,在本书所讨论的高校毕业生分配与就业制度改革中,试点即发生在经济社会改革的深化呼唤并允许毕业生就业方面的自主性、竞争意识不断增强的宏观背景中。若缺失此前提,即使是局部范围的“供需见面”和“双向选择”策略也无法实施。但即使试点已经证明了这些策略的可行性和有效性,在全国范围内的推广仍旧有待完善的市场竞争机制、成熟的劳动力市场和有效的社会流动管理机制,这些在20世纪80年代的中国尚不具备。因此,毕业生分配与就业制度改革试点经历了漫长的推广过程。直到世纪之交,中国才真正完成了从毕业生分配制度向就业制度的完全过渡,该新制度正是建立在80年代中期两校试点的创新成果之上。

不仅如此,我们还需要(也许很不情愿地)承认的是,试点进入议程设定程序并引发更大规模改革,“时机”成分也同样重要。以现代远程教育试点为例,其改革时机正好与起草《面向21世纪教育振兴行动计划》相重合,为该试点进入政策过程提供了契机。

综合来看,试点的功能及其政策影响当且仅当政策倡导者的行为与适宜的社会环境共同具备的时候才能真正发挥作用。一般来说,这两者很难完全同步,而需要依靠精英行动者和机构的有意倡导。就此意义而言,个体认知与行为、制度安排和宏观情境存在着相互共生的关系。

显而易见,“国家”并非铁板一块,国家权力机构本身便是由不同利益相关者(或利益团体)所组成的,因而他们在试点发生发起过程中所呈现出不同的现实认知、利益诉求和行为策略恰是中国政治运行的常态。例如,现代远程教育试点改革中,试点高校在初期通过寻求国家无线电管理委员会和所在地无线电管理委员会的认可,从而灵活地绕过了直属行政单位,获取了新建卫星广播基站的许可。在随后的发展中,该校又通过寻求国家相关领导人支持为改革背书,赢得了教育部的支持。教育部进而将机构探索上升为部门主导的改革设计,通过指定试点、由点到面的方式推进现代远程教育改革,并且在此过程中逐步占据主导权。这一由多元复杂主体所共同构成的国家概念是理解中国政治运行的关键,甚至某种意义而言,也可以认为是试点模式得以存在的重要前提。

2.边界模糊而权变的行为策略空间

行为策略空间是政策试验的核心特征。该空间是由上述不同利益相关者反复互动和协商所共同创造并维系的,因而具有高度不确定性和边界模糊性。该不确定性为高校和国家利用试点机制在受限的制度安排与情境下展开创新性甚至是突破性探索提供了可能。本书认为中国大学并不是被动的规则跟随者,而是有意愿也有能力表达自身利益诉求、推进改革的行为主体。当精英高校领导者承担政策倡导者身份后,可以通过一系列策略手段与相关部门展开互动并实现其改革设想。就此而言,中国语境下的高校“自主”可以看作一种谋求自我实现的愿望和能力,这与西方语境下以“学术自由、学者自治”为核心特征的大学自主权有所关联又有所区分。中国的知识分子推崇并践行个人志趣与家国利益的高度一致,使得他们在追求自身利益的同时谋求个体(与高校组织)行为和国家宏观政策目标的一致。也正因如此,高校行动者才能够在改革过程中与相关部门开展协商说服、支持联盟建立等一系列行为,创设并维系中央—地方共同认可的行为策略空间。

在高校主动发起并主导的试点中,试点的结果很大程度取决于高校政策行动者能否建立强有力的政策支持联盟,案例一和案例三都清晰地体现了这一点。在由国家发起的试点改革中,政策目标或具体策略往往来自政府的顶层设计或领导人的远见卓识,如案例四中包含章程建设的现代大学制度建设理念即可以追溯到相关领导人的讲话,进而具化为教育部的政策文件,但试点仍为高校的自由裁量和利益诉求留下了一定的空间。就此而言,中央—地方、国家—大学的想法和观点并非泾渭分明,而是在实践中时常相互交织且处在不断交互影响之中,使得我们很难非黑即白地断言,这样一场试点背后的驱动力,到底是来自高校,来自国家,还是来自两者“心照不宣的共识”?

这种模糊性给予了政策试验试点方法极大的灵活性,使得国家—大学反复互动下形成的行为策略空间具有高度权变性和不确定性。政府时常模糊的政策信号,在一定程度上,可以看作在中国高度异质环境下对地方自主改革的有意默许乃至鼓励。在多大程度上该空间能够生成行之有效的创新举措则依赖于精英行动者的理性选择与行为策略。

在高等教育领域,精英高校往往拥有更多的资源以支持试验性改革的发生和发展,使得他们可以对上建立更为顺畅的沟通渠道,对外获得更多可利用的优质资源,对内则统一思想以解读政府的改革意图并提出符合自身和国家共同利益的试点改革设想。但地位并非一所高校是否积极发起和参与试点改革的核心因素,更不是影响试点结果及随后政策过程的决定因素,这一过程中起决定作用的往往是精英行动者的远见、与政府协商互动以达成共识的能力。作为公立大学的举办者和资源的主要提供者,政府对高等教育组织应当如何运行有一定的要求和期望,也因此制定了相应的规定和限制。不可否认,和西方国家相比,中国高等教育运行过程中的限制相对更多,学界和实践界亦对中国高校的自主权问题多有针砭。这是由我国政治体制、社会情况、高等教育发展历史等多重因素所塑造的,也并非本书讨论的重点。抛却价值判断,即使是在同一高等教育治理体系中,不同大学发展速度、发展结果和发展态势亦存在高度不同。换言之,在相同制度约束和治理情境下,有的高校发展得较好,有的高校则发展得不尽如人意,这充分表明了在国家宏观高等教育体系和微观个体与机构运行系统之间存在着可以运用的政策空间,大学的创新发展正与相关行动者能否有效地运用该政策空间息息相关。政策试验为运用该空间提供了可行的机制和路径,为高校和国家之间信息沟通、行为互动和改革共识的达成提供了有效的协商平台。

在此过程中,高校领导者的“智慧”显得尤为关键,他们作为政策倡导者、执行者和行动者在复杂权变的政策情境下促成高校发展和社会发展的和谐统一,而这正是影响高校机构创新和高等教育发展的重要因素。时常模糊的政策情境将改革空间开放给地方政府和高校组织进行自我解读与上下互动,高校领导人往往需要学会"领悟言外之意"——有的时候识别政府没有说什么和识别政府说了什么一样重要。本书所访谈的一位案例高校的领导者即描述了这样的过程:"当发生冲突时,你需要学会听政府的信号来理解他们的意图,有的时候还要学会说服他们。这就需要你运用各种资源去让政府认可你。这就是中国人民的智慧,也是中国人民改革的智慧。"

即使如此,国家仍保留了对于政策试验引发政策变迁的最终控制权。该控制权不仅体现在宏观政策目标的设定、关键领导人的意见影响中,更体现在政府对于试点是否成功的判断标准和是否推广的选择权之中①。换言之,上述精英驱动的政策试验框架仍高度受制于既存政治制度和环境约束,是在中国(不断变化的)行政体制、经济态势和社会情境下演进发展的。因此,即使试点中的行为策略空间边界模糊而流动,国家—大学互动及其结果仍旧需要放置在宏观制度环境中去审视。已有政治学和经济学等领域学者将这一特点精准描述为"权威下的试验"或者"权威体制下因地制宜的试验"②。本书对高等教育领域政策试验的系统分析亦体现了这一点。基于上述情况,本书提出中国高等教育政策变迁可以理解为"现存制度框架下精英驱动的政策试验"。

(二)试点在政策变迁中的不同作用及其可能解释

不同类型的试点在政策制定和改革过程中起到了不同的作用,本书将这些作用高度概括为策略生成、行为规训和象征示范。在本书所讨论的案例中,我们可以看到这些作用单独或是交叠出现在试点发生、发展和扩散的不同阶段。

其中,策略生成指给定情况下地方或机构试点能够通过自主试验,探索出行之有效的策略方案和程序的作用。在支持联盟的推进与适宜的制度环

---

① 刘培伟.基于中央选择性控制的试验——中国改革"实践"机制的一种新解释[J].开放时代,2010(4):59-81.

② 详见:Heilmann, S., Shih, L., Hofem, A. National planning and local technology zones: Experimental governance in China's Torch Programme[J]. The China Quarterly, 2013,216: 896-919; Tsai, W., Dean, N. Experimentation under hierarchy in local conditions: Cases of political reform in Guangdong and Sichuan, China[J]. The China Quarterly, 2014,218:339-358.

境下,试点生成的创新方案和程序可能作为解决问题和实现目标的政策备选,进入议程设定并引发更大规模的改革。该生成性作用尤其多见于改革开放初期至20世纪90年代。百废待兴的改革开放初期,中国的发展没有现成的经验可以借鉴和学习,只能依靠自主探索走出一条中国特色的道路。以高校毕业生分配制度与就业制度改革为例。在计划经济体制下,高等教育的招生、资助、教学、毕业等多个环节紧紧相扣,是国民经济和社会经济运行的重要组成部分,亦高度受制于当时的政治、经济和社会体制。因此,即使高校毕业生分配制度已经陷入僵化和低效,在全国范围内大规模地推行改革仍旧既不现实,也不理智。对于政府而言,改革的路径并不清晰,而改革的可能后果亦难以预测。桐叶大学和菘蓝大学的试点正是在此背景下应运而生的。两所高校通过自主探索提出的"供需见面""双向选择"等策略经过反复测试,被证明是可以突破毕业生分配制度弊端的可行策略;试点高校试验的结果也使得政府在可控的情况下累积"证据"以说服不同利益相关者,从而在政府、高等教育系统和社会中达成了改革的共识,促进了毕业生就业制度的有序转变。

行为规训作用指在政策试验的不同阶段,政府通过颁布规章制度和国家—大学互动,为如何推进改革提供了一个可比的示范行为准则。在试点发起、执行和推广阶段,政府有意识地采取发布规章、召开会议等方式规范试点单位的行为,并为后续改革中其他组织机构的行为提供范本。例如,当现代远程教育试点从一所高校的自主行为上升为政府行为后,教育部在由点到面地推开试点过程中先后发布了一系列政策文件,对试点资格、校外机构行为、考试规范等内容进行了详细规定,其目的即在于规范现有试点机构的活动,并为后续高校改革提供行为准则。

最后,象征示范指向以建立新形象、新典型为主要目标的试点活动,其意多在于通过更加平缓的方式推进政府的顶层设计。对于政府而言,通过试点的方式推进改革可以减少不必要的阻力,并为其顶层设计提供合理性论证。与此同时,试点方式可以促进并带动颇具改革惰性的高等教育机构逐步接受并推进改革,并在推广过程中因地制宜地不断进行政策修正,提高政策选项的可行性和科学性。因此,试点机构的行为策略空间往往被限制在相对狭小而明确的范围,国家与大学的权力互动减弱,试点的意义多在于在已达成共识的前提下逐步推进已有政策选项。因而,该功用更具有方法论的意义。本书所讨论的大学章程试点即明显地体现了试点的象征示范作用。对于国家和高校来说,建立大学章程与完善现代大学制度的改革必要性已经清晰,无须通过试点加以论证。试点初期政府即指定26所高校作为试点院校,对于政策试验来说,这一体量本身较大;随后,国家颁布相关文件为试点的推行提出了分步骤执行的时间节点,前序试点自然而然地成为后续高校的典型示范。

总的来说,上述三种作用在不同时期、不同阶段和不同类型的政策试验中或是单独出现,或是交织出现,成为推动政策变迁和改革发展的重要力量,政策试验亦逐渐成为具有制度化性质的改革途径。那么,是什么导致了不同时期政策试验在中国高等教育政策变迁与改革过程中呈现出不同的类型和作用?将本书案例放置在中国过去40年间政治、经济、社会和文化的情境中,可以让我们以更为宏观的视角去审视政策试验与政策变迁、高等教育组织和社会发展的动态关系。

政策试验的方法起源于战争时期中国共产党对于解放区的创新改革①。改革开放初期,中国社会百废待兴,"摸着石头过河"的先行先试思想逐渐成为中国社会、经济等多方面改革的典型办法。试点方法的大量运用及其边界模糊的行为策略空间都反映了当时中国社会的弱制度环境和强国家意志。中国独特的社会发展道路和政治经济制度使其发展无法从其他国家学习现成的经验,只能依靠自主探索,走出一条中国特色的道路。不仅如此,中国体量巨大而地区差异显著,高度异质性的政策环境使得中国难以将一条政策、一种方法应用到全国所有情境。因此,因地制宜、实事求是成为指导中国社会运行的重要准则。改革已成必行之势,然而,如何改革、改革如何推行、改革如何持续,终究需要依托地方的创新思考与实践的经验智慧。

本书所讨论的案例一和案例二均可以放置在此背景下去审视。高校充分利用了试点方法以生成具有高度现实应用性的创新策略,其中部分得以成功进入议程设定,最终引发政策变迁和全国范围内的高等教育改革。在案例中,我们可以清晰地观察到相关部门对于这些探索性甚至颇具争议性

① Heilmann, S. From local experiments to national policy: The origins of China's distinctive policy process[J]. The China Journal, 2008,59: 1-30.

改革的默许、支持乃至大规模的宣传（如《人民日报》对商陆大学改革的系列报道）。我们也同样能够观察到部分领导人在机构试点背后的身影。他们对于高校改革的支持无疑对高校行动者的现实认知、理性选择和行为策略有着重要影响。从后见之明来看，这些支持与其看作是对于试点生成的创新策略的支持，不如说是对于试点活动及其所蕴含的改革思想的支持。

1992 年邓小平的南方谈话开启了中国向社会主义市场经济体制的转变之路，带来了中国新一轮的经济增长、科技革命和社会变革。以此为开端，中国社会方方面面改革的宏观目标指向了同一主题，即如何更好地适应并促进中国特色社会主义市场经济的发展。1993 年发布的《中国教育改革和发展纲要》明确指出，要“面向现代化，面向世界，面向未来，加快教育的改革和发展，进一步提高劳动者素质，培养大批人才，建立适应社会主义市场经济体制和政治、科技体制改革需要的教育体制，更好地为社会主义现代化建设服务”①。

现代远程教育改革便发生在这一宏观背景下。天冬大学发起现代远程教育试点改革的主要推动力之一便是科技的进步和新技术手段在远程教育应用的可能性。社会主义市场经济的改革发展又为高校参与市场竞争提供了动力。社会中高素质劳动力的日益缺乏、在职人员接受高等教育的需求强烈和优质高等教育资源供应短缺等因素共同营造了庞大的远程教育市场，从而支持各高校现代远程教育在经济自给自足的基础上发展。与此同时，政府对于教育公平、教育信息化和终身教育的话语强调都鼓励着高等教育机构寻求多种形式的发展。就此而言，现代远程教育试点改革与市场发展、社会需求、国家话语正相契合，这也是为何天冬大学可以通过探索性试验的方式推行当时颇具争议的改革策略，并最终得到国家认可，在全国范围内掀起了多种形式的现代远程教育浪潮。

1999 年，中国将“依法治国”正式写入宪法，推动了中国进入社会主义法治化的新时期。不可否认，中国真正实现依法治国的道路仍旧漫长，但国家已经在此方面取得了可喜的进步。随着制度的逐步成熟，高校通过试点方式进行自由甚至是非常规的、大胆的改革探索的空间亦相应缩小。换言

---

① 中共中央，国务院. 中国教育改革和发展纲要[EB/OL]. 1993-02-13. http://www.moe.gov.cn/jyb_sjzl/moe_177/tnull_2484.html.

之,不断成熟的制度环境使得高校试点过程中的行为策略空间的边界日益清晰,国家和大学的互动因而被框定在有章可循的界限之中。不仅如此,高等教育国际化和全球化的迅猛态势将国外发展经验和做法引入了中国高等教育的实践,层出不穷的全球大学排行榜、对于西方"先进"经验和"模范做法"的推崇促使中国政府和高校开始越来越多地从政策借用的角度去学习已有的国际改革和发展经验。这在一定程度上亦减弱了政策试验方法在高等教育改革中策略生成的作用,不可避免地限制了地方机构真正意义上进行自主探索和创新的能力。

另一方面,这反映了我国分散于高等教育系统的种种改革已经初见成效,高等教育已经成为一个紧密连接的有机系统,使得"单打独斗"式的地方自主改革更加需要依靠顶层设计和政府统筹。科学化和民主化的发展使得人们更加推崇基于证据的政策制定和改革,在中国情境下往往以试点的方式得以实现。在此背景下,试点的策略生成性作用逐渐减弱,行为规训性和象征示范性作用不断加强。21 世纪初期的大学章程试点即在这一背景下展开。在《国家中长期教育改革和发展规划纲要(2010—2020 年)》颁布后,政府发起并推进了一系列和中国教育改革与发展相关的试点工作,其中大学章程试点作为现代大学制度建设的重要组成部分被提上日程。章程本身即是"依法治国"理念在大学组织机构的具象,因此实施过程中国家和大学双方都有意识地维系着改革的有序性。例如,政府多次发布行政规章规范试点行为,高校对政府在试点过程中的干预持默许态度等。前期试点的高校与此过程中颁布的规范文件进而为后续高校章程设计的内容、程序等设定了较为清晰的边界。

综合来看,国内外学者都已充分认可了政策制定的复杂性。该复杂性在融入政策试验这一(有意)模糊而高度权变的政策工具后变得尤为显著。正因如此,勾勒出一个政策试验功能变化的清晰演进路线几乎是不可能的,而本书的目的亦不在于此。通过深入的案例研究和不同时期政策试验的比较分析,本书旨在展现试验试点方法在高等教育改革和政策变迁中的不同作用:或是生成并检测创新策略,或是在推进试点进程中规范机构行为,或是为政府获取或巩固改革合法性。政策过程正是在这些不同类型和作用的政策试验的能动作用下实现了中国高等教育改革的高效。

(三)路径依赖下的试点方法

本书提出,政策试验试点方法是在中国高等教育改革中被广泛使用、逐渐制度化的改革工具。在此基础上,本小节进一步讨论政策试验是如何成为中国特色的政策方法并在实践中得以反复应用的。

在第二章,本书总结并讨论了现有研究对于政策试验的三种主要解释路径,即中央—地方关系、派系竞争和“理论缺失”的改革思维。这些学术讨论为本书提供了丰富的知识基础,然而现有研究的实证分析和理论推演多局限在经济和社会改革之中,对于教育领域的独特性考虑不足。在教育领域,本书指出试点方法被引入改革视域并得以广泛应用的原因可以归结于两点。首先,相比于世界其他国家(特别是发达国家)而言中国情境的特殊性,与相比于其他社会领域而言教育领域的特殊性。其次,中国文化中对因地制宜、实事求是的推崇和以杜威为代表的实用主义教育家的影响,通过有意识的国家话语得以广泛传播,进而根植于政策行动者的思维之中。

任何对于中国(改革)问题的讨论,都无法规避中国巨大的体量,即地域辽阔、人口庞大而造成的地区之间、机构之间的高度异质性。中国高等教育的主体是由政府资助和管理的公立大学。在 1999 年高校扩招之后,高等教育规模的迅速增长带来了政策环境的迅速变化。目前中国拥有约 2700 所普通高等学校,包括 42 所一流大学建设高校和 95 所一流学科建设高校。在公立大学体系中,纵向可以分为教育部直属高校、省属高校和市属高校;按照学科门类横向可以分为综合性大学、文科类、理科类、医学类、艺术类等 13 种类型的高校;按照科研规模可以分成研究型、研究教学型、教学研究型和教学型大学。这不可避免地影响了不同层次和类型大学的愿景使命、战略定位和发展策略。换言之,公立大学内部因资源差异、地位差异和发展差异而呈现出高度的异质性。因此,期望教育部和各级政府教育部门对所辖范围内每一所大学的情况了如指掌并做出有利于高校的规划既不现实,亦不经济。该现实情况为政府政策和高校行为之间留下行为策略空间。

这在中国改革开放初期体现得最为明显。在当时的弱制度环境下,人们时常对于如何改革心生迷惘,甚至对于改革目标不甚明了。因此,中央政府不得不允许高校的自由试验以最大可能地探索和检测可行策略,甚至可以说高层政策制定者有意制定宽泛的政策目标以为高校试验提供合法性空间和回旋余地。通过试验的方法累积证据，降低改革成本与获取改革合法性对于教育领域尤为重要。教育是关系着国计民生的大事，是和国民经济、社会公平、文化传承与人民生活息息相关的领域，教育公平及其有序发展也因此成为一国政党得以维持其权力合法性的重要来源。因此，在不断放权的同时，政府仍旧保持着对高等教育的核心控制权，以确保充分发挥高等教育在促进经济发展和维护社会稳定中的重要作用。强政府和行政体制的约束意味着国家对于大学的发展具有最高权威，中国的政治体制则意味着政府有能力在较短时间内发起试点和推进改革。

另一方面，大学是追求学术自由和自治的机构，这一由专家学者所组成的松散耦合系统具有内嵌式改革惰性等独特组织特性。这意味着教育改革往往只能通过“边行边试”的方式逐步推进。对于大学而言，证据累积所指向的改革必要性和可行性是在组织内部达成一致共识的重要前提，这与其他政府和具有强权威等级性的社会组织明显不同。就大学组织之间而言，精英大学的典型示范作用可以引发其他高校的自发模仿，现今世界高等教育的高度同质性很大程度上即来源于机构之间的模仿效应。

基于以上因素而形成的政策试验试点方法进一步为改革过程中国家—大学的权力互动与协商共识提供了可能。政策行动者在此过程中的理性选择和行为策略恰符合中国国民思想中对实用性的推崇和对不确定性的高接受度。2004 年，雷默指出中国已经走出一条和其他国家不同的道路，他将这一具有中国智慧的发展模式称之为“北京共识”，以区分新自由主义思想下的“华盛顿共识”。“北京共识”指出，中国通过主动创新、大胆试验摸索出适合本国国情的工作方法，体现了中国追求均衡且高质量增长的发展诉求①。中国经验中的主动创新和大胆试验可以看作是“一种趋向于终极实用主义思想的哲学取向”②。该思想与我国长期坚持的因地制宜、实事求是理念是一致的，政策试验试点方法的提出、应用和制度化都可以看作是这一理念的具象。

---

① Ramo, J. The Beijing Consensus[Z]. London: The Foreign Policy Centre, 2004.

② Hasmath, R. White cat, black cat, or good cat: The Beijing Consensus as an alternative philosophy for policy deliberation? The case of China[J]. China's World, 2017, 2(1): 12-24.

20世纪初期，实用主义从美国传入中国，为中国社会科学特别是教育界打下了深刻的烙印。这一时期的代表人物是约翰·杜威。作为实用主义的集大成者，杜威深刻影响了一代政治精英和改革积极分子的思想①。胡适曾经指出，"自从中国与西洋文化接触以来，没有一个外国学者在中国思想界的影响有杜威先生这样大的"②。蔡元培亦曾将杜威比作"西方的孔子"③。杜威实用主义思想在中国的传播及其传承者的持续实践推动中国教育改革进入了新篇章。胡适将杜威的实用主义总结为"大胆的假设，小心的求证"，由此观点所衍生出的实验主义恰适应了中国当时百废待兴、亟须建设的制度环境。杜威提出的现代科学创新中的实验方法和"从做中学"的理念对当时中国最高领导人毛泽东的试验方法有深刻影响④，在解放区土地改革中毛泽东即坚持典型试验、逐步推广的发展范式⑤。邓小平执政后多次在公开场合强调改革必须从实际出发、从国情出发、因地制宜，而不该局限在现有的教条和理论之中。这一实事求是的思维和对于不确定性的高度容忍精准地反映在了当时所流行的口号中，如"不管黑猫白猫，抓到老鼠就是好猫"⑥。在国家领导人有意识地引导下，"摸着石头过河"等朗朗上口的俗语经由媒体广泛传播，成为影响政策行动者思维和指导中国改革的重要工作方法。1992年，试点的方法被正式写入《中国共产党章程》，鼓励所有党员"积极探索、大胆试验"。

伴随着话语体系的建立，这一颇具现实指导意义的工作方法在实践中得以广泛应用。中国的改革开放即是一个"人类经济史上最大的社会实验"⑦——这一实验不是在理论指导下进行的，而是根据实践的发展不断进行着理论创新。试点方法在经济、社会、教育和文化改革方方面面所呈现出的作用又进一步强化了其在改革实践中的合理性。

---

① Heilmann, S., Perry, E. Mao's invisible hand: The political foundations of adaptive governance in China[M]. Cambridge, MA: Harvard University Asia Center, 2011: 77.

② 胡适. 杜威先生与中国[M]//胡适作品集(第四卷). 台北：远流出版社，1921：151-154.

③ 汪楚雄. 启新与拓域：中国新教育运动研究(1912—1930)[M]. 济南：山东教育出版社，2010.

④ Heilmann, S. Policy experimentation in China's economic reform[J]. Studies in Comparative International Development, 2008, 43: 1-26.

⑤ 周望. 中国"政策试点"：起源与轨迹[J]. 福州党校学报，2014(1)：27-31.

⑥ 邓小平. 邓小平文选(第1卷)[M]. 北京：人民出版社，1994：323-324.

⑦ 林毅夫：改革开放是人类经济史上最大的实验，这个时代需要思想[EB/OL]. 搜狐智库. 2018-09-18. http://www.sohu.com/a/254553071_100160903.

历史制度主义认为，国家和机构在过去所做的政策选择会对未来决策产生持续的、长期的影响[①]。这一路径依赖精准地描述了组织机构对既有选择的惯性持续和自我强化倾向。政策试验方法的应用及其在过去几十年间改革实践中所提供的持续正向反馈加深了人们对于这一方法的依赖，促成了在实践中不同利益相关者对应用试点方式推进改革的共识形成和持续强化。然而，在中国制度化逐渐健全、顶层设计愈发关键的改革时期，试点的生成性作用逐渐减弱，规训性和示范性作用逐步加强，试点方法的有效性和可持续性不得不引发我们新的思考。新时期的政策试验试点方法在多大程度上提升了改革效率，还是成了延缓改革步伐的负累？该问题有待未来的实证研究加以回答。

四、结　语

本书的核心议题有二：一是考察政策试验在推动中国高等教育改革发展和政策变迁中的作用；二是以政策试验为视角剖析中国高等教育改革中国家—大学的协商互动与权力博弈，在此基础上所形成的改革共识共同塑造了中国高等教育现代化的图景。因此，本书借由组织变革这一中观层面视角，分析了微观层面利益相关者的现实认知、资源约束、行为策略和共识达成，重塑了对于中国高等教育改革的叙述，进而考虑了其所反映的宏观层面的制度环境。本书运用比较的研究方法进行了内嵌式的多案例研究设计，选取了四个历时性政策试验作为案例，并在每个案例中选取两个试点高校作为子案例，对这些试验性改革展开实证调查和分析比较。

本书提出了政策试验引发政策变迁的核心观点，指出“现存制度框架下精英驱动的政策试验”是推动中国高等教育改革的重要机制，国家教育政策的渐进调整正是通过试点的方法获得推广和完善的。以政策试验为切入点，本书考察了国家和大学相关行为主体在试验试点过程中的理性选择和行为策略，通过对行动者利益博弈与协商共识过程的重塑，以新视角认识、

---

① Pierson, P., Skocpol, T. Historical institutionalism in contemporary political science[M]//I. Katznelson, H. V. Milner (eds.). Political science: State of the discipline. New York, NY: Norton, 2002: 693-721.

理解与解释了中国高等教育的政策变迁与改革发展。通过政策试验在中国高等教育领域的系统性实证研究,本书得以丰富教育政策研究中议程设定与改革实现的研究议题,为进一步研究中国高等教育改革提出新思路与新路径,亦为完善我国教育政策的制定、执行和评价提供理论助益。借助政策试验,本书以全新视角讨论了国家—大学关系和中国高等教育治理模式。

本书指出,与其将中国高等教育改革看作"摸着石头过河"思维指导下的探索,不如说中国政府和高校正是有意识地运用政策试验试点方式以应对中国地域复杂、情况异质而制度环境尚不成熟等情况所带来的重重挑战。一方面,政策试验默许乃至鼓励了国家—大学的有效互动,允许不同利益相关者通过博弈协商达成改革共识,形成了更具效率和地方适切性的改革创新方案;另一方面,政策试验方法使得中央政府可以对地方创新成果进行选择性的吸收和学习。该模式对未知与试验的开放性与包容性对中国高校而言尤为宝贵。反复而持续的政策试验及国家—大学的互动不断地训练了政策制定者和各级组织的管理人员在议程设定与政策改革中的知识和技能,潜移默化地影响了其思维方式,对政策过程的民主性和科学性起到了推动作用,为高校谋求自身发展、自下而上地参与政策过程、与国家进行利益博弈与形成改革共识创设了新路径。

决定一个国家创新能力的不是其政治体制与经济体制,而是这个国家能够给予试验的空间和机会①。就此而言,谋求"无序中的有序"的政策试验可以看作是推动中国政策变迁和改革创新的重要力量,构成了中国在高度变化的政策环境中的学习与适应机制。无论在教育改革中,还是在经济、政治和社会改革中,各国政府都可以从中国特色的政策试验和试验性治理的做法中得到借鉴。

正如前言所述,本书颇具野心的目标之一是在实证研究的积累基础上进行理论创新,从而对中国特色的经验现象加以概括抽象并试图解释其背后逻辑。通过对政策试验试点现象的系统考察,经由抽象思考,本书将政策试验这一扎根中国历史发展与制度文化,经实践反复检验而日益具有制度

---

① Taleb, N. The black swan: The impact of the highly improbable[M]. London: Penguin, 2008.

化性质的改革和治理工具进行了理论化论述,以期在世界教育学乃至社会科学的学术话语中贡献中国的创新观点与理论。诚然,对这些构成中国教育政策、教育治理和教育改革的关键性议题的讨论绝非本书所能够完全回答,但希望通过本书的讨论,可以为后续研究提供有益的知识累积和研究基础。

参考文献

一、主要英文参考文献

[1] Altbach, P. G., Berdahl, R. O., Gumport, P. J. (eds.). American higher education in the twenty-first century: Social, political, and economic challenges (2nd ed.) [M]. Baltimore: Johns Hopkins University Press, 2005.

[2] Anderson, J. Public policymaking (8th ed.) [M]. Boston, MA: Cengage Learning, 2014.

[3] Bardach, E. A practical guide for policy analysis: The eightfold path to more effective problem solving (3rd ed.)[M]. Washington, D. C.: CQ Press, 2009.

[4] Barnett, A. D. Cadres, bureaucracy, and political power in Communist China[M]. New York and London: Columbia University Press, 1967.

[5] Berdahl, R. Academic freedom, autonomy, and accountability in British universities[J]. Studies in Higher Education, 1990, 15(2): 169-180.

[6] Bleiklie, I., Hostaker, R., Vabo, A. Policy and practice in higher education: Reforming Norwegian universities [M]. London: Jessica Kingsley Publishers, 2000.

[7] Bowen, G. A. Document analysis as a qualitative research method[J]. Qualitative Research Journal, 2009, 9(2): 27-40.

[8] Cai, H., Treisman, D. Did government decentralization cause China's economic miracle? [J]. World Politics, 2006, 58: 505-535.

[9] Cheng, K. M. China's recent education reform: The beginning of an

overhaul[J]. Comparative Education, 1986, 22(3): 255-269.

[10] Cohen, D., March, G. Leadership and ambiguity: The American college president[M]. Boston, MA: Harvard Business School Press, 1986.

[11] Crotty, M. The foundations of social research: Meaning and perspective in the research process[M]. Thousand Oaks, CA: Sage, 1998.

[12] Crowe, S., Cresswell, K., Robertson, A., et al. The case study approach[J]. BMC Medical Research Methodology, 2011,11: 100-109.

[13] De Boer, H., Enders, J., Schimank, U. Comparing higher education governance system in four European countries[M] // N. C. Soguel, P. Jaccard (eds.). Governance and performance of education systems. Dordrecht: Springer, 2008: 35-54.

[14] Denzin, N. K. The research act in sociology: A theoretical introduction to sociological methods[M]. London: Butterworths, 1970.

[15] Dill, D., Sporn, B. (eds.). Emerging patterns of social demand and university reform: Through a glass darkly[M]. New York, NY: Elsevier,1995.

[16] Ely, P. Conditions that facilitate the implementation of educational technology innovations[J]. Journal of Research on Computing in Education,1990,23(2):298-305.

[17] Enders, J., De Boer, H., Weyer, E. Regulatory autonomy and performance: The reform of higher education re-visited[J]. Higher Education, 2013, 65(1): 5-23.

[18] Ferlie, E., Musselin, C., Andresani, G. The steering of higher education systems: A public management perspective[J]. Higher Education, 2008, 56(3): 325-348.

[19] Florini, A., Lai, H., Tan, Y. China experiments: From local innovations to national reforms[M]. Washington, D. C.: Brooking Institution Press,2012.

[20] Fullan, M. The Meaning of educational change[M]. New York,

NY: Teachers College Press, 1982.

[21] Garnaut, R. Twenty years of economic reform and structural change in the Chinese economy [M]//R. Garnaut, Y. Huang (eds.). Growth without miracles. Oxford: Oxford University Press, 2001:1-18.

[22] Goldstein, A. Trends in the study of political elites and institutions in the PRC[J]. The China Quarterly, 1994, 139: 714-730.

[23] Gorman, G. E., Clayton, P. Qualitative research for the information professional: A practical handbook (2nd ed.)[M]. London: Facet Publishing, 2005.

[24] Greenberg, D., Mandell, M. Research utilization in policymaking: A tale of two series (of social experiments)[J]. Journal of Policy Analysis and Management, 1991, 10(4): 633-656.

[25] Greenberg, D., Shroder, M. The digest of social experiments (3rd ed.)[M]. Washington, D.C.: Urban Institute Press,2004.

[26] Gregory, T. Innovation in innovation policy management: The experimental technology incentives program and the policy experiment [J]. Science and Public Policy, 2014, 41(4): 419-424.

[27] Guba, E. G. The effect of definitions of policy on the nature and outcomes of policy analysis[J]. Educational Leadership, 1984, 42 (2):63-70.

[28] Gumport, P. Academic restructuring: Organizational change and institutional imperative[J]. Higher Education, 2000, 39:67-91.

[29] Hall, P. A., Taylor, R. C. R. Political science and the three new institutionalisms[J]. Political Studies, 1986,44(5): 936-957.

[30] Han, S., Ye, F. China's education policy-making: A policy network perspective[J]. Journal of Education Policy, 2017, 32(4): 389-413.

[31] Han, S. Policy experimentation and power negotiation in China's higher education reforms[J]. Higher Education, 2020, 79(8): 243-257.

[32] Hasmath, R. White cat, black cat, or good cat: The Beijing

Consensus as an alternative philosophy for policy deliberation? The case of China[J]. China's World, 2017,2(1):12-24.

[33] Hayhoe, R. China's universities and the open door (2nd ed.)[M]. Armonk, NY: M. E. Sharpe, 1989.

[34] Hayhoe, R. Redeeming modernity [J]. Comparative Education Review, 2000, 44(4): 423-439.

[35] Hayhoe, R., Liu, J. China's universities, cross-border education, and dialogue among civilizations [M]//D. Chapman, W. K. Cummings, G. A. Postiglione(eds.). Crossing borders in east Asian higher education. Dordrecht: Springer, 2010: 77-102.

[36] Heilmann, S. Policy experimentation in China's economic reform[J]. Studies in Comparative International Development, 2008, 43: 1-26.

[37] Heilmann, S. From local experiments to national policy: The origins of China's distinctive policy process[J]. The China Journal, 2008, 59:1-30.

[38] Heilmann, S., Perry, E. Mao's invisible hand: The political foundations of adaptive governance in China[M]. Cambridge, MA: Harvard University Asia Center, 2011.

[39] Heilmann, S., Shih, L., Hofem, A. National planning and local technology zones: Experimental governance in China's Torch Programme[J]. The China Quarterly, 2013,216: 896-919.

[40] Jaiswal, A. Curriculum reform in business education and its implementation: A case study of an Ivy League business school[D]. (Unpublished doctoral thesis). Oxford, UK: University of Oxford, 2011.

[41] Jowell, R. Trying it out: The role of "pilots" in policy-making (Report of a review of government pilots)[R]. London: Government Chief Social Researcher's Office,2003.

[42] Kauko, J. Dynamics in higher education politics: A theoretical model [J]. Higher Education, 2013, 65(2): 193-206.

[43] Kazamias, A. M. Paideia and Politeia: Education, and the polity/

state in comparative education [M]//R. Cowen, A. M. Kazamias (eds.). International handbook of comparative education. Dordrecht: Springer, 2009: 161-168.

[44] Kelliher, F. Interpretivism and the pursuit of research legitimization: An integrated approach to single case design[J]. Electronic Journal of Business Research Methods, 2005,3(2): 123-132.

[45] Kingdon, J. W. Agendas, alternatives and public policies [M]. Boston: Little Brown,1984.

[46] Klees, S. J., Edwards Jr., D. B. Knowledge production and technologies of governance in education [M]// T. Fenwick, E. Mangez, J. Ozga. (eds.). Governing knowledge: Comparison, knowledge-based technologies and expertise in the regulation of education (World Yearbook Education 2014). London: Rontledge, 2014: 31-43.

[47] Kogan, M., Hanney, S. Reforming higher education[M]. London: Jessica Kingsley Publishers, 2000.

[48] Kvale, S. InterViews: An introduction to qualitative research interviewing[M]. Thousand Oaks and London: Sage, 1996.

[49] Law, W. W. Legislation, Education Reform and Social Transformation: The People's Republic of China's experience [J]. International Journal of Educational Development,2002, 22: 579-602.

[50] Lewin, K., Xu, H. Rethinking revolution: Reflections on China's 1985 educational reform[J]. Comparative Education,1989, 25(1): 7-17.

[51] Lewis-Beck, M. S., Bryman, A., Liao, F. The Sage encyclopedia of social science research methods [M]. Thousand Oaks, CA: Sage, 2004.

[52] Lieberthal, K., Oksenberg, M. Policy making in China: Leaders, structures, and processes[M]. Princeton, NJ: Princeton University Press,1988.

[53] March, J. G., Olsen, J. P. Rediscovering institutions: The

organizational basis of politics[M]. New York, NY: Free Press, 1989.

[54] Marginson, S., Kaur, S., Sawir, E. Global, local, national in the Asia-Pacific[M]// S. Marginson, S. Kaur, E. Sawir(eds.). Higher education in the Asia-Pacific: Strategic responses to globalisation. London: Springer, 2011: 3-36.

[55] Meyer, H., Rowan, B. (eds.). The new institutionalism in education[M]. Albany, NY: State University of New York Press, 2006.

[56] Miles, M. B., Huberman, A. M., Saldana, J. Qualitative data analysis: A method sourcebook (3rd ed.)[M]. Newcastle: Sage,2014.

[57] Mok, H. K. Policy of decentralisation and changing governance of higher education in post-Mao China[J]. Public Administration and Development, 2002,22(3): 261-273.

[58] Mosteller, F. Selected papers of Frederick Mosteller[M]. New York, NY: Springer,2006.

[59] Nakamura, R. The textbook process and implementation research [J]. Policy Studies Review, 1987,1: 142-154.

[60] Nathan, A. J. A factionalism model for CPC politics[J]. The China Quarterly, 1973,53:34-66.

[61] North, D. C. Institutions, institutional change, and economic performance[M]. Cambridge: Cambridge University Press, 1990.

[62] Ogden, S. Higher education in the People's Republic of China: New directions in the 1980s[J]. Higher Education, 1982,11(1): 85-109.

[63] Ostrom, E. Governing the commons: The evolution of institutions for collective action[M]. Cambridge: Cambridge University Press, 1990.

[64] Pal, L. A. Case study method and policy analysis[M]// I. Geva-May (ed.). Thinking like a policy analyst: Policy analysis as a clinical profession. New York, NY: Palgrave MacMillan, 2005: 227-257.

[65] Pan, S. Y. University autonomy, the state and social change in China [M]. Hong Kong: Hong Kong University Press, 2009.

[66] Parris, K. Local initiative and national reform: The Wenzhou model of development[J]. The China Quarterly, 1993,123: 242-263.

[67] Pierson, P., Skocpol, T. Historical institutionalism in contemporary political science[M]//I. Katznelson, H. V. Milner (eds.). Political science: State of the discipline. New York, NY: Norton, 2002: 693-721.

[68] Powney, J., Watts, M. Interviewing in educational research[M]. London: Routledge, Kegan Paul, 1987.

[69] Ramo, J. The Beijing Consensus[Z]. London: The Foreign Policy Centre,2004.

[70] Roland, G. Transition and economics: Politics, markets, and firms [M]. Cambridge, MA: MIT Press,2000.

[71] Rose, S., Spinks, N., Canhoto, A. I. Management research: Applying the principles[M]. London and New York: Routledge, 2015.

[72] Sabatier, P. (ed.). Theories of the policy process (2nd ed.)[M]. Boulder, CO: Westview Press, 2007.

[73] Sabatier, P., Jenkins-Smith, H. (eds.). Policy change and learning [M]. Boulder, CO: Westview Press, 1993.

[74] Sabatier, P., Jenkins-Smith, H. (eds.). Special issue: Policy change and policy-oriented learning: Exploring an advocacy coalition framework[J]. Policy Sciences, 1988, 21: 123-272.

[75] Sabato, S., Vanhercke, B., Verschraegen, G. Connecting entrepreneurship with policy experimentation? The EU framework for social innovation [J]. The European Journal of Social Science Research, 2017,30(2):147-167.

[76] Salter, B., Tapper, T. The state and higher education[M]. Ilford: Woburn Press, 1994.

[77] Schoon, S. Chinese strategies of experimental governance: The underlying forces influencing urban restructuring in the Pearl River Delta[J]. Cities, 2014,41:194-199.

[78] Selwyn, N. Researching the once-powerful in education: The value of

retrospective elite interviewing in education policy research [J]. Journal of Education Policy, 2013, 28 (3):339-352.

[79] Skocpol, T. State and social revolutions: A comparative analysis of France, Russia and China [M]. Cambridge: Cambridge University Press, 1979.

[80] Steinmo, S. What is historical institutionalism? [M]//D. Porta, M. Keating (eds.). Approaches and methodologies in the social sciences. Cambridge: Cambridge University Press, 2008: 150-178.

[81] Stiglitz, J. E., Yusuf, S. (eds.). Rethinking the East Asian miracle [M]. Oxford: Oxford University Press, 2001.

[82] Strauss, A., Corbin, J. Basics of qualitative research: Techniques and procedures for developing grounded theory (2nd ed.) [M]. London: Sage, 1998.

[83] Taleb, N. The black swan: The impact of the highly improbable [M]. London: Penguin, 2008.

[84] Tapper, T. The governance of British higher education: The struggle for policy contro[M]. Dordrecht: Springer,2007.

[85] Thomas, R. M. (ed.). Politics and education: Cases from eleven nations[M]. Oxford: Pergamon Press, 1983.

[86] Tsai, W., Dean, N. Experimentation under hierarchy in local conditions: Cases of political reform in Guangdong and Sichuan, China[J]. The China Quarterly,2014,218:339-358.

[87] Walford, G. Researching the powerful [EB/OL]. 2011-03-31. https://www.bera.ac.uk/wp-content/uploads/2014/03/Researching-the-Powerful.pdf?noredirect=1.

[88] Wang, X., Liu, J. China's higher education expansion and the task of economic revitalization[J]. Higher Education, 2011, 62: 213-229.

[89] Weible, C. M. An advocacy coalition framework approach to stakeholder analysis: Understanding the political context of California Marine Protected Area policy[J]. Journal of Public Administration Research and Theory, 2007,17(1): 95-117.

[90] Weick, K. E. Educational organizations as loosely coupled systems [J]. Administrative Science Quarterly, 1976, 21(1): 1-19.

[91] Weiss, C. H. Ideology, interests, and information: The basis of policy positions [M]// D. Callahan, B. Jennings (eds.). Ethics, social science, and policy analysis. New York, NY: Plenum Press, 1983: 213-245.

[92] White, L. T. III. Unstately power: Local causes of China's economic reform[M]. New York, NY: M. E. Sharpe, 1998.

[93] Whitley, R. , Gläser, J. The impact of institutional reforms on the nature of universities as organisations[M]// Organizational transformation and scientific change: The impact of institutional restructuring on universities and intellectual innovation (Research in the sociology of organizations). Emerald Group Publishing Limited, 2014:19-49.

[94] Wu, G. "Documentary politics": Hypotheses, process and case studies[M]// C. L. Hamrin, S. Zhao. (eds.). Decision-making in Deng's China: Perspectives from insiders. Armonk, NY: M. E. Sharpe, 1995:24-38.

[95] Yang, D. Beyond Beijing: Liberalization and the regions in China [M]. London: Routledge,1997.

[96] Yin, D. Reforming Chinese education: Context, structure and attitudes in the 1980s[J]. Compare: A Journal of Comparative and International Education, 1993, 23(2): 115-130.

[97] Yin, R. K. Case study research: Design and methods (4th ed.)[M]. Thousand Oaks, CA: Sage, 2009.

[98] Yin, R. K. , Heald, K. A. Using the case survey method to analyze policy studies[J]. Science, 1975,20(3):371-381.

[99] Zha, Q. , Hayhoe, R. The "Beijing Consensus" and the Chinese model of university autonomy[J]. Frontiers of Education in China, 2014, 9(1): 42-62.

[100]Zhu, Z. Reform without a theory: Why does it work in China? [J]. Organization Studies,2007, 28 (10): 1503-1522.

二、主要中文参考文献

[1] 毕全忠.实行供需见面,力争学以致用,十所院校部分专业将试行新的毕业分配办法[N/OL].人民日报,1983-05-17. http://www.zlck.com/rmrb/news/0M9763BV.html.

[2] 毕业生:从“包办分配”到“双向选择”[EB/OL].教育部大学生就业网,2009-12-31. https://www.ncss.cn/zx/jydt/qt/10003173.shtml.

[3] 蔡克勇.20 世纪的中国高等教育:体制卷[M].北京:高等教育出版社,2003.

[4] 柴葳.建设现代大学制度试点工作会议召开,力争到 2012 年取得阶段性成果[N/OL].中国教育报,2010-12-25. http://www.moe.gov.cn/s78/A02/moe_627/201012/t20101227_113106.html.

[5] 陈玲.制度、精英与共识:寻求中国政策过程的解释框架[M].北京:清华大学出版社,2011.

[6] 邓小平.邓小平文选(第 1 卷)[M].北京:人民出版社,1994.

[7] 典型试验是一个科学的工作方法[N].人民日报,1963-09-20.

[8] 丁兴富,吴庚生.网络远程教育研究[M].北京:清华大学出版社,2006.

[9] 杜瑞军.学位证书“变脸”蕴含教改深意[N].光明日报,2015-07-22.

[10] 傅真放.大学生就业指导[M].南宁:广西人民出版社,2002.

[11] 高毅哲.放权后的远程学历教育变局——聚焦取消与下放教育行政审批权系列报道[N/OL].中国教育报,2014-07-17. http://www.jyb.cn/crjy/cjsd/201407/t20140716_590497.html.

[12] 国家高级教育行政学院.中国高等教育体制改革世纪报告[M].北京:人民教育出版社,2001.

[13] 国家计委,国家教委.关于一九八五年全国高等学校毕业生分配问题的报告[EB/OL]. 1985-07-11. https://www.66law.cn/tiaoli/148578.aspx.

[14] 国家计委,教育部,国家人事局.关于改进 1981 年普通高等学校毕业生分配工作的报告[EB/OL]. 1981-02-13. http://210.73.64.113/Govfile/front/content/11981039_0.html.

[15] 国家教委.高等学校毕业生分配制度改革方案[EB/OL].1989-01-12.

http://www.seac.gov.cn/seac/xxgk/200406/1075635.shtml.

[16] 国家教委. 关于进一步改革普通高等学校招生和毕业生就业制度的试点意见[EB/OL]. 1994-04-07. http://www.law-lib.com/law/law_view.asp? id=10348.

[17] 国家教委. 普通高等学校毕业生就业工作暂行规定[EB/OL]. 1997-03-24. http://www.moe.gov.cn/s78/A02/zfs__left/s5911/moe_621/tnull_2721.html.

[18] 国家教委. 普通高等学校定向招生、定向就业暂行规定[EB/OL]. 1998-11-24. http://www.moe.gov.cn/s78/A02/zfsleft/s5911/moe_621/tnull_2716.html.

[19] 国家统计局[DB/OL]. http://www.stats.gov.cn/tjsj/.

[20] 国务院办公厅. 关于开展国家教育体制改革试点的通知[EB/OL]. 2010-10-24. http://www.gov.cn/zwgk/2011-01/12/content_1783332.htm.

[21] 国务院学位委员会,教育部. 学位证书和学位授予信息管理办法[EB/OL]. 2015-06-26. http://www.moe.gov.cn/jyb_xxgk/zdgk_sxml/sxml_gdjy/gdjy_xwgl/xwgl_glbf/index_2.html.

[22] 韩博天. 通过试验制定政策:中国独具特色的经验[J]. 当代中国史研究,2010(3):103-112.

[23] 韩春晖,卢霞飞. 大学章程:我国大学治理模式的变革之道——以公立大学的公法人化为导向[J]. 上海政法学院学报(法治论丛),2011(6):85-92.

[24] 韩双淼,钟周. 一流大学的国际化战略:一项战略地图分析[J]. 复旦教育论坛,2014(2):10-16.

[25] 郝维谦,龙正中. 高等教育史[M]. 海口:海南出版社,2000.

[26] 何东昌. 中华人民共和国重要教育文献:1949—1975[G]. 海口:海南出版社,1998.

[27] 何东昌. 重大教育决策都来源于教育实践[M]//中国高等教育学会. 改革开放30年中国高等教育改革亲历者口述纪实(1978—2008). 北京:教育科学出版社,2008:1-17.

[28] 胡适. 杜威先生与中国[M]//胡适作品集(第四卷). 台北:远流出版社,1921:151-154.

[29] 胡伟.政府过程[M].杭州:浙江人民出版社,1998.

[30] 黄荣怀,罗晓春.高校远程教育试点的实践与思考[J].中国远程教育,2001(9):38-42.

[31] 焦春林.现代远程教育试点高校政策的历程与动向[J].文教资料,2009(1):225-226.

[32] 教育部办公厅.关于对现代远程教育试点高校网络教育学生部分公共课实行全国统一考试的通知[EB/OL]. 2004-01-14. http://www.moe.gov.cn/srcsite/A07/moe_743/200401/t20040114_110163.html.

[33] 教育部办公厅. 关于加强现代远程教育招生工作管理的紧急通知[EB/OL]. 2001-08-13. https://www.66law.cn/tiaoli/119728.aspx.

[34] 教育部办公厅.关于严格现代远程教育招生工作管理的紧急通知[EB/OL]. 2003-08-29. http://www.moe.gov.cn/srcsite/A07/moe_743/200309/t20030904_110191.html.

[35] 教育部办公厅.关于支持若干所高等学校建设网络教育学院开展现代远程教育试点工作的几点意见[EB/OL]. 2000-07-28. http://old.moe.gov.cn//publicfiles/business/htmlfiles/moe/A08_sjhj/201109/124838.html.

[36] 教育部办公厅.现代远程教育校外学习中心(点)暂行管理办法[EB/OL]. 2003-03-14. http://www.moe.gov.cn/srcsite/A07/moe_743/200303/t20030314_110192.html.

[37] 教育部.高等学校学术委员会规程[EB/OL]. 2014-01-29. http://www.moe.gov.cn/srcsite/A02/s5911/moe_621/201401/t20140129_163994.html.

[38] 教育部.高等学校章程制定暂行办法[EB/OL]. 2011-11-28. http://www.gov.cn/flfg/2012-01/09/content_2040230.htm.

[39] 教育部,公安部,人事部,等.关于进一步深化普通高等学校毕业生就业制度改革有关问题的意见[EB/OL]. 2002-02-08. http://old.moe.gov.cn/publicfiles/business/htmlfiles/moe/moe_24/200501/5531.html.

[40] 教育部. 关于发展我国现代远程教育的意见[J]. 新疆广播电视大学学报,1998(2):1-3.

[41] 教育部.关于加强高校网络教育学院管理提高教学质量的若干意见

[EB/OL]. 2002-07-08. http://old. moe. gov. cn//publicfiles/business/htmlfiles/moe/s3865/201010/110174. html.

[42] 教育部. 关于加强教育法制建设的意见[EB/OL]. 1999-12-02. http://old. moe. gov. cn/publicfiles/business/htmlfiles/moe/moe _ 623/200501/5144. html.

[43] 教育部. 关于加强依法治校工作的若干意见[EB/OL]. 2003-07-17. http://www. moe. gov. cn/s78/A02/zfsleft/s5911/moe_623/201001/t20100129_5145. html.

[44] 教育部,国家计委,国家人事局. 高等学校毕业生调配派遣办法[EB/OL]. 1981-10-04. https://wenku. baidu. com/view/2058ca8a443610661ed9ad51f01dc281e43a564f. html.

[45] 教育部. 教育网站和网校暂行管理办法[EB/OL]. 2000-06-29. http://old. moe. gov. cn/publicfiles/business/htmlfiles/moe/moe_1428/200703/20456. html.

[46] 教育部科学技术司.《面向21世纪教育振兴行动计划》"现代远程教育工程"项目进展报告(前言和前两部分)[R/OL]. 2003-09-10. http://old. moe. gov. cn/publicfiles/business/htmlfiles/moe/s3335/201001/xxgk_82288. html.

[47] 教育部推进高等学校章程建设研讨会在北京召开[EB]. 新闻网,2012-01-13.

[48] 教育部召开高等学校章程核准委员会第一次会议[EB/OL]. 在职研究生招生信息网,2013-08-19. https://www. eduego. com/school68/zixun/7310. html.

[49] 教育部. 中央部委所属高等学校章程建设行动计划(2013—2015年)[EB/OL]. 2013-09-22. http://old. moe. gov. cn//publicfiles/business/htmlfiles/moe/s5933/201310/158133. html.

[50] 今年高校毕业生分配办法有较大改革[N]. 人民日报,1985-03-12.

[51] 景跃进. 中国的"文件政治"[M]//北京大学国家发展研究院. 公意的边界. 上海:上海人民出版社,2013:131-155.

[52] 瞿振元. 高等教育招生、考试、就业改革的若干问题[M]//中国高等教育学会. 改革开放30年中国高等教育改革亲历者口述纪实(1978—

2008).北京:教育科学出版社,2008:88-101.

[53] 赖波,谢林子.1978 读大学,毕业分配坐着等[N].成都晚报,2007-05-21.

[54] 李坚,唐燕儿.论教育决策科学化——我国现代远程高等教育决策过程个案研究[J].中国电化教育,2007(5):33-36.

[55] 李江.从我国远程教育发展的轨迹看远程教育政府规制政策的演变[J].高教探索,2008(3):92-96.

[56] 林南.中国研究如何为社会学理论做贡献[M]//周晓虹.中国社会与中国研究.北京:社会科学文献出版社,2004:8-92.

[57] 林小英.中国教育政策过程中的策略空间:一个对政策变迁的解释框架[J].北京大学教育评论,2006(4):130-148.

[58] 林毅夫:改革开放是人类经济史上最大的实验,这个时代需要思想[EB/OL].搜狐智库,2018-09-18. http://www. sohu. com/a/254553071_100160903.

[59] 刘磊.推动试点工作取得新突破——"建设中国特色现代大学制度"试点工作中期总结会举行[N/OL].中国教育报,2012-06-18. https://www. chsi. com. cn/jyzx/201206/20120619/321702775. html.

[60] 刘培伟.基于中央选择性控制的试验——中国改革"实践"机制的一种新解释[J].开放时代,2010(4):59-81.

[61] 刘强.制定实施学校章程 完善现代大学制度——在《高等学校章程制定暂行办法》研讨班上的发言[EB/OL]. 2012-05-10. http://www. ghc. nwnv. edv. cn/2013/0721/c1479a38521/page. htm.

[62] 刘庆乐.2011 年中国公共政策学研究新进展[J].广东行政学院学报,2012(4):22-27.

[63] 刘裕品,毕文淦.实行双向选择积极做好引导[J].清华大学教育研究,1995(1):72-75.

[64] 秦惠民.高校管理法治化趋向中的观念碰撞和权利冲突——当前诉案引发的思考[J].现代大学教育,2002(1):69-74.

[65] 全国地方高校章程建设工作推进会在湖北省召开[EB/OL].中国教育在线湖北分站,2014-11-10. http://hubei. eol. cn/hubeinews/201411/t20141110_1200221. shtml.

[66] 全国人大六届二次会议.政府工作报告[EB/OL]. 1984-05-15. http://www.npc.gov.cn/wxzl/gongbao/2000-12/26/content_5001503.htm.
[67] 全国人民代表大会.中华人民共和国高等教育法[EB/OL]. 1998-08-29. http://www.people.com.cn/item/faguiku/jy/F44-1020.html.
[68] 全国人民代表大会.中华人民共和国教育法[EB/OL]. 1995-03-18. http://www.npc.gov.cn/wxzl/gongbao/1995-03/18/content_1481296.htm.
[69] 收费、走读、不包分配:江汉大学不捧"铁饭碗"走出新路子,首届毕业生深受各界欢迎[N].人民日报,1983-07-29.
[70] 四名大学毕业生拒不服从国家分配,北京严肃纪律取消他们分配资格,限期离校,五年内全民所有制单位不得录用[N].人民日报,1982-06-02.
[71] 孙立平,王汉生,王思斌,等.改革以来中国社会结构的变迁[J].中国社会科学,1994(2):47-62.
[72] 孙霄兵. 在建设现代大学制度研讨会上的讲话[EB/OL]. 教育部,2011-11-25. http://old.moe.gov.cn//publicfiles/business/htmlfiles/moe/s5917/201201/129735.html.
[73] 万玉凤."985 工程"高校章程建设工作交流会在中国人民大学召开[N].中国教育报,2014-04-03.
[74] 汪楚雄.启新与拓域:中国新教育运动研究(1912—1930)[M].济南:山东教育出版社,2010.
[75] 王绍光.学习机制与适应能力:中国农村合作医疗体制变迁的启示[J].中国社会科学,2008(6):111-133.
[76] 王绍光.中国公共政策议程设置的模式[J].中国社会科学,2006(5):86-99+207.
[77] 夏应春,蔡祖端.三年试行"双向选择"的调查综述[J].高等工程教育研究,1990(3):29-32.
[78] 肖关根.上海四位大学负责人呼吁:给高等学校一点自主权[N].人民日报,1979-12-06.
[79] 谢岳.文件制度:政治沟通的过程与功能[J].上海交通大学学报,2007(6):15-23.
[80] 徐光明."211"高校现代大学制度暨章程建设工作推进会召开[N].中

国教育报,2014-05-23.

[81] 薛澜,陈玲.中国公共政策过程的研究:西方学者的视角及其启示[J].中国行政管理,2005(7):99-103.

[82] 杨德广.中国大学毕业生就业制度变迁分析[J].当代青年研究,1997(Z1):8-10.

[83] 杨明伟.陈云晚年对经济建设中几个重大关系问题的思考[N/OL].光明日报,2015-07-04. https://epaper.gmw.cn/gmrb/html/2015-07/04/nw.D110000gmrb_20150704_1-11.htm.

[84] 姚裕群.中国的大学生就业与职业问题[M].台北:秀威出版公司,2008.

[85] 用人之秋话分配——1987年大学生毕业分配面面观[N].人民日报,1987-11-09.

[86] 袁伟.高校毕业生分配实行"双向选择"的再探讨[J].社会科学,1988(12):45-48.

[87] 原春琳.大学章程:完善高校治理结构——专访教育部政策法规司司长孙霄兵[N].中国青年报,2013-12-02.

[88] 湛中乐,徐靖.通过章程的现代大学治理[J].法制与社会发展,2010(3):106-124.

[89] 张明山.从"供需见面"试点看毕业生分配改革势在必行[J].教育研究通讯,1984(2):47-51.

[90] 张清江,支希哲,李欣,等.现代远程教育质量保障和评估指标体系构建研究[J].西北工业大学学报(社会科学版),2017(1):82-86.

[91] 张贻复.搞好改革开创新局面的关键是领导班子[N].光明日报,1984-04-02.

[92] 赵晔琴.从毕业分配到自主择业:就业关系中的个人与国家——以1951—1999年《人民日报》对高校毕业分配的报道为例[J].社会科学,2016(4):73-84.

[93] 中共中央.关于教育体制改革的决定[EB/OL].1985-05-27. http://www.moe.gov.cn/jyb_sjzl/moe_177/tnull_2482.html.

[94] 中共中央,国务院.国家中长期教育改革和发展规划纲要(2010—2020年)[EB/OL].2010-07-29. http://old.moe.gov.cn/publicfiles/

business/htmlfiles/moe/info_list/201407/xxgk_171904. htm=0965.

[95] 中共中央,国务院. 中国教育改革和发展纲要[EB/OL]. 1993-02-13. http://www. moe. gov. cn/jyb_sjzl/moe_177/tnull_2484. html.

[96] 中国高等教育学会. 改革开放 30 年中国高等教育发展经验专题研究(1978—2008)[M]. 北京:教育科学出版社,2008.

[97] 周大平. 高校毕业生就业制度改革:50 年的回顾与探讨[J]. 中国高等教育,1999(11):28-29.

[98] 周望. "政策试验"解析:基本类型、理论框架与研究展望[J]. 中国特色社会主义研究,2011(2):84-89.

[99] 周望. 中国"政策试点":起源与轨迹[J]. 福州党校学报,2014(1):27-31.

[100] 朱光磊. 当代中国政府过程[M]. 第 3 版. 天津:天津人民出版社,2008.

[101] 朱贵昌. 开放协调机制:欧盟应对成员国多样性的新治理模式[J]. 国际论坛,2010(3):8-11.

[102] 卓晴君. 中国改革全书(1978—1991):教育改革卷[M]. 大连:大连出版社,1992.

[103] 宗连. 我国现代远程教育试点工作开始启动[J]. 成人高教学刊,1999(3):61.

[104] 邹谠. 二十世纪中国政治:从宏观历史与微观行动的角度看[M]. 香港:牛津大学出版社,1994.